教育部中等职业教育专业技能课立项教材

物业管理

物业智能化系统操作与维护

WUYE ZHINENGHUA XITONG CAOZUO YU WEIHU

主　编／邢　燕
副主编／赵飞宇　白光泽
参　编／赵立媛　毛　丽　秦　东

中国人民大学出版社
·北京·

图书在版编目（CIP）数据

物业智能化系统操作与维护/邢燕主编．--北京：中国人民大学出版社，2020.1
教育部中等职业教育专业技能课立项教材
ISBN 978-7-300-26656-5

Ⅰ.①物… Ⅱ.①邢… Ⅲ.①智能化建筑—物业管理—中等专业学校—教材 Ⅳ.①F293.33

中国版本图书馆 CIP 数据核字（2019）第 016408 号

教育部中等职业教育专业技能课立项教材
物业智能化系统操作与维护
主　编　邢　燕
副主编　赵飞宇　白光泽
参　编　赵立媛　毛　丽　秦　东
Wuye Zhinenghua Xitong Caozuo yu Weihu

出版发行	中国人民大学出版社		
社　　址	北京中关村大街 31 号	**邮政编码**	100080
电　　话	010－62511242（总编室）		010－62511770（质管部）
	010－82501766（邮购部）		010－62514148（门市部）
	010－62515195（发行公司）		010－62515275（盗版举报）
网　　址	http://www.crup.com.cn http://www.ttrnet.com（人大教研网）		
经　　销	新华书店		
印　　刷	北京七色印务有限公司		
规　　格	185 mm×260 mm　16 开本	**版　　次**	2020 年 1 月第 1 版
印　　张	13.75	**印　　次**	2020 年 1 月第 1 次印刷
字　　数	332 000	**定　　价**	38.00 元

前 言

随着科学技术的发展，越来越多的计算机网络技术、通信技术和自动控制技术等各种现代化手段在智能楼宇中应用，物业管理行业对从业人员的知识结构也有了更高的要求。因此，近几年职业院校的物业管理专业中增加了智能楼宇方面的课程，以适应企业对人才的需求。

“物业智能化系统操作与维护”是物业管理专业的一门专业核心课程，本教材遵循职业学校物业管理专业教学标准，运用先进的职业教育理念，以真实的工作任务及其工作过程为依据整合教学内容，以典型的工作任务构建学习情境，服务于物业管理及智能楼宇类职业能力的培养。本书作为中等职业学校的教材，主要遵从中等职业教育的特点和学生的知识结构，在编写过程中，以实用为准，图文并茂，注重专业技能的训练和创新能力的培养。

全书依据实际工作岗位的要求，对典型的工作任务进行选取和提炼，将教学内容进行分解、提炼和排序，设计了六个项目共计十九个工作任务，通过任务导入、知识探究和任务实施等环节，让学生通过具体项目的实施来掌握物业智能化系统的日常维护与管理以及故障的判断方法。在项目实施过程中，充分体现了以学生为主体，以教师为主导的教学理念，实现了“做中学、做中教”。

本教材由长春市城建工程学校的邢燕担任主编；长春市城建工程学校的赵飞宇和长春职业技术学院的白光泽担任副主编；济南物业管理职业中专的赵立媛、长春市城建工程学校的毛丽和新鸿铭物业有限公司的秦东参与编写。编写的具体分工为：

毛丽编写项目一；赵立媛和邢燕编写项目二和项目四；赵飞宇和邢燕编写项目三；白光泽编写项目五和项目六；秦东负责任务案例的编写。全书由邢燕负责统稿。

在编写过程中，编写者参考了许多图书、杂志、设备说明书、设备操作手册等，但由于篇幅有限，参考文献中只列举了主要的参考书目，在此向所有参考文献的作者表示衷心的感谢。由于物业智能化技术的发展速度较快，有些还处于开发研究之中，且因编写时间仓促，作者水平有限，难免有误，期望专家、同行及读者批评指正。

目 录

项目一　建筑智能化系统 …… 1
任务一　建筑智能化系统概述 …… 1
任务二　智能建筑的分类 …… 4

项目二　安全防范系统 …… 9
任务一　视频监控系统的操作与管理 …… 10
任务二　入侵报警系统的操作与管理 …… 29
任务三　出入口控制系统的操作与管理 …… 47
任务四　安全防范系统的常见故障及维修 …… 76

项目三　楼宇设备自动化系统 …… 84
任务一　空调监控系统的操作与管理 …… 85
任务二　变配电及照明监控系统的操作与管理 …… 97
任务三　给排水监控系统的操作与管理 …… 108
任务四　楼宇设备自动化系统的常见故障及维修 …… 134

项目四　智能建筑消防系统 …… 143
任务一　火灾自动报警系统的操作与管理 …… 144
任务二　火灾自动灭火系统的操作与管理 …… 153
任务三　智能建筑消防系统的常见故障及维修 …… 165

项目五 智能建筑通信网络系统 …… 173
任务一 智能建筑通信网络系统概述 …… 174
任务二 智能建筑通信网络系统的管理和维护 …… 180
任务三 通信网络系统的常见故障及维修 …… 185

项目六 综合布线系统 …… 193
任务一 智能建筑综合布线系统 …… 194
任务二 综合布线系统的管理与维护 …… 204
任务三 综合布线系统的测试和故障诊断 …… 207

参考文献 …… 214

建筑智能化系统

项目描述

李强是一名智能建筑弱电工程师，参与某新建高档住宅小区智能化系统的安装工程。在工程初期设计阶段，李强要参考建设方提出的要求，为其提出该小区智能化系统的设计大纲，对系统的组成、基本功能等进行说明。

任务导读

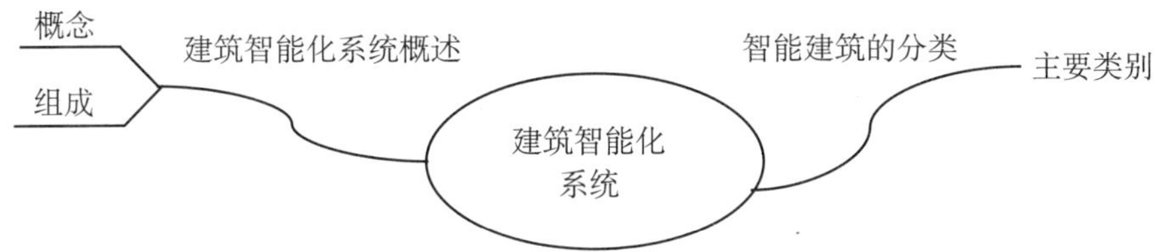

学习目标

知识目标： 1. 了解智能建筑的概念。

2. 掌握建筑智能化系统的组成，各个子系统的主要功能。

3. 了解智能建筑的主要类别。

能力目标： 能够根据各类建筑不同的功能要求，合理设计其智能化系统的组成。

任务一　建筑智能化系统概述

任务导入

建设方对正在建设的住宅小区的定位为现代高端智能化住宅，作为智能建筑弱电工程师，请说明什么是智能建筑？建筑智能化系统能实现哪些功能？

任务分析：

弱电工程师要说明智能建筑的概念，建筑智能化系统的基本组成，及各子系统的主要功能。

知识探究

一、智能建筑的概念

智能建筑是信息时代的必然产物。现代计算机技术（Computer）、现代控制技术（Control）、现代通信技术（Communication）和现代图像显示技术（CRT）被统称为4C技术。将4C技术综合应用于建筑物中，在建筑物内建立一个计算机综合网络，以使建筑物智能化。世界上第一座智能大厦是于1984年1月在美国康涅狄格州（Connecticut）哈特福德市（Hartford）诞生的。该建筑物有38层，总建筑面积10万多平方米，被命名为“都市大厦”（City Place Building）。它是由美国联合技术建筑系统（UTBS）公司运用当时的计算机及网络、电子和传感器等技术对一幢旧金融大厦进行改造的，他们将整个大厦的建筑设备（包括空调、照明、供电、电梯、消防等）进行了自动化控制和管理。客户不必自选购置设备，便可获得语言通信、文字处理、电子邮件、市场行情信息和情报资料检索等项服务，使客户感受到舒适、方便和安全，因而在投资回收率、经济效益等方面取得了巨大成功，引起了各国的重视和仿效。

智能建筑得到了迅速发展，建筑物智能化程度随着科学技术的发展而逐步提高。智能建筑技术在20世纪80年代初就部分地应用于中国建筑。一般认为80年代末90年代初智能建筑在我国兴起，自90年代中期迅速发展。

中国的《智能建筑设计标准》对智能建筑的定义是：智能建筑是以建筑为平台，兼备建筑设备、办公自动化及通信网络系统，集结构、系统、服务、管理及它们之间的最优化的组合，向人们提供一个安全、高效、舒适、便利的建筑环境。

美国智能化建筑学会对智能建筑的定义是：智能大厦是将结构、系统、服务、运营及相互关系全面综合，达到最佳组合，获得高效率、高性能与高舒适性的大楼。

二、建筑智能化系统的组成

建筑智能化系统的组成如图1-1所示，所谓“智能”，包括了以下几个方面：建筑物自动化（BA）、通信自动化（CA）、办公自动化（OA），形成“3A”智能建筑。为了更突出某项功能，提出防火自动化（FA），以及把建筑物内的各个系统综合起来管理，形成一个管理自动化（MA），如果加上FA和MA这两个“A”，便成为“5A”智能化建筑了。但从国际的提法来看，通常定义BA系统包括FA系统，OA系统包括MA系统。因此一般只采用3A的提法，便于全面和正确理解“智能建筑”定义的内涵。

（一）楼宇自动化系统（BAS）

楼宇自动化系统是将建筑物（或建筑群）内的电力、照明、空调、运输、防灾、保

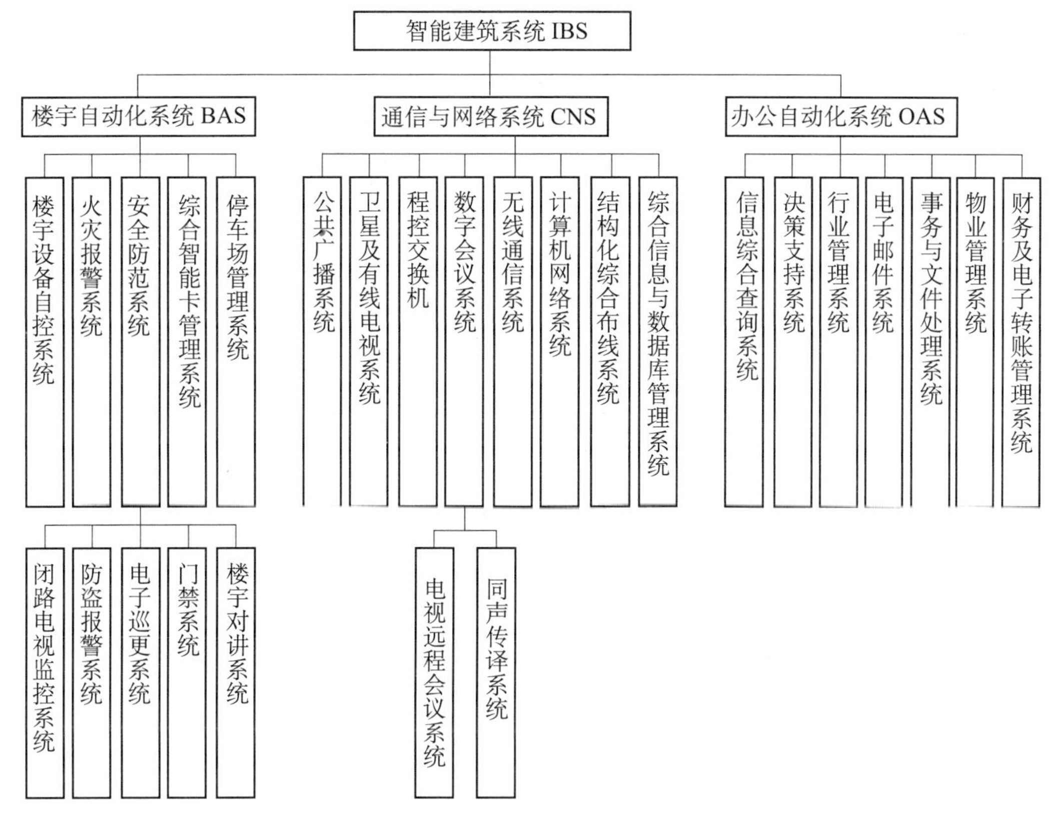

图 1-1　建筑智能化系统组成

安、广播等设备以集中监视、控制和管理为目的而构成的一个综合系统。

设备运行和建筑物的经营和管理，包括建筑物内各种空间服务设施的预约、使用分配、调度及费用等的管理，能够对建筑物内各种建筑设备实现运行状态监视、报表编制、起停控制、维护保养及事故诊断分析等。

（二）办公自动化系统（OAS）

办公自动化系统是由计算机技术、通信技术、系统科学等高新技术所支撑的辅助办公的自动化手段，其主要包括：电子信箱、视听、电子显示屏、物业管理、文字处理、共用信息库、日常事务管理等若干部分。它主要完成各类电子数据处理任务，对各类信息实施有效的管理并辅助决策者迅速做出正确的决定。实现办公自动化就是要利用先进的技术和设备来提高办公效率和办公质量，改善办公条件，减轻劳动强度，实现管理和决策的科学化，防止或减少人为的差错和失误。

（三）通信与网络系统（CNS）

智能建筑的通信与网络系统保证建筑物内的语音、数据、图像等的基础传输，同时与外部通信网（如电话公网、数据网、计算机网、卫星以及广电网）相连，与世界各地互通信息。

智能建筑的通信与网络系统应具有对于来自建筑物内外各种不同信息进行收集、处理、存储、传输和检索的能力，为用户提供包括语音、图像、数据乃至多媒体等信息的本地和远程传输的完备的通信手段和最快、最有效的信息服务。

任务实施

1. 实施流程

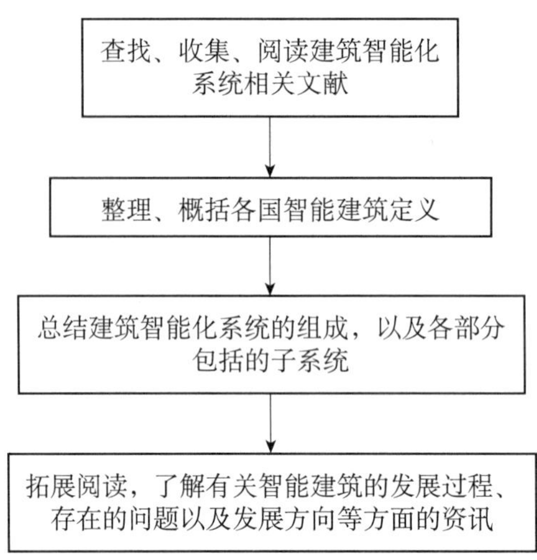

2. 整理资料，形成建筑智能化系统综述报告

任务二　智能建筑的分类

任务导入

建筑智能化系统由许多子系统组成，不同的智能建筑有着不同的使用要求，所侧重的智能化功能也就有所区别。作为智能化住宅小区，其智能化系统应包括哪些部分？请制订设计大纲。

任务分析：

了解智能建筑的分类，根据其类别进行智能化设计与施工。

知识探究

智能化系统工程设计应根据建筑物的规模和功能需求等的实际情况，选择配置相关的系统。智能化集成系统的功能应符合下列要求：（1）应以满足建筑物的使用功能为目标，确保对各类系统信息资源的共享和优化管理；（2）应以建筑物的建设规模、业务性质和物业管理模式等为依据，建立实用、可靠和高效的信息化应用系统，以实施综合管理功能。

根据智能建筑的使用功能可将其分为以下几大类别。

一、办公建筑

智能化系统的功能应适应办公建筑物办公业务信息化应用的需求，具备高效办公环境的基础保障，满足对各类现代办公建筑的信息化管理需要。办公建筑又分为商务办公建筑、行政办公建筑和金融办公建筑。

二、文化建筑

智能化系统的功能应满足文化建筑对文献和文物的存储、展示、查阅、陈列、学术研究及信息传递等功能的需求，满足面向社会、公众信息的发布及传播，实现文化信息加工、增值和交流等文化窗口的信息化应用需要。这类建筑包括图书馆、博物馆、会展中心等。

三、媒体建筑

智能化系统的功能应满足媒体业务信息化应用和媒体建筑信息化管理的需要，具备媒体建筑业务设施的基础保障条件。这类建筑包括影剧院等。

四、体育建筑

智能化系统的功能应满足体育竞赛业务信息化应用和体育建筑的信息化管理的需要，具备体育竞赛和其他多功能使用环境设施的基础保障，统筹规划、综合利用，充分兼顾体育建筑赛后的多功能使用和运营发展。这类建筑如体育馆、游泳馆等。

五、医院建筑

智能化系统的功能应满足医院内高效、规范与信息化管理的需要，向医患者提供有效地控制医院感染、节约能源、保护环境，构建以人为本的就医环境的技术保障。

六、学校建筑

智能化系统的功能应满足各类学校的教学性质、规模、管理方式和服务对象等的需求，适应各类学校教师对教学、科研、管理以及学生对学习、科研和生活等信息化应用的发展，为高效的教学、科研、办公和学习环境提供基础保障。

七、交通建筑

智能化系统的功能应满足各类交通建筑运营业务的需求，为高效交通运营业务环境设施提供基础保障，满足对各类现代交通建筑管理信息化的需求。此类建筑如空港航站楼、铁路客运站等。

八、住宅建筑

智能化系统的功能应体现以人为本，做到安全、节能、舒适和便利，符合构建环保和健康的绿色建筑环境的要求，推行对住宅建筑的规范化管理。

九、通用工业建筑

智能化系统的功能应满足通用生产要求的能源供应和作业环境的控制及管理，提供生产组织、办公管理所需的信息通信的基础条件，符合节能和降低生产成本的要求，提供建筑物所需的信息化管理。

任务实施

实施流程

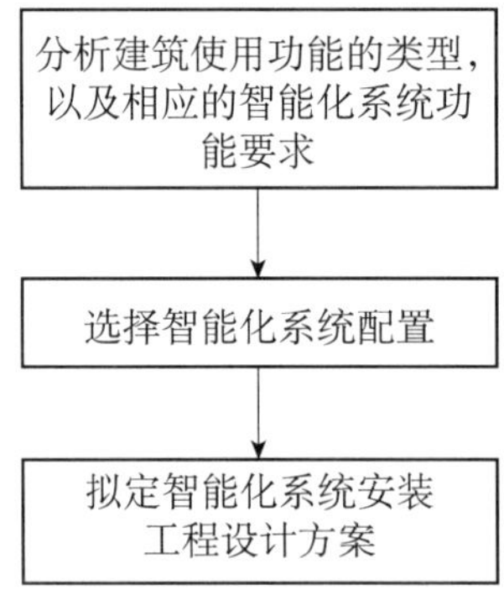

项目小结

掌握智能建筑的概念，详细了解建筑智能化系统的组成，根据建筑使用功能的要求合理配置智能化子系统。

实训练习

一、理论题

1. 智能建筑的概念是什么?
2. 什么是 3A 智能化建筑?
3. 楼宇自动化系统（BAS）包括哪些子系统?
4. 智能建筑有哪些类型?

二、综合案例分析题

[建筑智能化系统概述]　工作任务页

<table>
<tr><td>学习小组</td><td></td><td>指导教师</td><td></td></tr>
<tr><td>姓名</td><td></td><td>学号</td><td></td></tr>
<tr><td colspan="4">工作任务描述</td></tr>
<tr><td colspan="4">某综合性医院建设项目包括一栋门诊办公楼、一栋住院楼、一栋职工宿舍及一个停车场。请为该医院设计建筑智能化方案，指出其智能化系统包含哪些子系统及各个子系统的功能。</td></tr>
<tr><td colspan="4">任务基本信息确认</td></tr>
<tr><td>任务组长</td><td>任务是否清楚</td><td>工具准备</td><td>资料准备</td></tr>
<tr><td></td><td></td><td></td><td></td></tr>
<tr><td colspan="4">工作流程</td></tr>
<tr><td>流程</td><td colspan="2">描述</td><td>资源/时间</td></tr>
<tr><td>流程 1</td><td colspan="2"></td><td></td></tr>
<tr><td>流程 2</td><td colspan="2"></td><td></td></tr>
<tr><td>流程 3</td><td colspan="2"></td><td></td></tr>
<tr><td>流程 4</td><td colspan="2"></td><td></td></tr>
<tr><td>⋮</td><td colspan="2"></td><td></td></tr>
<tr><td colspan="4">资讯提供（资讯）</td></tr>
<tr><td colspan="4">项目中各个楼宇功能是什么？根据功能要求配置安装智能化系统。</td></tr>
<tr><td colspan="4">分组讨论（计划、决策）</td></tr>
<tr><td colspan="4"></td></tr>
</table>

<table>
<tr><th colspan="6">实施记录</th></tr>
<tr><td colspan="6"></td></tr>
<tr><th colspan="6">检　查</th></tr>
<tr><td>检查项目</td><td>评价标准（企业标准）</td><td>分值</td><td>自查</td><td>互查</td><td>备注</td></tr>
<tr><td>方案格式</td><td>规范、正式</td><td>20</td><td></td><td></td><td></td></tr>
<tr><td>方案内容</td><td>定位准确，配置合理</td><td>80</td><td></td><td></td><td></td></tr>
<tr><td></td><td></td><td></td><td></td><td></td><td></td></tr>
<tr><td></td><td></td><td></td><td></td><td></td><td></td></tr>
<tr><th colspan="6">教师评价</th></tr>
<tr><td colspan="6">学生整体表现：　　□未达要求　　□已达要求</td></tr>
<tr><td rowspan="2">考核项目</td><td rowspan="2" colspan="2">表现要求
（列出完成指定任务/达到指定能力的表现要求）</td><td colspan="2">表现</td><td rowspan="2">备注</td></tr>
<tr><td>√</td><td>×</td></tr>
<tr><td rowspan="3">知识掌握</td><td colspan="2">掌握智能建筑概念</td><td></td><td></td><td></td></tr>
<tr><td colspan="2">了解智能化系统组成</td><td></td><td></td><td></td></tr>
<tr><td colspan="2">了解智能建筑分类</td><td></td><td></td><td></td></tr>
<tr><td rowspan="2">知识运用</td><td colspan="2">准确定位建筑功能类别</td><td></td><td></td><td></td></tr>
<tr><td colspan="2">合理配置智能化系统</td><td></td><td></td><td></td></tr>
<tr><td rowspan="2">情感态度</td><td colspan="2">团队协助</td><td></td><td></td><td></td></tr>
<tr><td colspan="2">严谨认真</td><td></td><td></td><td></td></tr>
<tr><td colspan="6">指导教师评语：

指导教师签字：
年　　月　　日</td></tr>
<tr><td colspan="6">实训体会：

学生签字：
年　　月　　日</td></tr>
</table>

项目二 安全防范系统

项目描述

今年7月，小王毕业后到嘉园物业公司工作，物业公司所辖小区为新建小区且安全防范系统比较齐全，包括视频监控系统、入侵报警系统、出入口控制系统等。公司安排小王负责小区安全防范系统的操作与管理，他应该如何对安全防范各子系统进行维护与管理？

任务导读

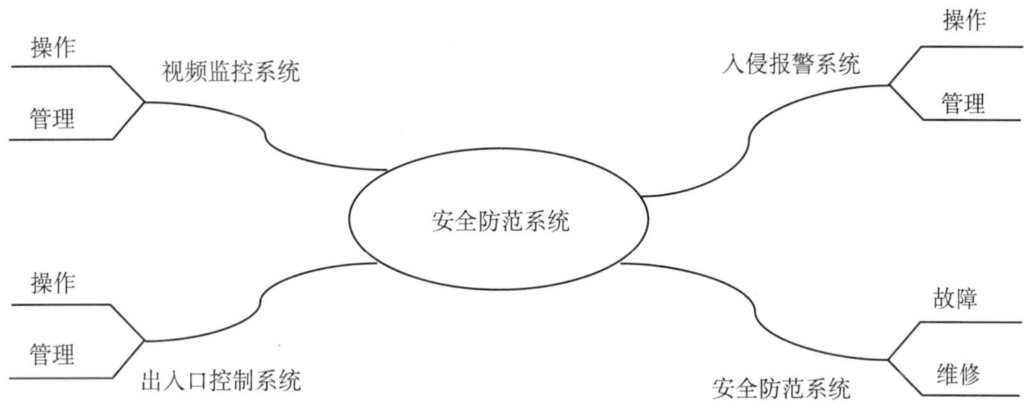

学习目标

知识目标： 1. 熟悉安全防范各子系统的组成。

2. 掌握各系统的设备组成及工作过程。

能力目标： 1. 能够正确操作系统。

2. 能够对系统进行日常管理。

3. 能够对系统的常见故障进行分析并维修。

任务一　视频监控系统的操作与管理

任务导入

某物业小区内新安装了视频监控系统，采用了网络化数字视频监控系统，管理员小王是一名监控管理员，每天与另外两名管理员进行24小时轮班。小李如何对视频监控系统进行日常管理？

任务分析：

物业工程管理员小王要了解系统的组成，掌握视频监控系统的管理标准，能够进行系统的操作与管理。

知识探究

一、视频监控系统

视频监控系统是安全防范系统的子系统，系统通过遥控摄像机及其辅助设备（镜头、云台等），直接观察被监视场所的情况，同时可以把被监视场所的情况进行同步录像。视频监控主要由摄像、传输、控制、显示与记录几部分组成，如图2-1所示。

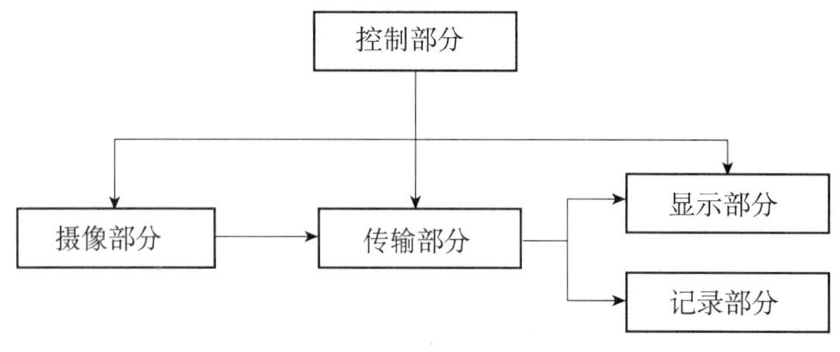

图2-1　视频监控系统框图

二、视频监控系统各组成部分

（一）摄像部分

（1）摄像部分是视频监控系统的前沿，是整个系统的“眼睛”。它布置在被监视场所的某一位置上，使其视场角能覆盖整个被监视的各个位置。有时，被监视的场所面积较大，为了节省所用摄像机的数量、简化传输系统及控制显示系统，在摄像机上加装电动的（可遥控的）可变焦距（变倍）镜头，使摄像机所能观察的距离更远、更清楚；有时还把摄像机安装在电动云台上，通过控制台的控制，可以使云台带动摄像机进行水平和垂直方向的转动，从而使摄像机能覆盖的角度、面积更大。

（2）摄像部分设备组成，见表 2-1。

表 2-1　摄像部分设备

组成部分	作　用	图　例
摄像机	摄像机是摄像部分最关键的设备，它负责将现场摄取的图像信号转换为电信号并传送到控制中心的监控器上。因此，摄像部分的好坏以及它所产生的图像信号的质量将影响整个系统的质量。目前监控系统常用的摄像机为 CCD 摄像机，通过镜头把被监视场所的画面成像在 CCD 靶面上，通过 CCD 本身的电子，把成光信号变为电信号，再通过放大、整形等一系列信号处理，最后变为标准的视频信号并进行输出	枪式摄像机 红外摄像机 高速球摄像机
镜头	镜头与 CCD 摄像机配合，可以将远距离目标成像在摄像机的 CCD 靶面上。目前，视频监视系统中常用的镜头种类有手动/自动光圈定焦镜头和自动光圈变焦镜头	NEAR OPEN 摄像机镜头

续表

组成部分	作　用	图　例
云台与支架	云台是承载摄像机并可进行水平和垂直两个方向转动的装置。云台内装有两个电动机，这两个电动机一个负责水平方向的转动，另一个负责垂直方向的转动。水平方向转动的角度一般为 350°，垂直方向转动则有±45°、±350°、±75°等。水平和垂直两个方向所转动的角度的大小可通过限位开关进行调整	 室外全方位云台
	普通支架有短的、长的、直的、弯的，根据不同的要求选择不同的型号。室外支架主要考虑负载能力是否合乎要求，再有就是安装位置，因为从实践中发现，很多室外摄像机安装位置特殊，有的安装在电线杆上，有的立于塔吊上，有的安装在铁架上	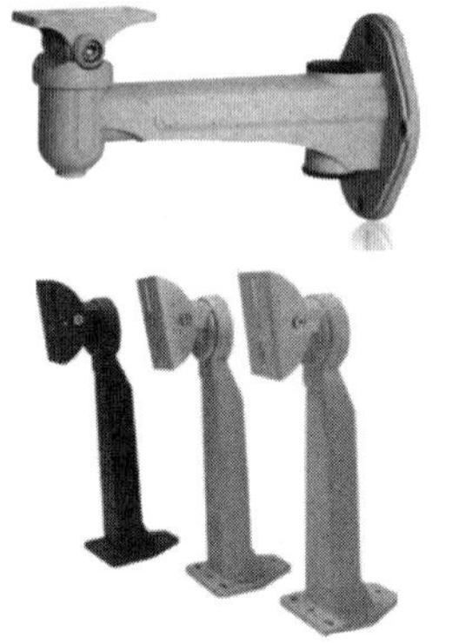 支架
防护罩	防护罩是使摄像机在有灰尘、雨水、高低温等情况下仍能正常使用的防护装置，一般分为两类，一类是室内防护罩，另一类是室外防护罩。 室内用防护罩结构简单价格便宜，其主要功能是防止摄像机落尘并有一定的安全防护作用，如防盗、防破坏等。 室外用防护罩一般为全天候防护罩，即无论刮风、下雨、下雪、高温、低温等恶劣情况，都能使安装在防护罩内的摄像机正常工作。这种防护罩具有降温、加温、防雨、防雪等功能。为了在雨雪天气仍能使摄像机正常摄取图像，一般在全天候防护罩的玻璃窗前安装有可控制的雨刷	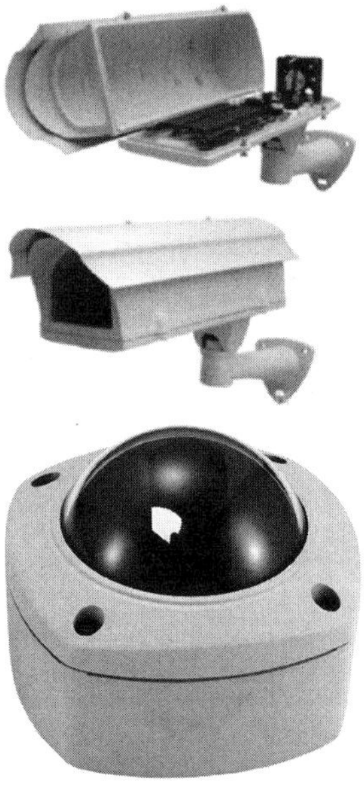 防护罩

续表

组成部分	作　用	图　例
解码器	解码器，也称为接收器/驱动器（Receiver/Driver）或遥控设备（Telemetry），是为带有云台、变焦镜头等可控设备提供驱动电源并与控制设备（如矩阵）进行通信的前端设备。通常，解码器可以控制云台的上、下、左、右旋转，可以对变焦镜头的变焦、聚焦、光圈以及防护罩雨刷器、摄像机电源、灯光等设备进行控制，还可以提供若干个辅助功能开关，以满足不同用户的实际需要。高档次的解码器还带有预置位和巡游功能	解码器

（二）传输部分

传输部分就是系统的图像信号通路。一般来说，传输部分只传输图像信号。但是，由于某些系统中除图像外，还要传输声音信号，同时，由于需要由控制中心通过控制台对摄像机、镜头、云台、防护罩等进行控制，因而在传输系统中还包含有控制信号的传输，所以这里所讲的传输部分，通常是指所有要传输的信号形成的传输系统的总和。传输系统中所用的传输线如图 2－2 所示。

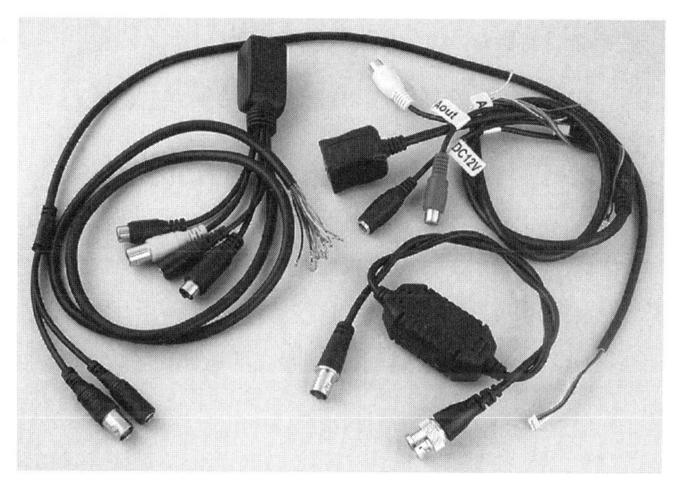

（a）视频监控系统信号传输线

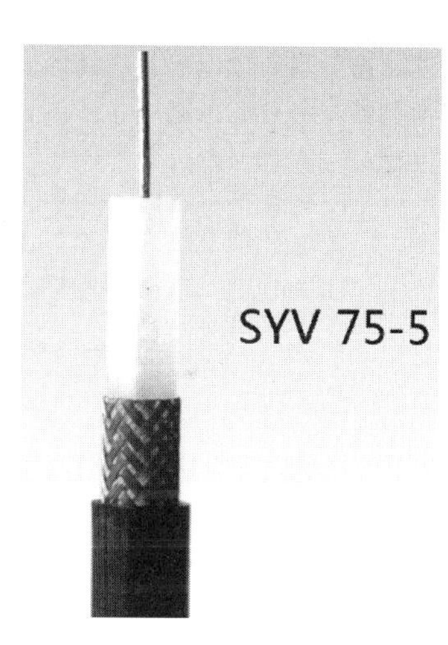

（b）75 Ω同轴电缆

图 2－2　视频监控系统传输线

（三）终端部分

终端部分是整个系统的核心部分，主要负责图像的处理、显示及对前端设备的控制，并对整个系统进行集成管理。

（1）控制部分是实现整个系统功能的指挥中心。控制部分主要是总控制台（有些系统还设有副控制台），主要负责所有设备的控制与图像信号的处理。控制部分的主要设备：

视频矩阵切换器、视频信号分配器、多画面分割器等，见表 2-2。

表 2-2 控制部分设备

组成部分	作 用	图 例
视频矩阵切换器	在由多路摄像机组成的视频监控系统中，一般没有必要用同摄像机数量一样的监视器，来一一对应显示各路摄像机的图像信号，如果那样，则成本高，操作也不方便，容易造成混乱，所以一般都是按一定的比例用一台视频矩阵切换器轮流切换显示几台摄像机的图像信号	视频矩阵切换器
视频信号分配器	视频信号分配器以独立和隔离的互补晶体管或由独立的视频放大器集成电路提供4～6 路独立的 75 Ω 负载能力，包括具备彩色兼容性和一个较宽的频率响应范围（10 Hz～7 MHz），视频输入和输出均为 BNC 端子	视频信号分配器
多画面分割器	在由多个摄像机组成的电视监控系统中，通常采用视频切换器使多路图像在一台监视器上轮流显示。但有时为了让监控人员能同时看到所有监控点的情况，往往采用多画面分割器，使多路图像同时显示在一台监视器上。当采用几台多画面分割器时，就有可能用与多画面分割器相同数量的监视器将所有摄像机传送来的多个画面同时显示。这样，既减少了监视器的数量，又能使监控人员一目了然地监视各个部位的情况。常用的画面分割器为四画面、九画面和十六画面	多画面分割器

（2）显示与记录部分。把从现场传来的电信号转换成在监视设备上显示的图像，如果必要，同时用录像机予以记录。显示设备为监视器。目前使用的记录设备主要为硬盘录像机，见表 2-3。

表 2-3 显示部分设备

组成部分	作 用	图 例
监视器	监视器是视频监控系统的显示部分，是监控系统的标准输出，有了监视器的显示，我们才能观看前端送过来的图像，作为监控设备不可或缺的终端设备，充当着监控人员的“眼睛”，同时也为事后调查起到关键性作用。最小系统中可以仅有单台监视器，而在大系统中则可能是由数十台监视器组成的电视墙	

续表

组成部分	作　用	图　例
监视器	（同上页）	监视器
硬盘录像机	即数字视频录像机，相对于传统的模拟视频录像机，它采用硬盘录像，故常常被称为硬盘录像机，也被称为 DVR。它是一套进行图像存储处理的计算机系统，具有对图像/语音进行长时间录像、录音、远程监视和控制的功能。DVR 集合了录像机、画面分割器、云台镜头控制、报警控制、网络传输等五种功能于一身，用一台设备就能取代模拟监控系统一大堆设备的功能，而且在价格上也逐渐占有优势。其采用数字记录技术，在图像处理、图像储存、检索、备份以及网络传递、远程控制等方面也远远优于模拟监控设备。DVR 代表了视频监控系统的发展方向，是目前市面上视频监控系统的首选产品	硬盘录像机

三、视频监控系统的操作与管理

物业工程管理员每天要按严格的管理标准对视频监控系统进行操作与管理。

（一）视频监控系统的操作标准

（1）操作人员每天检查工作环境是否符合系统工作条件要求。

气候环境条件：温度−10 ℃～40 ℃；大气压为 1 atm±20%；相对湿度 40%～90%。

电源条件：内置自带 UPS，交流外电源 220 V±10%，50 Hz。

（2）开关机程序。

开机程序：打开总电源→打开屏幕墙电视电源→打开监控主机和服务器电源→启动监控主机进入 Windows 操作系统→打开监控软件→输入密码并登陆→登记《视频监控工作记录本》。

关机程序：关闭监控软件→关闭客户端管理软件→关闭监控主机→关闭计算机电源→关闭屏幕墙电视电源→关闭总电源→登记《视频监控工作记录本》。

（二）视频监控系统的管理维护

（1）使用视频监控系统的部门和有关工作人员在监控时应切实加强日常维护和管理，及时发现监控设备和所对应监控场所的异常情况，采取相应措施对不安全情况进行处理，保证监控设备正常运行。

（2）使用监控系统部门的值班工作人员应做好值班记录以备查，不得擅自更改监视画面和监视摄像角度，发现监控场所有异常情况时应及时处置并报告部门领导。

（3）视频监控系统采取 24 小时实时值班，每日上午 8:30 分前由监控室值班人员对监控器进行录像回放，确保监控器各检测点正常录像。发现故障应通知检修部进行检修并做好记录，记录内容包括故障原因、检修人、检修时间、何时能够检修完毕、何时恢复投入使用等。

（4）值班人员不得迟到、早退、脱岗、睡觉或干与工作无关的事；不得利用监控室计算机做与监控值班无关的事；不得随意在监控系统中安装无关程序、删除系统任一程序或改变系统预先设置参数；未经领导批准不得私自调取存储信息供他人使用，严禁泄密。

（5）做好监控室清洁卫生工作，保持室内通风干燥；严禁在操作台摆放无关物品；严禁携带易燃易爆有毒物品或易挥发品进入监控值班室；严禁烟火和用湿抹布或潮湿物品接触设备。

（6）值班人员严格按照操作步骤精心操作，密切注意设备运行情况，保证监控设备安全有序；不许带电进行硬件的热插或热拔（支持热插拔的硬件除外）；不得无故中断监控。

（7）严禁任何部门和个人故意遮挡视频监控摄像头，因工作需要临时遮挡时必须报告使用部门领导同意，工作完毕后立即拆除遮挡物具。

（8）检修部专管维修人员应定期清除摄像头的灰尘、蜘蛛网等污物，保持摄像头图像清晰；定期对主版、接插件和监控设备内部进行除尘；定期检查摄像头固定支架、吊架等固定件是否牢固。使用部门如发现有树叶、树枝遮挡摄像镜头，要及时联系安全生产技术部绿化负责人并配合绿化工作人员清除。

（9）使用部门不得擅自复制、提供、传播图像信息资料；不得擅自删改、破坏图像信息资料的原始记录。

（10）行政执法人员需要调取、查看、复制视频系统图像信息和相关资料的，必须出示执法证件和执法单位公函，由接待部门报公司领导批准后由工程部、安保部派专管人员配合提供。对其他部门和个人不予提供视频资料。

四、视频监控系统标准作业计划

（1）摄像机护罩应每季度检查一次，保证防水密封橡胶严密，雨刷、电加热丝能正常工作，接地良好，卫生清洁，外观良好，固定牢固。

（2）摄像机应每季度检查一次，保证其聚焦清晰，景深变焦正常，红外夜视正常，接线柱及插头连接可靠，外观良好，镜头清洁，固定牢固。

（3）云台应每半年检查一次，保证水平 0°～350°、俯仰 0°～90°运转无异常，接线柱及插头连接可靠，外观良好，固定牢固。

(4) 云台解码器应每半年检查一次，保证防雨罩固定，外观良好，接线柱及插头连接可靠，接线紧固，卫生清洁。

(5) 电源应保证卫生清洁，温升<40 ℃，接线紧固，外观无变形，输出电压稳定。

(6) 矩阵主机应定期用无水酒精清洗键盘，保证其摇杆灵活有效，显示屏显示正常，接线柱及插头连接可靠。

(7) 监视器应保证其工作温度－10 ℃～50 ℃、环境湿度 30%～80%，防强光照射，每周机外清洁、每年机内清洁，检查消磁，保证显示器上无杂物，亮度设置为 60～80、对比度设置为 80～100、刷新率设置为 85 Hz 或 75 Hz。

(8) 机柜门应无变形开启灵活，锁无变形开锁有效，布线规范无杂物，卫生清洁，机械排风良好，接地符合要求。

(9) 综合布线：室外传输线不老化，接头无锈蚀、防水良好；室内线路固定符合规定，线号清晰，接地保护良好，防静电。

任务实施

1. 实施流程

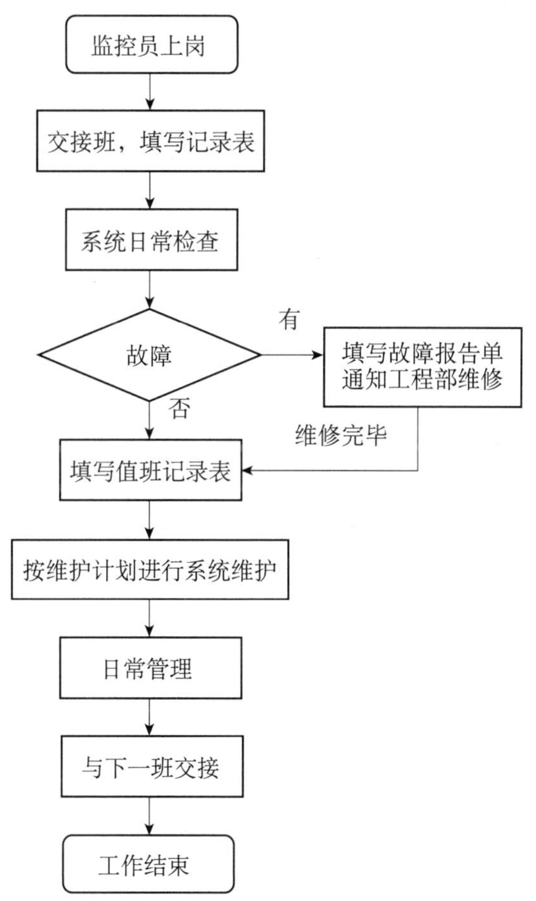

2. 工作过程中需要填写的表格

（1）值班记录表，见表2-4。

表2-4 监控管理员交接班记录表

<table>
<tr><td>班次</td><td colspan="2">早班（8:00—16:00）</td><td colspan="2">中班（16:00—0:00）</td><td colspan="2">晚班（0:00—8:00）</td></tr>
<tr><td>值班人</td><td colspan="2"></td><td colspan="2"></td><td colspan="2"></td></tr>
<tr><td>气温/℃</td><td colspan="2"></td><td colspan="2"></td><td colspan="2"></td></tr>
<tr><td>交接班
记　录</td><td colspan="2">交班人：
接班人：</td><td colspan="2">交班人：
接班人：</td><td colspan="2">交班人：
接班人：</td></tr>
<tr><td colspan="7">值班内容记录</td></tr>
<tr><td>序号</td><td>班次</td><td>时间</td><td colspan="2">内　容</td><td>处理情况</td><td>值班人</td></tr>
<tr><td></td><td></td><td></td><td colspan="2"></td><td></td><td></td></tr>
<tr><td></td><td></td><td></td><td colspan="2"></td><td></td><td></td></tr>
<tr><td></td><td></td><td></td><td colspan="2"></td><td></td><td></td></tr>
<tr><td></td><td></td><td></td><td colspan="2"></td><td></td><td></td></tr>
<tr><td></td><td></td><td></td><td colspan="2"></td><td></td><td></td></tr>
<tr><td></td><td></td><td></td><td colspan="2"></td><td></td><td></td></tr>
</table>

（2）故障通知单，见表2-5。

表2-5 故障通知单

<table>
<tr><td>故障通知单</td></tr>
<tr><td>部位：</td></tr>
<tr><td>内容：</td></tr>
<tr><td>报告班组：　　　　　　　　报告人：
时间：　　　年　　月　　日</td></tr>
<tr><td>接受报告人及时间：</td></tr>
</table>

资料链接

某品牌矩阵主机及硬盘录像机调试方法

1. 矩阵主机调试，见表 2－6

表 2－6 矩阵主机调试说明

序号	说明	操 作
1	矩阵切换	1. 按数字键“＊”—“MON”，即可切换到通道＊的输出。 2. 按数字键“＊”—“CAM”，即可切换输入通道＊到输出。
2	矩阵主菜单	通过键盘或随机软件（矩阵设置软件）进入主菜单。 在常规操作时，按“MENU”键可进入键盘菜单。此时可按“↑”键上翻菜单或按“↓”键下翻菜单，直到切换到“7）矩阵菜单”。按“Enter”键，即可进入矩阵菜单，在监视器上可观察到如下菜单： 1. 系统配置设置； 2. 时间日期设置； 3. 文字叠加设置； 4. 文字显示特性； 5. 报警联动设置； 6. 时序切换设置； 7. 群组切换设置； 8. 群组顺序切换； 9. 报警记录查询； 10. 恢复出厂设置。 移动光标到需要的项目，然后按“Enter”键（键盘）或按“进入选单”。具体见说明书
3	系统配置设置	监视器显示如下： 1. 视频输入范围：开始 0001 结束 1024 2. 视频输出范围：开始 01 结束 64 上下移动光标到需要设定的那个项目，通过键盘或软件输入数字，再按“Enter”键确认或“确认”软件键设置矩阵参数。按“DVR（键盘）”或“退出选单”（软件）键退出至主菜单
4	队列切换	按“↑”键或“↓”键将菜单前闪烁的“▶”切换到“6 时序切换设置”按“Enter”键，即可进入队列切换编程界面，如下所示： 视频输出 01 驻留时间 02 视频输入 01＝0001 09＝0009 17＝0017 25＝0025 02＝0002 10＝0010 18＝0018 26＝0026 03＝0003 11＝0011 19＝0019 27＝0027 04＝0004 12＝0012 20＝0020 28＝0028 05＝0005 13＝0013 21＝0021 29＝0029 06＝0006 14＝0014 22＝0022 30＝0030 07＝0007 15＝0015 23＝0023 31＝0031 08＝0008 16＝0016 24＝0024 32＝0032

续表

序号	说明	操 作
4	队列切换	按“↑”键或“↓”键将切换闪烁“▶”，表示当前修改的参数，通过输入数字并按“Enter”键完成相应的参数修改。 该项菜单是以输出号为基本单元来设置的，因此最多可有 32 组时序切换菜单可供设置，每组最多输入信号 32 路，上表中等号左边的数字为序号，表示切换显示图像的次序，等号右边的数字为视频编号输入信号，在 1～96 中任意选择。在输入设定中请注意以下几点： 1. 视频输出的选择可为 1～32 中的任意一个数； 2. 每组时序切换组最大为 32 个图像，如选择小于 32 路，比如选择 16 路，则可把光标移动到 17，输入“0”，再按“Enter”键，可使 17 以后全部置“0”； 3. 按“DVR”键，返回到矩阵菜单； 4. 按“DVR”键，退出矩阵菜单； 5. 连续按“Exit”键两次，退出设置菜单； 6. 按“SEQ”键，即可在输出通道 5 执行队列切换输出； 7. 按“Shift”＋“SEQ”键，即可停止该队列
5	群组切换设置	群组切换功能指的是在多个监视器组成的监控工程中，任何时候，只需要一个键一次操作，就可以使所有监视器完成预定目的切换。该菜单可提供 16 组预编程方案。进入该子菜单，即出现以下显示： 群组编号 01 输出＝输入 01＝0001　09＝0009　17＝0017　25＝0025 02＝0002　10＝0010　18＝0018　26＝0026 03＝0003　11＝0011　19＝0019　27＝0027 04＝0004　12＝0012　20＝0020　28＝0028 05＝0005　13＝0013　21＝0021　29＝0029 06＝0006　14＝0014　22＝0022　30＝0030 07＝0007　15＝0015　23＝0023　31＝0031 08＝0008　16＝0016　24＝0024　32＝0032 群组编号是指以组为单位进行视频切换的方案编号，1～16 可选，最大为 16 组。 输出：是指视频切换中的视频输出通道，即监视器号。 输入：是指视频切换中的视频输入源，即摄像机号 1～96 可选。 用光标键移动光标到需设置的选项上，改变数据。按“Enter”键确认
6	恢复出厂设置	全中文矩阵出厂时对菜单各项均有初始化设置。当光标移到主菜单中“恢复出厂设置”项，按“确认”键，则屏幕光标停止显示，整个初始化过程约需时 90 秒，然后屏幕自动恢复到初始化设置状态，至此，初始化工作完成
7	云台控制	1. 按“5”－“MON”键，切换到通道 5 输出； 2. 按“1”－“CAM”键，切换输入的摄像机 1； 注意：这里需要高速球云台摄像机的地址为 1，通信协议为 Pelco-d，波特率为 2 400； 3. 控制矩阵的摇杆，即可控制高速球云台摄像机进行相应的转动； 4. 按键“Zoom Tele”或“Zoom Wide”即可实现镜头的拉伸； 5. 使用摇杆和矩阵键盘切换到高速球需监视的预置点 1；

续表

<table>
<tr><th>序号</th><th>说明</th><th>操　作</th></tr>
<tr><td>7</td><td>云台控制</td><td>6. 按“1”输入预置点号“1”，并按“Shift”＋“Call”键，设置智能球机的预置点；
7. 同样，参考步骤5.、6. 内容，设置其他的预置点2、3、4；
8. 预置点的调用，按“1”～“CALL”即可切换到预置点1，同样可切换到预置点2、3、4</td></tr>
<tr><td>8</td><td>高速球
预置点设置</td><td>按“Enter”键或“Auto”键直至LCD显示如下：
[1) Speed dome setup
Number：0001]→高速球地址　按“Enter”键进入高速球设置子菜单。
1. 高速球预置点参数设置
按“Enter”键或“Auto”键直至LCD显示如下：
[1. Position：000
Speed：00　Time：00]→预置点（128个预置点），按“F1/ON”移动光标，当光标移到Position：000位置时，输入预置点号（1～128），再按“Enter”键选择要设的预置点，此时就可设置当前所选的预置点的速度和滞留时间了。按“F1/ON”移动光标至Speed：00位置，输入速度值（1～64），再按“Enter”键设置预置点速度。按“F1/ON”移动光标置Time：00，输入滞留时间（1～60），再按“Enter”键设置预置点的滞留时间。按“F1/ON”移动光标设置另外预置点，按“Exit”键即出高速球设置菜单回到主菜单</td></tr>
<tr><td>9</td><td>操纵杆设置</td><td>按“MPX”键或“Auto”键至LCD显示：
二维摇杆显示：[8) JoyStick Set
A：XXX　　B：YYY]
三维摇杆显示：A：XXX　B：YYY　C：ZZZ
摇杆在中心位置时显示：
二维摇杆显示：[8) JoyStick Set
M：000　　M：000]
三维摇杆显示：M：000　M：000　M：000
1. 摇杆上下显示：向上时，A显示为U，向下时，A显示为D，XXX为摇杆当前值。
2. 摇杆左右显示：向左时，B显示为L，向右时，B显示为R，YYY为摇杆当前值。
3. 摇杆中间圆柱显示：顺时针方向拧时，C显示为P；逆时针方向拧时，C显示为N。ZZZ为摇杆当前值，设置摇杆上下左右限值、中间圆柱顺逆时针限值及摇杆中心值。
<table>
<tr><td>按键</td><td>功能</td></tr>
<tr><td>AREA</td><td>摇杆在中心时，按“AREA”键设置摇杆中心值</td></tr>
<tr><td>SEQ</td><td>摇杆偏向最上时，按“SEQ”键设置摇杆上限值</td></tr>
<tr><td>MON</td><td>摇杆偏向最下时，按“MON”键设置摇杆下限值</td></tr>
<tr><td>GRP</td><td>摇杆偏向最左时，按“GRP”键设置摇杆左限值</td></tr>
<tr><td>Next</td><td>摇杆偏向最右时，按“Next”键设置摇杆右限值</td></tr>
<tr><td>Pan _ A</td><td>摇杆逆时针拧最大时，按“Pan _ A”键设置摇杆逆时针限值（三维摇杆）</td></tr>
<tr><td>Pan _ B</td><td>摇杆顺时针拧最大时，按“Pan _ B”键设置摇杆顺时针限值（三维摇杆）</td></tr>
</table>
按“Exit”键即退出菜单</td></tr>
</table>

2. 硬盘录像机调试，见表 2-7

表 2-7　硬盘录像机调试说明

<table>
<tr><th>序号</th><th>说明</th><th>操　作</th></tr>
<tr><td>1</td><td>进入系统菜单</td><td>正常开机后，出现如图所示界面。单击鼠标左键或按遥控器上的确认键（Enter）弹出登录对话框，用户在输入框中输入用户名和密码。 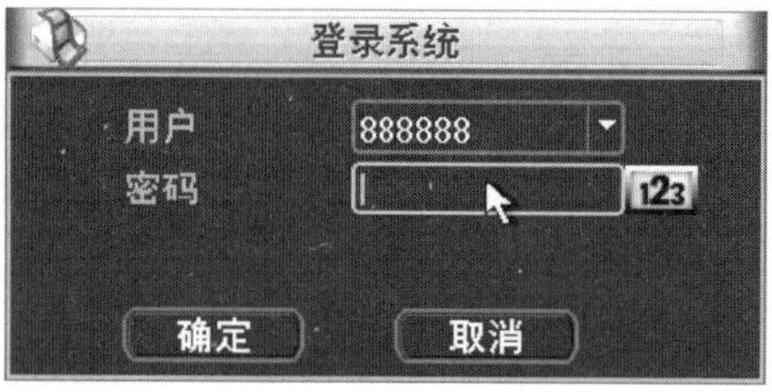

登录系统界面

说明：出厂时有 4 个用户 admin、888888、666666 及隐藏的 default。前三个出厂密码与用户名相同。admin、888888 出厂时默认属于最高权限用户，而 666666 出厂时默认属于低权限用户，仅有监视、回放、备份等权限。
密码安全性措施：每 30 分钟内试密码错误 3 次报警，5 次账号锁定。
注意：本嵌入式硬盘录像机可通过“左、右”方向键切换各个选项，“上、下”方向键切换选项内容，“Enter”为确定键，“Esc”为取消键。密码选项的输入法可通过“⇧”切换。“123”表示输入数字，“ABC”表示输入大写字母，“abc”表示输入小写字母，“：/?”表示输入特殊符号。数字键区则用于输入数字字符、字母字符或者其他特殊符号</td></tr>
<tr><td>2</td><td>预览</td><td>设备正常登录后，直接进入预览界面。在每个预览界面上有叠加的日期、时间、通道名称，屏幕下方有一行表示每个通道的录像及报警状态图标。
通道界面提示：
<table><tr><td>1</td><td></td><td>监控通道录像时，通道界面上显示此标志</td><td>3</td><td></td><td>通道发生视频丢失时，通道界面显示此标志</td></tr><tr><td>2</td><td> </td><td>通道发生动态检测时，通道上界面显示此标志</td><td>4</td><td> </td><td>该通道处于监视锁定状态时通道界面显示此标志</td></tr></table></td></tr>
<tr><td>3</td><td>手动录像</td><td>单击鼠标右键或在菜单“高级选项”→“录像控制”中可进入手动录像操作界面（如图），在预览模式下按遥控器上的“录像”键可直接进入手动录像操作界面。使用鼠标选择相应的手动录像通道，并单击“确定”键保存参数设置，即可完成该通道的手动录像。

录像控制界面</td></tr>
</table>

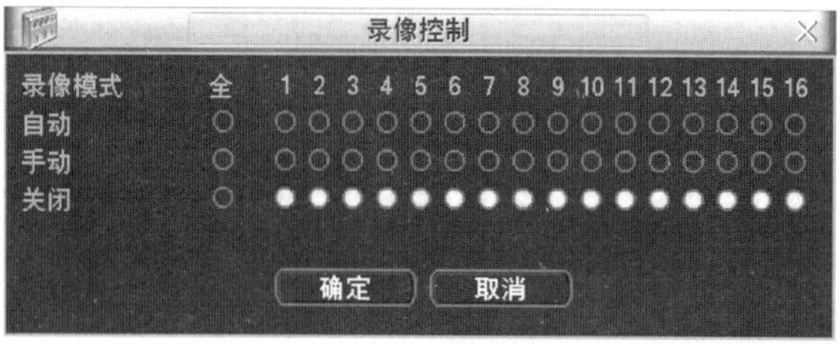

续表

序号	说明	操　作
3	手动录像	手动录像操作界面说明如下。 通道：列出了设备所有的通道号，通道号的多少与设备支持的最大路数一致。 状态：列出了对应通道目前所处的状态，有三种情况，分别为自动、手动、关闭，对应通道反显“●”，则为选中的通道。手动优先级别最高，不管目前各通道处于什么状态，执行“手动”按钮之后，对应的通道全部进行普通录像；自动由录像设置中设置的（普通、动态检测或报警）录像类型进行录像；关闭状态表示所有通道停止录像。全部启动表示可以启动全部通道的录像；全部停止表示可以停止全部通道的录像。 启动/关闭某个或某些通道录像：要启动/关闭某个通道的录像，首先查看该通道录像状态是处于“○”状态，还是处于“●”状态（“○”表示该通道不在录像状态；“●”表示该通道处于录像状态），然后使用“←”或“→”方向键移动活动框至该通道，再使用“▲”或“▼”方向键或相应的数字键，可切换本路录像开启/关闭状态
4	定时录像	硬盘录像机在第一次启动后的默认录像模式是 24 小时连续录像。进入菜单，可进行定时时间内的连续录像，即对录像在定时器的时间段内录像，详细设置在“系统设置”“ 录像设置”界面（如图）。 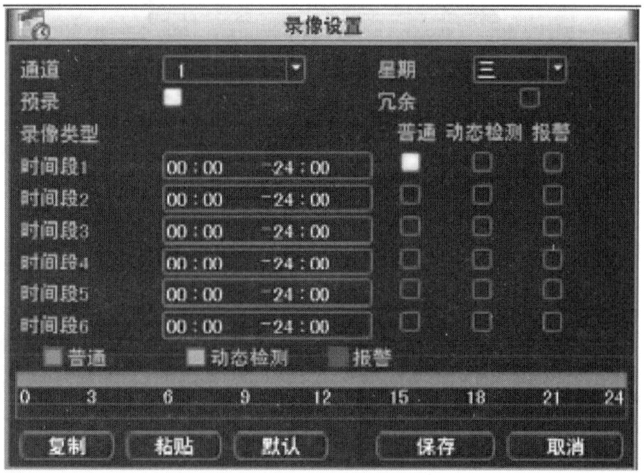 录像设置界面 通道：选择相应的通道号进行通道设置，统一对所有通道设置可选择“全”。 星期：设置普通录像的时间段，在设置的时间范围内才会启动录像。选择相应的星期×进行设置，每天有 6 个时间段供设置。统一设置请选择“全”。 预录：可录动作状态发生前 1～30 秒的录像（时间视码流大小状态）。 冗余：选择冗余功能可实现录像文件双备份功能即将某通道的录像同时记录到不同硬盘上。 抓图：开启定时抓图，统一设置请选择“全”。 时间段：显示当前通道在该段时间内的录像状态，所有通道设备完毕后按保存键确认。图中显示时段示意图，颜色条表示该时间段对应录像类型是否有效。绿色为普通录像，黄色为动态检测录像有效，红色为报警录像有效。 选择保存并退出。即打开通道 * 的定时录像功能

续表

<table>
<tr><th>序号</th><th>说明</th><th>操　作</th></tr>
<tr><td>5</td><td>录像查询</td><td>
1. 进入录像查询界面
单击右键选择“录像查询”或从主菜单选择“录像查询”进入录像查询菜单，界面如图所示。提示：若当前处于注销状态，须输入密码。
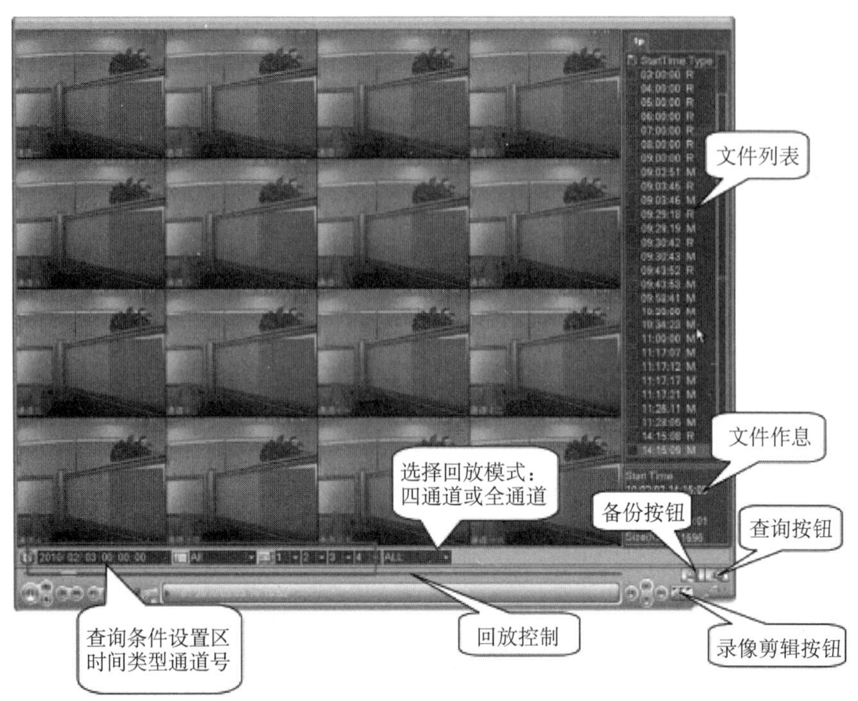

录像查询界面
2. 回放操作
根据录像类型全部、外部报警、动态检测、全部报警录像、通道、时间等进行多个条件查询录像文件，结果以列表形式显示，屏幕上列表显示查询时间后的 128 条录像文件，可按上下键选择录像文件或鼠标拖动滑钮查看。选中所需录像文件，按 Enter 键或双击鼠标左键，开始播放该录像文件。文件类型：R—普通录像，A—外部报警录像，M—动态检测录像。
3. 回放模式
有四通道和全通道两种模式。选择四通道模式时，用户可根据需要进行 1～4 路回放；选择全通道模式时，根据实际设备路数进行回放。
4. 精确回放
在时间一栏输入时、分、秒，直接按播放键，可针对某时间段的录像进行精确回放。
5. 回放操作区
回放操作区（屏幕显示通道、日期、时间、播放速度）在对录像文件进行播放时可操作如下功能：控制速度、音量调节、循环播放（对符合条件查找到录像文件进行自动循环播放）、全屏显示等。下图为隐藏/显示回放状态条。

</td></tr>
</table>

续表

序号	说明	操　作
5	录像查询	6. 回放时其余通道同步切换功能 录像文件回放时，按下数字键，可切换到与按下的数字键对应的通道同一时间的录像文件进行播放。 7. 局部放大 单画面全屏回放时，可用鼠标左键框选屏幕画面上任意大小区域，在所选区域内单击鼠标左键，可将此区域画面进行放大播放，单击鼠标右键退出局部放大画面。 8. 文件备份 在文件列表框中选择用户需要备份的文件，在列表框中打“√”可复选，再单击备份按键，出现备份操作菜单，单击备份按钮即可。用户也可在备份操作菜单中取消不想备份的文件，在要取消的文件列表框前取消“√”
6	云台控制	设置好球机的地址，确认球机的 A、B 线与硬盘录像机的 A、B 接口连接正确。在 DVR 菜单中进行相应的设置，详细设置：“菜单—系统设置—云台设置”（见图），当前界面切换到所控摄像机的输入界面，并设置参数。使用鼠标左键单击“保存”按钮，保存设置的参数，单击鼠标右键退出参数设置系统。 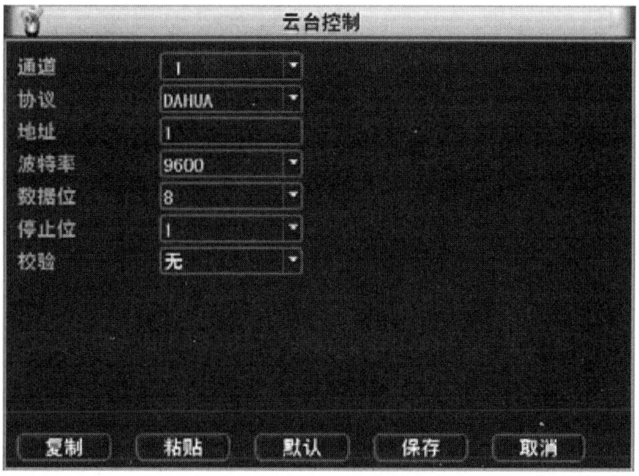 云台控制 通道 1 协议 DAHUA 地址 1 波特率 9600 数据位 8 停止位 1 校验 无 复制 粘贴 默认 保存 取消 云台控制界面 通道：选择球机摄像头接入的通道。 协议：选择相应品牌型号球机协议。 地址：设置为相应的球机地址，默认为 1（注意：此处的地址务必与球机的地址相一致，否则无法控制球机）。 波特率：选择相应球机所用的波特率，可对相应通道的云台及摄像机进行控制，默认为 9 600。 数据位；默认为 8。 停止位：默认为 1。 校验：默认为无。 保存设置后，在单界面的监控下，按辅助键 Fn 或单击右键，弹出辅助功能（见图），菜单按面板上的 Fn 或遥控器上的（辅助）键可切换云台设置和图像颜色选项。

续表

序号	说明	操　作
6	云台控制	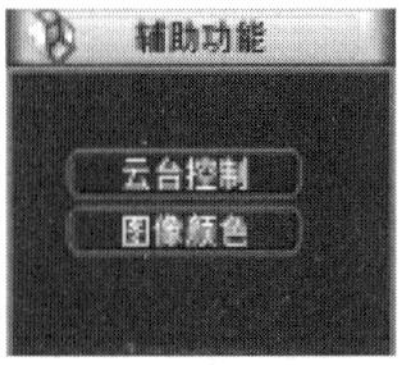 辅助功能界面 单击云台控制，使用鼠标左键单击云台控制界面（见图）的“上、下、左、右”，即可控制高速球形云台摄像机进行上、下、左、右转动。 使用鼠标左键单击“变倍”“聚焦”“光圈”的“+”和“−”，即可实现相应的操作。 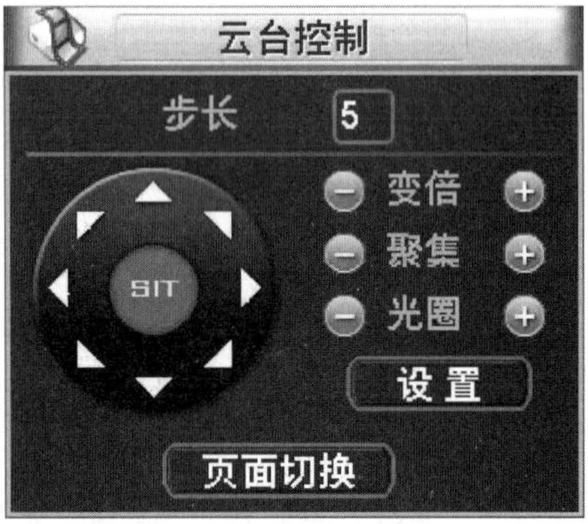 云台控制主界面 步长主要用于控制方向操作，例如步长为8的转动速度远大于步长为1的转动速度。（其数值可通过鼠标单击数字软面板或前面板直接按键获得1～8步长，8为最大步长）。 直接单击变倍、聚焦或光圈键，分别对放大缩小、清晰度、亮度进行调节。 云台转动可支持8个方向（使用前面板时只能用方向键控制上、下、左、右4个方向）
7	预置点设置	通过方向按钮转动摄像头至需要的位置，再单击预置点按钮，进入预置点界面（见图），在预置点输入框中输入预置点值，单击“设置”按钮保持参数设置。 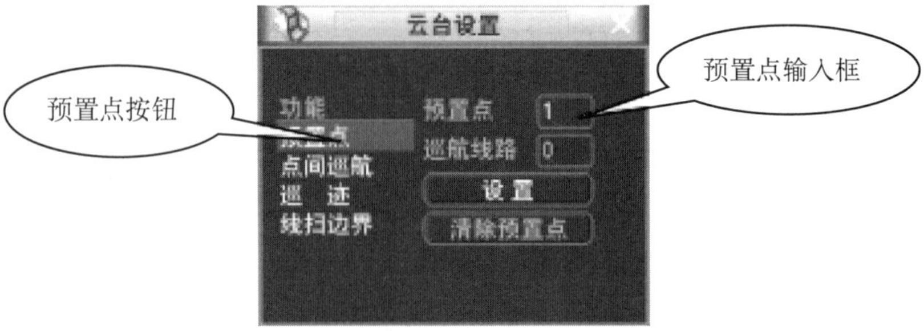 预置点按钮　预置点输入框 预置点界面

续表

序号	说明	操　作
7	预置点设置	1. 预置点的调用：在预置点的值输入框中输入需要调用的预置点，并单击预置点按钮即可进行调用。 2. 单击鼠标右键，返回到云台控制界面，并单击“页面切换”按钮，进入控制界面，如图所示。 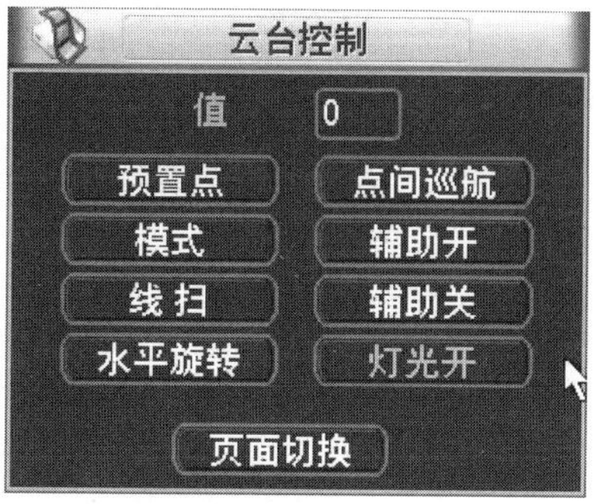 云台控制界面 云台控制界面主要为功能的调用。
8	系统报警及联动	1. 将高速球云台摄像机的镜头对准智能大楼的门口方向，在硬盘录像机上设置云台控制界面 2 的值为“1”，单击“预置点”并退出云台控制界面。 2. 在硬盘录像机上登录系统，依次进入“高级选项”→“录像控制”界面，将通道 3 的录像状态改为“自动”，保存并退出。 3. 依次进入“系统设置”→“录像设置”界面，参数设置为通道：3，星期：全，时间段 1:00:00—24:00，选择时间段 1 的“报警”，其他保持默认设置，选择保存并退出。 4. 依次进入“系统设置”→“报警设置”界面（见图），参数设置为报警输入：1，报警源：本机输入，设备类型：常开型，录像通道：“3”，延时为 10 秒，报警输出：“1”，时间段 1:00:00—24:00，并选中时间段 1 的“报警输出”和“屏幕提示”。 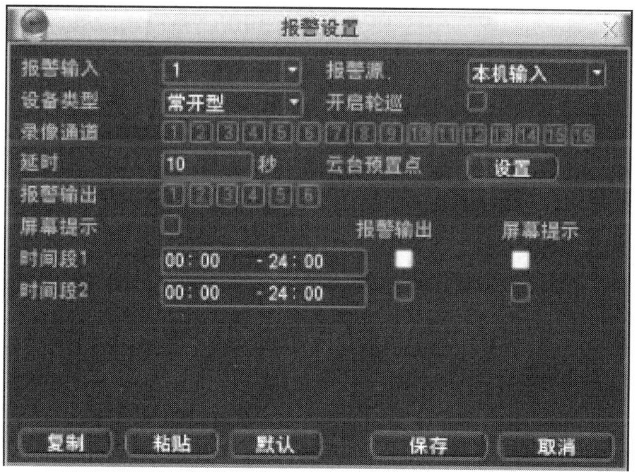 报警设置界面 5. 使用鼠标左键单击云台预置点右边的“设置”按钮，在打开的云台联动设置界面中（见图），选择通道 3 为“预置点”，设置值为“1”，单击“保存”并退出。

续表

序号	说明	操　作
8	系统报警及联动	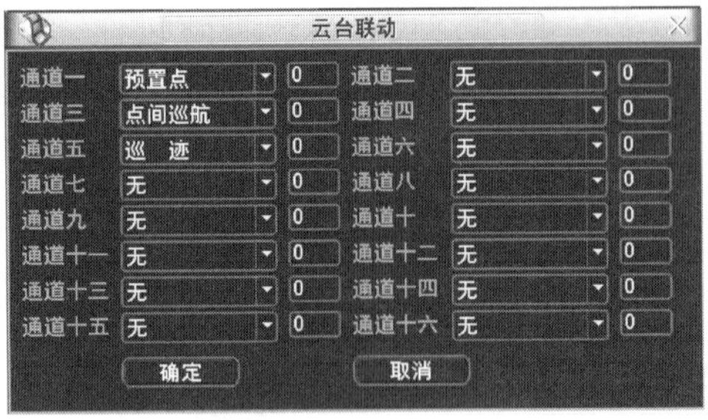 云台联动界面 6. 依次进入“高级选项”→“报警输出”界面（见图），并将所有的通道选择“自动”，左键单击“确定”保存并退出。 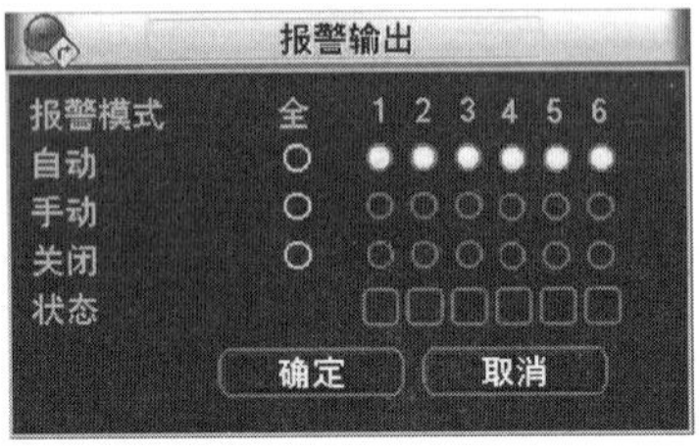 报警输出设置界面 7. 用物体挡在红外对射探测器之间，即在屏幕上提示报警，且开始录像通道 1 的画面，观察硬盘录像机的录像指示灯的状态。打开紧急按钮，并观察监视器屏幕显示和硬盘录像机的录像指示灯的状态
9	Web 使用方法	1. 使用标准的 B 类网线连接硬盘录像机的 NET 口到计算机上。 2. 给电脑主机和硬盘录像机分别设置 IP 地址、子网掩码和网关（若网络中没有路由设备，请分配同网段的 IP 地址。若网络中有路由设备，则需设置好相应的网关和子网掩码），硬盘录像机的网络设置见“系统设置”→“网络设置”。 3. 利用 ping＊＊＊. ＊＊＊. ＊＊＊. ＊＊＊（硬盘录像机 IP）检验网络是否连通，返回 TTL 值一般等于 255。 4. 打开 IE 网页浏览器，在地址栏输入要登录的硬盘录像机的 IP 地址。 5. Web 控件自动识别下载，升级新版 Web 版时将原控件删除。 6. 删除控件方法：在“开始”菜单中单击“运行”，弹出对话框，输入命令“regsvr32-u WebRec. ocx”可删除控件或运行 uninstall web. bat（Web 卸载工具）也可自动删除控件。 7. 登录与注销 在浏览器地址栏里输入录像机的 IP 地址，本文档以录像机 IP 地址“10. 12. 10. 10”为例，即在地址栏中输入“http：// 10. 12. 10. 10”并连接。连接成功弹出如图所示的界面。 输入用户名和密码，公司出厂默认管理员用户名为 admin，密码为 admin。登录后请用户及时更改管理员密码。 打开系统时，弹出安全预警是否接受硬盘录像机的 Web 控件 webrec. cab，请用户选择接受，系统会自动识别安装。如果系统禁止下载，请确认是否安装了其他禁止控件下载的插件，并降低 IE 的安全等级。 登录成功后，显示摄像机正在监控的界面

续表

序号	说明	操 作
9	Web 使用方法	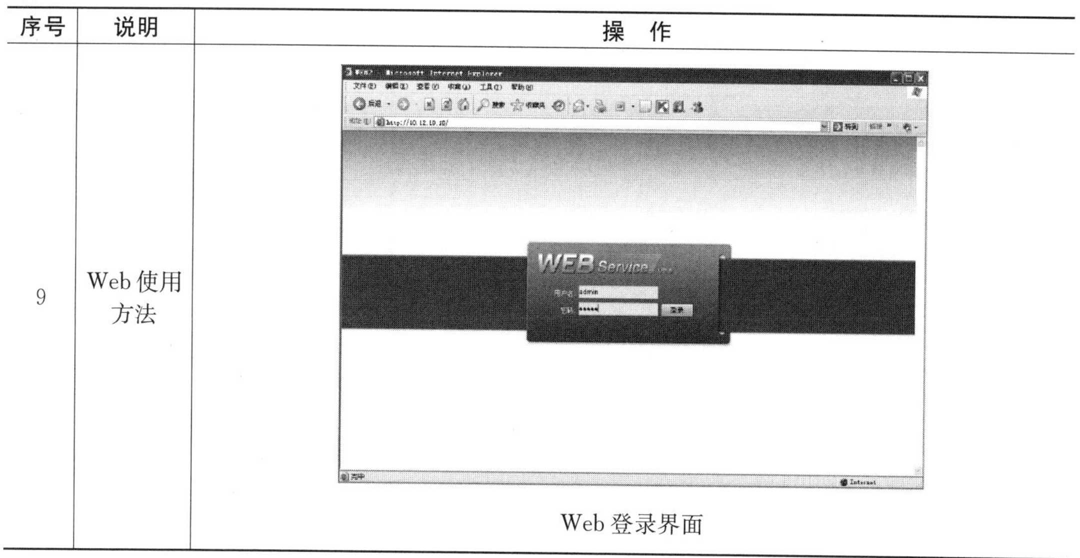 Web 登录界面

任务二 入侵报警系统的操作与管理

任务导入

某博物馆为保障各场馆内文物安全，安装了一套入侵报警系统，物业工程部管理员小李是一名设备维护员，主要负责入侵报警系统的操作管理及日常维护。小李应如何管理？

任务分析：

物业工程管理员小李要了解系统的组成及相应设备的基本原理，掌握入侵报警系统的管理标准，能够进行系统的操作与管理。

知识探究

一、入侵报警系统概述

入侵报警系统是安全防范系统的子系统，是当智能楼宇周围有非法入侵时能发出报警信号以威慑入侵者并及时通知有关部门及人员及时前来处理的电子系统。该系统用物理方法或电子技术，自动探测发生在布防监测区域的入侵行为，产生报警信号并辅助提示值班人员发生报警的区域，是预防抢劫、盗窃等意外事件的重要措施。一旦发生突发事件，就能通过声光报警信号在安保控制中心准确显示出事地点，便于迅速采取应急措施。入侵报警系统结构如图 2-3 所示。

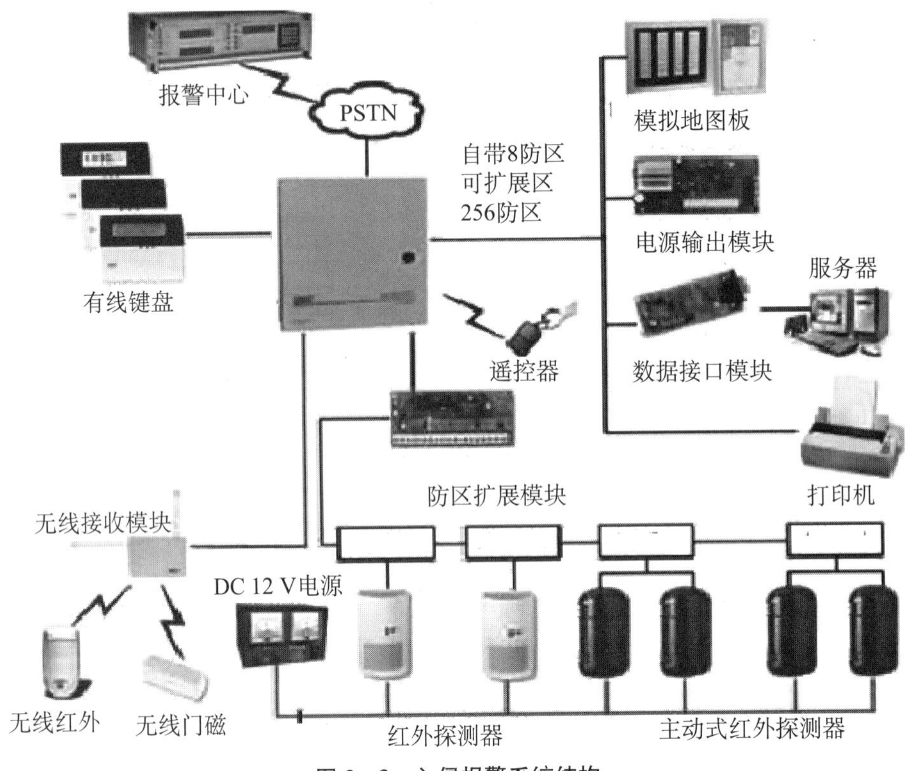

图 2-3 入侵报警系统结构

二、入侵报警系统组成

智能楼宇内的入侵报警系统负责对建筑物内外的各个点、线、面和区域巡查报警，一般由探测器、区域控制器和报警控制中心三部分组成。

（一）探测器

探测器又称报警传感器，是一种物理量的转化装置，通常把压力、震动、声响、光强等物理量转换成易于处理的电量（电压、电流、电阻等）。探测器安装于设防区域内，属于周界防范系统的底层设备，负责探测非法入侵人员，同时向区域控制器发送报警信息。周界防范系统常用的探测器有主动红外探测器、震动探测器等。

（二）区域控制器

区域控制器是用于连接探测器、判断报警情况的专用设备，主要负责对区域内探测设备的管理，同时向报警控制中心传送区域报警情况。

（三）报警控制中心

报警控制中心是整个智能楼宇的安保系统的核心，能起到对整个周界防范系统的管理和系统集成。报警控制中心通常设有大型报警主机、控制键盘、计算机等，并安装管理软件。通过串行通信口与报警主机连接的 PC 上运行的软件，具有根据报警主机接收到的报警信息并参照在 PC 软件中设置的防区参数对有关防区的消息报警显示、布防/撤防状态以及报警主机远程布防/撤防等进行操作的功能。

三、入侵报警系统常用器件

（一）报警主机

报警主机也称报警控制器，它将某区域内的所有报警探测器组合在一起，形成一个防盗区域，一旦发生报警，则在防盗报警主机上可以一目了然地反映出报警区域所在。报警主机目前以多回路分区防护为主流，防区通常为 2～100 回路，根据系统规模、防区数量可分为区域型报警主机、小型报警主机和大型报警主机，见表 2-8。一般来讲，报警主机应具有以下功能。

表 2-8 报警主机分类

分类	作 用	图 例
大型报警主机	在大型和特大型的报警系统中，由集中大型报警主机把多个区域型报警主机联系在一起。大型报警主机能接收各个区域型报警主机送来的信息，同时也能向各区域型报警主机发送控制指令，直接监控各区域型报警主机的防范区域	 DS7400XI 大型报警控制主机
小型报警主机	对于一般的小用户，其防护的部位少，如银行的储蓄所，学校的财务室、档案室，较小仓库等，可采用小型报警主机	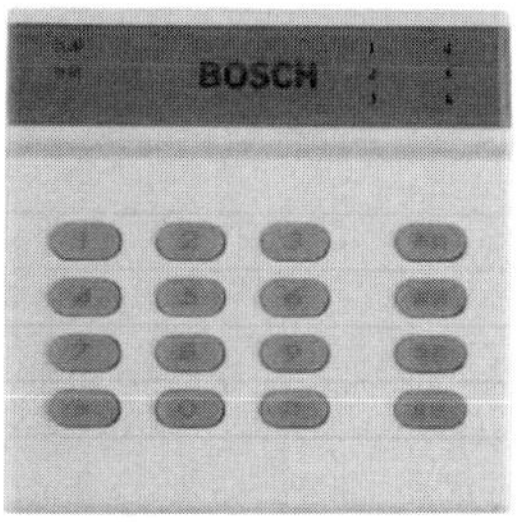 DS6MX-CHI 六防区报警主机
区域型报警主机	对于一些相对较大的工程系统，要求防范的区域较大，防范的点也较多，如高层写字楼，高级的住宅小区，大型的仓库、货场等，此时可选用区域性报警主机	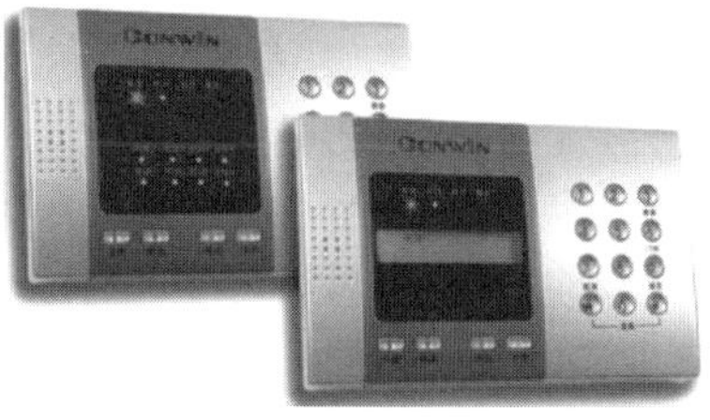 区域报警主机

（1）布防与撤防功能。正常工作时，工作人员频繁出入探测器所探测区域，探测器的报警信号不必设置，这时报警控制器需要撤防；下班后，因工作人员减少需要布防，使报警系统投入正常工作。在布防状态下，防护区域处在警戒状态，一旦探测器被触发，控制器则发出报警信号。

（2）延时功能。延时主要分为退出延时和进入延时。布防后，操作人员还在探测区域内，则需要控制器延时一段时间，待操作人员离开后系统再处于警戒状态，这段时间为退出延时；撤防前，操作人员进入探测区域内，若触发探测器则会出现误报警，故报警主机应设置一段延时，延时期间内，操作人员进行撤防操作后则系统撤防，这段时间为进入延时。如果延时过后系统未撤防，控制器则发出报警信号。

（3）防破坏功能。如果有人对线路和设备进行破坏，报警主机则发生报警。常见的破坏主要有线路短路或断路，报警主机在连接探测器的线路上加以一定的电流，通过电流值检测线路状态，从而达到防破坏的目的。

（4）联网功能。作为报警系统的核心控制器，必须具有联网通信功能，可以把区域的报警信息送到控制中心，由控制中心进行数据分析处理，以提高系统的可靠性。特别是重点防护区域应与监控系统相联动，及时获得该区域监控画面及录像。

（二）探测器

1. 探测器的分类

（1）探测器按照其安装方式可分为：壁挂式、吸顶式、贴装式。

（2）探测器按照其探测范围可分为：广角型、幕帘型、全方位。

（3）探测器按照其探测原理和工作方式可以分为：红外、微波、红外微波复合、振动、烟感、气感、玻璃破碎、超声波、温感、开关等。其中红外探测器还可分为主动式红外和被动式红外，烟感探测器还可分为离子式和光电式。

（4）探测器按照其输出的开关信号的不同可分为：常开型探测器、常闭型探测器及常开/常闭型探测器，如图 2-4 所示。

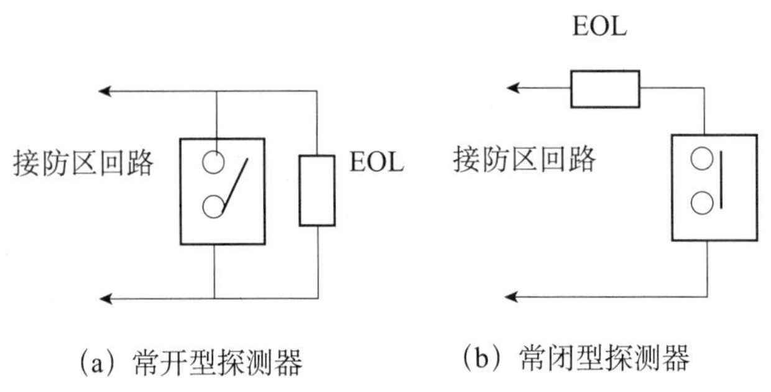

图 2-4 常开型探测器与常闭型探测器

（5）探测器按照其与报警控制器各防区的连接方式不同可分为：四线制、两线制和无线制。四线制，如图 2-5 所示。

一般常规需要供电的探测器，如红外探测器、双鉴探测器、玻璃破碎探测器等均采用的是四线制。

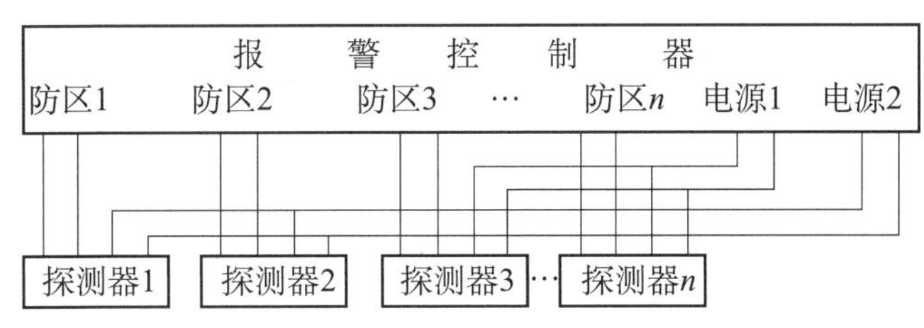

图 2－5　四线制

两线制：又可分为三种情况：

1）探测器本身不需要供电。如某种紧急报警按钮的接线端子板上的标注，如图 2－6 所示，使用时可根据需要将 NC 和 C 端或 NO 和 C 端接至报警控制器的某一防区输入即可。

图 2－6　某种紧急报警按钮的接线端子板

2）探测器需要供电。

3）两总线制。

2. 探测器的功能

探测器的功能是用来探测入侵者的入侵行为。需要防范入侵的地方很多，它可以是某些特定的点，如门、窗、柜台和展览厅的展柜；或是条线，如边防线、警戒线和边界线；有时要求防范范围是个面，如仓库、农场的周界围网；有时又要求防范的是个空间，如档案室、资料室和武器库等，不允许入侵者进入其空间的任何地方。因此设计、安装人员就应该根据防范场所的不同地理特征、外部环境及警戒要求，选用适当的探测器，以实现安全防范的上报。

3. 探测器的性能指标

（1）探测范围。探测范围是指一台探测器警戒的有效范围。它是确定入侵报警系统中采用探测器数量的基本依据，一般分为探测面积和探测空间两类。

（2）可靠性。可靠性是探测器最主要的性能指标。主要性能指标包括如下。

漏报：是指在被保护范围内发生入侵行为而入侵报警系统不报警的情况，这是入侵报警系统及其产品不允许的，应严格禁止。

误报：没有入侵行为时发出的报警。

探测：是指在被保护范围内发生入侵行为，入侵报警探测器探测到警情并使报警系统报警的情况。

（3）探测灵敏度。探测灵敏度是指入侵探测器响应入侵事件产生的物理量的敏感程度。

（4）报警传送方式和最大传输距离。传送方式是指有线或无线传送方式；最大传输距离是指在探测器发挥正常警戒功能的条件下，从探测器到报警控制器之间的最大有线或无线的传输距离。

（5）电气指标。电气指标如功耗、工作电压、工作电流、工作时间等。

（6）寿命。寿命指探测器耐受各种环境条件的能力，其中包括耐受各种规定气候条件的能力、耐受各种机械干扰的能力和耐受各种电磁干扰的能力。

4. 常用探测器

入侵报警系统常用的探测器见表 2－9。

表 2-9 常用探测器

分类	作 用	图 例
主动式红外探测器	也称光束遮断式探测器，是目前使用最多的红外线对照式探测器。其利用光束遮断方式进行探测，当有人横跨监控防护区时，遮断不可见的红外线光束而引发报警，常用于室外围墙周界的报警，如成对使用则又称红外对射。发射器发出一束或多束人眼无法看到的红外线，形成警戒，有物体通过遮挡红外线，接收器信号发生变化，探测器被触发	主动式红外探测器
被动式红外探测器	也称热感红外探测器，其特点是不需要附加红外辐射光源，本身不向外界发射任何能量，而是探测来自移动目标的红外辐射，因此是被动式。任何物体因表面热度的不同都会辐射出强弱不等的红外线，人体辐射的红外线波长为 10 μm 左右，而被动式红外探测器探测范围在 8～14 μm 之间，因此能较好地探测到警戒范围内的入侵者，从而发出报警信号。被动式红外探测器一般用于室内。幕帘式红外探测器利用此原理将探测范围限定于一个平面，常用于警戒平行于门窗的平面	被动式红外探测器
玻璃破碎探测器	玻璃破碎探测器通常利用压电式拾音器，对高频的玻璃破碎的声音进行检测而不受玻璃本身振动的影响。安装在面对玻璃的位置，普遍应用于玻璃门、窗的防护	玻璃破碎探测器
振动探测器	振动探测器目前多为压电效应式，利用压电材料，当振动导致机械变形而产生电气特性变化时，检测电路根据其特性的变化来判断振动的大小并报警。其通常用于铁门、窗户等通道和防止重要物品被人移动的场合	振动探测器

续表

分类	作　用	图　例
紧急求助按钮	紧急求助按钮内部由常开和常闭触点组成，根据控制器的需求接入电路中，进行紧急呼叫	紧急求助按钮

四、入侵报警系统的操作与管理

弱电管理员每天要按照严格的管理标准对入侵报警系统进行操作与管理。

（一）入侵报警系统的操作程序及注意事项

操作程序如下。

1. 布防

当需要布防时确保所有防区均处在未触发状态，正确输入密码并按“布防”键或按遥控器布防按钮（锁头标志），如所有报警器工作正常，键盘上布防指示灯会亮起，布防成功。

2. 撤防

当需要撤防时正确输入密码并按“撤防”键或按遥控器撤防按钮（开锁标志），键盘上布防指示灯会熄灭，撤防成功。

3. 报警

在布防状态下如有人或物入侵时，键盘上相应防区指示灯会亮起，同时声光报警器会发出警报声。输入密码撤防后，报警防区指示灯会继续亮着，确认报警位置并登记后可手动清除报警记录。

4. 异常处理

无法布防：状态指示灯 1～16 处于亮灯状态，说明线路处于开路状态，请检查相应防区是否有门窗尚未关好或有物品遮挡报警器。

注意事项：

（1）定期进行例行试验，发现故障及时排除，以免有盗情发生时不报警，造成损失；

（2）入侵报警系统属精密机器，一般情况下不要擅自打开，以免造成损坏；

（3）在遥控距离缩短时，请及时更换遥控器电池。

（二）入侵报警系统的管理与维护

1. 探测器的测试

探测器在使用一段时间后，需要进行定期的测试，以确保其探测的灵敏度。下面以红外探测器为例讲述探测器的步测方法。

步测的基本方法是：防区内人员退出防区 5 分钟后，根据设防的要求，在探测视区内，用与入侵相似的所有可能的尺寸、形状、速度、动作等入侵时应能点亮报警灯，触发一次报警。在报警现场用无线对讲机与控制中心联系，检验报警情况是否正常，同时要注意报警主机上有没有闪动或不稳定状态，以免给报警系统留下隐患。对壁挂式探测器，步测时的行走方向为侧向行走，即切割红外视区的方向，而不是朝着或背对探测器的方向。对吸顶式探测器，步测时的行走方向为以探测器为圆心的圆周方向，而不是朝着或背对探测器方向。

探测试验的目的就是要测试防区能否具有正常报警的能力，测试防区保护的范围是否能达到预定的要求，是否存在防护死区。

2. 探测器的维护

探测器在日常工作中，不可避免地受到环境及周围情况变化的影响，如大气中的粉尘、微生物以及雪、霜、雾的作用，在探测器的外壁上往往会堆积一层粉尘阻碍探测器的探测，造成误报或漏报。所以为保证探测器的正常工作状态，减少故障的发生，必须对其进行定期维护，建立相应的规章制度，如发现问题，要在最短的时间内，以最快的速度解决以保证探测器处在良好的工作状态中。

（1）注意定期检查探测器的探测使用环境，例如，不能在被动红外探测器附近安置任何温度快速变化的物体（空调、电加热器等）；在探测器前不能放置任何遮挡物，防止任何光源直射探测器等。

（2）注意保护探测器的透光系统，避免被硬物或指甲划伤。当其上面沾有灰尘时，可用镜头纸擦去灰尘，注意必须保证探测器的方向与角度与擦拭前一致。使用磁控制开关要经常注意检查永久性磁铁是否减弱，否则会导致开关失灵。

（3）定期在探测范围内进行步测，以检查探测器的灵敏度，若发现问题及时调整或维修。

3. 探测器的更换

探测器损坏时，应及时更换。各种类型的探测器具有各自不同的特点和安装要求，更换前应熟悉探测器的类型和特性，了解其探测方式和探测范围，确保更换后的探测器符合报警系统的要求。更换后的探测器应与原设备的品牌、型号保持一致。探测器更换前应首先对新的探测器进行检测以确保其可正常工作。更换完毕后对探测器进行设置并检测，确保其工作正常，达到系统要求。

五、入侵报警系统标准作业计划

（1）电源：卫生清洁，温升<40 ℃，接线紧固，外观无变形，输出电压稳定。

（2）探测器：固定牢固，外观良好，防水检查正常，控制范围有效，无误报，灵敏度适中，卫生清洁，接线紧固，报警阻挡测试正常。

（3）区域控制器：键盘布防/撤防正常，键盘显示报警点准确，报警正常，键盘灵敏有效，外观良好，接线紧固。

（4）报警控制中心：外观无变形、接线紧固、卫生清洁。

（5）综合布线：室外传输线无老化，隐蔽走线，接头无锈蚀，接头防水良好，室内线路固定符合规定。

（6）外界环境：无野草、树叶、树枝、塑料袋等杂物干扰。

任务实施

1. 实施流程

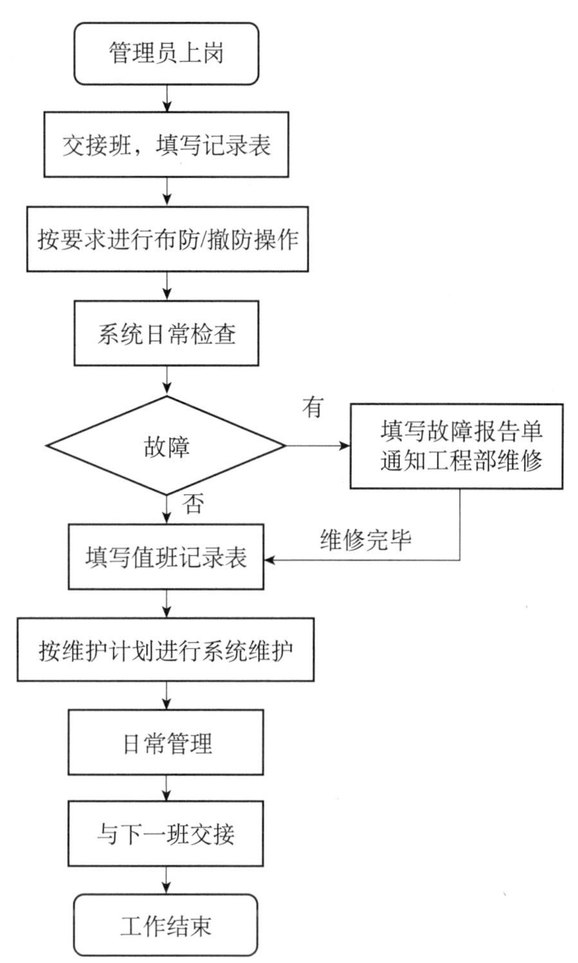

2. 工作过程中需要填写的表格

（1）值班记录表，见表 2-10。

表 2-10　报警系统管理员交接班记录表

班次	早班（8:00—16:00）	中班（16:00—0:00）	晚班（0:00—8:00）
值班人			
气温/℃			
交接班记录	交班人： 接班人：	交班人： 接班人：	交班人： 接班人：

值班内容记录					
序号	班次	时间	内　容	处理情况	值班人

（2）故障通知单，见表2－11。

表2－11　故障通知单

故障通知单		
部位：		
内容：		
报告班组：	报告人：	时间：　　年　　月　　日
接受报告人及时间：		

资料链接

DS6MX-CHI 报警主机编程及使用说明

1. 编程功能的实现

表 2-12　编程功能的实现

步骤	操　作	提　示
1	输入主码 &&&&	只有主码才具有编程模式，其他三个用户码不能用于编程
2	输入 * 键 3 秒，即可进入编程模式	主机蜂鸣器鸣音 1 秒，6 个防区指示将快闪，表示已经进入编程模式
3	进入编程地址：& 或 &&+ *	地址 0～9 输入 1 位数，地址 10～45 输入 2 位数
4	编程值：从 & 到 &&&&&&&&&	参考地址编程参数，编程值可由 1 位数到 9 位数不等。若设置正确，主机将鸣音 2 秒进行确认；若设置错误，可按 # 键清除，返回到步骤 3
5	重复步骤 3 和 4，编程其他地址	—
6	按住 * 键 3 秒退出编程模式	主机蜂鸣器鸣音 1 秒，6 个防区指示将熄灭，表示已经退出编程模式

注：主码的出厂设置为 1234，如果忘记主码，则可按照以下步骤恢复主码出厂设置：

1. 关闭 DS6MX-CHI 的电源；
2. 接通跳线 J1（打开模块的前盖，J1 在跳线左侧靠近拨码开关的位置，下同）；
3. 打开 DS6MX-CHI 的电源；
4. 跳开跳线 J1。

说明：不同的地址对应设置表中不同的值，若输入错误（数值长度不正确）。可以按 # 键取消，然后重新输入，返回到步骤 4 进行重新输入即可。但是若所输入的值不正确，数值长度正确，则必须重新输入编程地址及相应的值。若想编程其他地址，则可重复步骤 3 和步骤 4。

恢复出厂值的操作如下：进入编程模式后，输入地址 99，编入数据 18 即可。

2. 主要参数编程表

表 2-13　主要参数编程表

地址	说明	预置值	编程值选项范围
0	主码	1234	0001～9999（0000=不允许）
1	用户码 1	1000	0001～9999（0000=禁止使用该用户）
2	用户码 2	0	0001～9999（0000=禁止使用该用户）
3	用户码 3	0	0001～9999（0000=禁止使用该用户）
4	报警输出时间	180	000～999（0～999 秒）
5	退出延时时间	90	000～999（0～999 秒）
6	进入延时时间	90	000～999（0～999 秒）
7	防区 1 类型	2	1=即时；2=延时；3=24 小时；4=跟随；5=静音防区；6=周界防区；7=周界延时防区
8	防区 1 旁路	2	1=允许旁路；2=不允许旁路
9	防区 1 弹性旁路	2	1=允许弹性旁路；2=不允许弹性旁路

续表

地址	说明	预置值	编程值选项范围
10	防区 2 类型	4	1＝即时；2＝延时；3＝24 小时；4＝跟随；5＝静音防区；6＝周界防区；7＝周界延时防区
11	防区 2 旁路	2	1＝允许旁路；2＝不允许旁路
12	防区 2 弹性旁路	2	1＝允许弹性旁路；2＝不允许弹性旁路
13	防区 3 类型	1	1＝即时；2＝延时；3＝24 小时；4＝跟随；5＝静音防区；6＝周界防区；7＝周界延时防区
14	防区 3 旁路	2	1＝允许旁路；2＝不允许旁路
15	防区 3 弹性旁路	2	1＝允许弹性旁路；2＝不允许弹性旁路
16	防区 4 类型	1	1＝即时；2＝延时；3＝24 小时；4＝跟随；5＝静音防区；6＝周界防区；7＝周界延时防区
17	防区 4 旁路	2	1＝允许旁路；2＝不允许旁路
18	防区 4 弹性旁路	2	1＝允许弹性旁路；2＝不允许弹性旁路
19	防区 5 类型	1	1＝即时；2＝延时；3＝24 小时；4＝跟随；5＝静音防区；6＝周界防区；7＝周界延时防区
20	防区 5 旁路	2	1＝允许旁路；2＝不允许旁路
21	防区 5 弹性旁路	2	1＝允许弹性旁路；2＝不允许弹性旁路
22	防区 6 类型	3	1＝即时；2＝延时；3＝24 小时；4＝跟随；5＝静音防区；6＝周界防区；7＝周界延时防区
23	防区 6 旁路	2	1＝允许旁路；2＝不允许旁路
24	防区 6 弹性旁路	2	1＝允许弹性旁路；2＝不允许弹性旁路
25	键盘蜂鸣器	1	0＝关闭；1＝打开
26	固态输出口 1	1	1＝跟随布防/撤防状态；2＝跟随报警输出
27	固态输出口 2	1	1＝跟随火警复位；2＝跟随报警输出；3＝跟随开门密码
28	快速布防	2	1＝允许快速布防；2＝不允许快速布防
29	外部布防/撤防	1	1＝只能布防；2＝可布防/撤防
30	紧急键功能	0	0＝不使用；1＝使用
31	继电器输出	0	0＝跟随报警输出；1＝跟随开门密码
32	劫持码	0	0000～9999（0000＝禁止使用）
33	开门密码	0	0000～9999（0000＝禁止使用）
34	开门时间	0	000～999（000＝禁止使用）
35	无线遥控	0	0＝不用；1＝使用无线遥控（最多 6 个）
36	监察无线故障	1	1＝12Hr 监察故障报告；2＝24Hr 监察故障报告
61	单防区布防/撤防	0	0＝不使用单防区布防/撤防和报告，占 2 个总线地址码；1＝使用单防区布防/撤防和报告，占 4 个总线地址码
99	恢复出厂值	18	当输入这个数值时，DS6MX-CHI 的所有设置参数（主码除外）会恢复出厂值。此功能仅用于安装和维护

地址码 61＝0，DS6MX-CHI 不使用单防区布防/撤防功能，地址码设定如下：

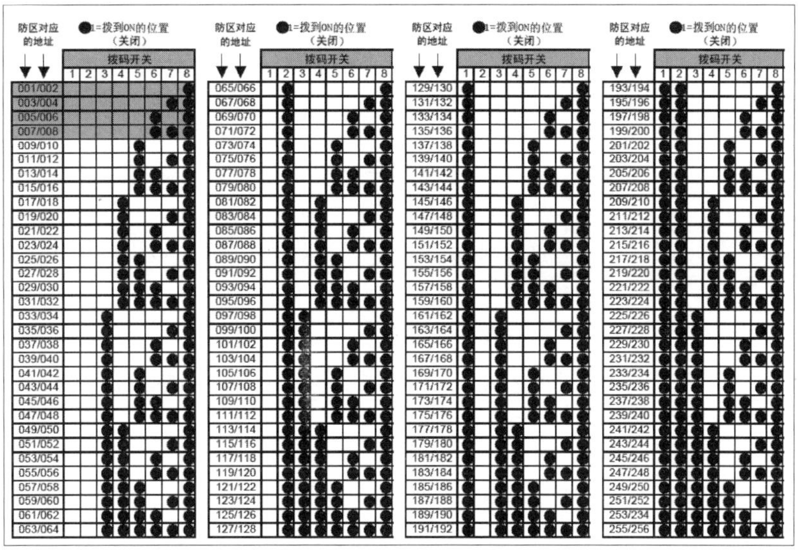

●1＝拨到ON的位置（关闭）　拨码开关

防区对应的地址	1	2	3	4	5	6	7	8
001/002								●
003/004							●	●
005/006						●		●
007/008						●	●	●
009/010					●			●
011/012					●		●	●
013/014					●	●		●
015/016					●	●	●	●
017/018				●				●
019/020				●			●	●
021/022				●		●		●
023/024				●		●	●	●
025/026				●	●			●
027/028				●	●		●	●
029/030				●	●	●		●
031/032				●	●	●	●	●
033/034			●					●
035/036			●				●	●
037/038			●			●		●
039/040			●			●	●	●
041/042			●		●			●
043/044			●		●		●	●
045/046			●		●	●		●
047/048			●		●	●	●	●
049/050			●	●				●
051/052			●	●			●	●
053/054			●	●		●		●
055/056			●	●		●	●	●
057/058			●	●	●			●
059/060			●	●	●		●	●
061/062			●	●	●	●		●
063/064			●	●	●	●	●	●

防区对应的地址	1	2	3	4	5	6	7	8
065/066		●						●
067/068		●					●	●
069/070		●				●		●
071/072		●				●	●	●
073/074		●			●			●
075/076		●			●		●	●
077/078		●			●	●		●
079/080		●			●	●	●	●
081/082		●		●				●
083/084		●		●			●	●
085/086		●		●		●		●
087/088		●		●		●	●	●
089/090		●		●	●			●
091/092		●		●	●		●	●
093/094		●		●	●	●		●
095/096		●		●	●	●	●	●
097/098		●	●					●
099/100		●	●				●	●
101/102		●	●			●		●
103/104		●	●			●	●	●
105/106		●	●		●			●
107/108		●	●		●		●	●
109/110		●	●		●	●		●
111/112		●	●		●	●	●	●
113/114		●	●	●				●
115/116		●	●	●			●	●
117/118		●	●	●		●		●
119/120		●	●	●		●	●	●
121/122		●	●	●	●			●
123/124		●	●	●	●		●	●
125/126		●	●	●	●	●		●
127/128		●	●	●	●	●	●	●

防区对应的地址	1	2	3	4	5	6	7	8
129/130	●							●
131/132	●						●	●
133/134	●					●		●
135/136	●					●	●	●
137/138	●				●			●
139/140	●				●		●	●
141/142	●				●	●		●
143/144	●				●	●	●	●
145/146	●			●				●
147/148	●			●			●	●
149/150	●			●		●		●
151/152	●			●		●	●	●
153/154	●			●	●			●
155/156	●			●	●		●	●
157/158	●			●	●	●		●
159/160	●			●	●	●	●	●
161/162	●		●					●
163/164	●		●				●	●
165/166	●		●			●		●
167/168	●		●			●	●	●
169/170	●		●		●			●
171/172	●		●		●		●	●
173/174	●		●		●	●		●
175/176	●		●		●	●	●	●
177/178	●		●	●				●
179/180	●		●	●			●	●
181/182	●		●	●		●		●
183/184	●		●	●		●	●	●
185/186	●		●	●	●			●
187/188	●		●	●	●		●	●
189/190	●		●	●	●	●		●
191/192	●		●	●	●	●	●	●

防区对应的地址	1	2	3	4	5	6	7	8
193/194	●	●						●
195/196	●	●					●	●
197/198	●	●				●		●
199/200	●	●				●	●	●
201/202	●	●			●			●
203/204	●	●			●		●	●
205/206	●	●			●	●		●
207/208	●	●			●	●	●	●
209/210	●	●		●				●
211/212	●	●		●			●	●
213/214	●	●		●		●		●
215/216	●	●		●		●	●	●
217/218	●	●		●	●			●
219/220	●	●		●	●		●	●
221/222	●	●		●	●	●		●
223/224	●	●		●	●	●	●	●
225/226	●	●	●					●
227/228	●	●	●				●	●
229/230	●	●	●			●		●
231/232	●	●	●			●	●	●
233/234	●	●	●		●			●
235/236	●	●	●		●		●	●
237/238	●	●	●		●	●		●
239/240	●	●	●		●	●	●	●
241/242	●	●	●	●				●
243/244	●	●	●	●			●	●
245/246	●	●	●	●		●		●
247/248	●	●	●	●		●	●	●
249/250	●	●	●	●	●			●
251/252	●	●	●	●	●		●	●
253/234	●	●	●	●	●	●		●
255/256	●	●	●	●	●	●	●	●

图 2-7　地址码 61＝0 时地址码设定

地址码 61＝1，DS6MX-CHI 使用单防区布防/撤防功能，地址码设定如下：

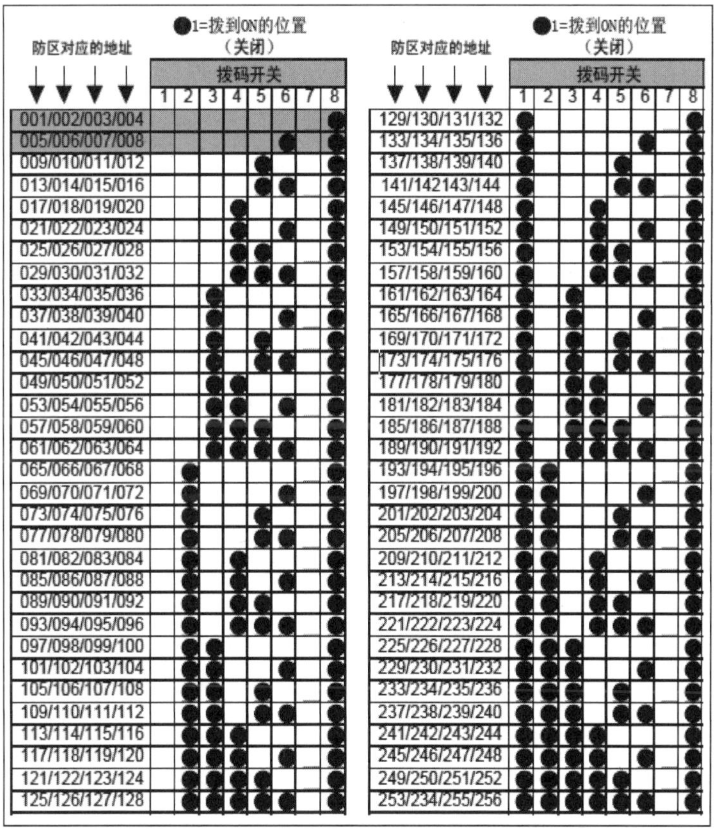

●1＝拨到ON的位置（关闭）　拨码开关

防区对应的地址	1	2	3	4	5	6	7	8
001/002/003/004								●
005/006/007/008						●		●
009/010/011/012					●			●
013/014/015/016					●	●		●
017/018/019/020				●				●
021/022/023/024				●		●		●
025/026/027/028				●	●			●
029/030/031/032				●	●	●		●
033/034/035/036			●					●
037/038/039/040			●			●		●
041/042/043/044			●		●			●
045/046/047/048			●		●	●		●
049/050/051/052			●	●				●
053/054/055/056			●	●		●		●
057/058/059/060			●	●	●			●
061/062/063/064			●	●	●	●		●
065/066/067/068		●						●
069/070/071/072		●				●		●
073/074/075/076		●			●			●
077/078/079/080		●			●	●		●
081/082/083/084		●		●				●
085/086/087/088		●		●		●		●
089/090/091/092		●		●	●			●
093/094/095/096		●		●	●	●		●
097/098/099/100		●	●					●
101/102/103/104		●	●			●		●
105/106/107/108		●	●		●			●
109/110/111/112		●	●		●	●		●
113/114/115/116		●	●	●				●
117/118/119/120		●	●	●		●		●
121/122/123/124		●	●	●	●			●
125/126/127/128		●	●	●	●	●		●

防区对应的地址	1	2	3	4	5	6	7	8
129/130/131/132	●							●
133/134/135/136	●					●		●
137/138/139/140	●				●			●
141/142143/144	●				●	●		●
145/146/147/148	●			●				●
149/150/151/152	●			●		●		●
153/154/155/156	●			●	●			●
157/158/159/160	●			●	●	●		●
161/162/163/164	●		●					●
165/166/167/168	●		●			●		●
169/170/171/172	●		●		●			●
173/174/175/176	●		●		●	●		●
177/178/179/180	●		●	●				●
181/182/183/184	●		●	●		●		●
185/186/187/188	●		●	●	●			●
189/190/191/192	●		●	●	●	●		●
193/194/195/196	●	●						●
197/198/199/200	●	●				●		●
201/202/203/204	●	●			●			●
205/206/207/208	●	●			●	●		●
209/210/211/212	●	●		●				●
213/214/215/216	●	●		●		●		●
217/218/219/220	●	●		●	●			●
221/222/223/224	●	●		●	●	●		●
225/226/227/228	●	●	●					●
229/230/231/232	●	●	●			●		●
233/234/235/236	●	●	●		●			●
237/238/239/240	●	●	●		●	●		●
241/242/243/244	●	●	●	●				●
245/246/247/248	●	●	●	●		●		●
249/250/251/252	●	●	●	●	●			●
253/234/255/256	●	●	●	●	●	●		●

图 2-8　地址码 61＝1 时地址码设定

防区类型说明如下。

即时防区：布防后，触发了即时防区，会立即报警。

静音防区：布防后，触发了静音防区的报警为静音报警，键盘和报警输出无声/无输出，只通过数据总线将报警信号传到中心。

周界防区：当周界布防后，触发了周界防区，都会立即报警。

周界延时防区：当周界布防后，所设定的延时防区在进入/退出延时时间结束之后被触发才报警。

延时防区：布防后，所设定的延时防区在进入/退出延时时间结束之后被触发才报警。

跟随防区：布防后，此防区被触发，如果没有延时防区被触发，则立即报警；若有延时防区被触发，必须等到延时防区报警后方可报警。

24小时防区：一直处于激活状态，不论布防/撤防与否，只要一被触发就立即报警。

要求退出（REX）：只有在撤防状态下，一触发该输入，所设置的开锁输出就将跟随开门定时器设置。

旁路防区：若某防区允许旁路，则在布防时，输入“用户密码”＋“旁路”＋“防区编号”＋“ON”将旁路该防区。撤防时所旁路的防区将被清除（24小时防区不可旁路）。

弹性旁路防区：若某防区设置成弹性旁路防区，在布防期间，这一防区第一次被触发报警，以后该防区再被触发则无效，直到被撤防。

注：该装置默认DS6MX-CHI报警主机的防区对应地址设置为009/010。

DS7400XI编程及使用说明

1. 进入编程及退出编程方法

进入编程密码是9876#0，退出编程方法是持续按“*”四秒，听到“哔”一声，表示已退出编程。

填数据：DS7400XI编程地址一定是四位数，而每地址的数据一定是两位数。如：需将地址0001中填输入数据21，方法是按9876#0，此时DS7447键盘的灯都闪动。键盘显示：

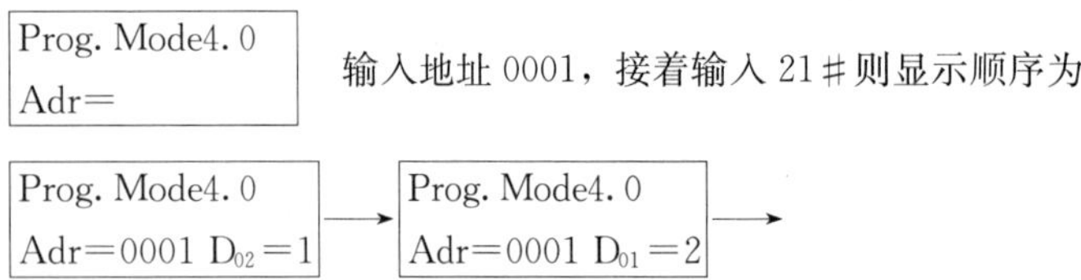

此时自动跳到下一个地址，即地址0002，若不需要对地址0002进行编程，则连续按两次“*”，则又到

此时就可以输入新的地址及该地址要设置的数据了。

2. 编程内容

(1) 防区功能。

防区功能是DS7400XI的防区类型，如即时防区、延时防区、24小时防区、防火防区等。DS7400XI 共有 30 种防区类型供选择，此处只介绍几种常用类型。

延时防区：系统布防时，在进入/退出延时时间内，尽管延时防区被触发，系统也不报警；进入/退出延时时间一结束则系统立即报警。

即时防区：系统布防时，在退出延时时间内，如即时防区被触发，系统不报警；退出延时时间结束后，如即时防区被触发，则系统立即报警。

24 小时防区：无论系统是否布防，触发 24 小时防区则系统均将报警，一般用于接紧急按钮。

附校验火警防区：火警防区被一次触发后，在 2 分钟之内若再次触发，则系统报警；否则不报警。

无校验火警防区：火警防区被一次触发后，则系统报警。

布防/撤防防区：该防区可用来对 DS7400XI 所有防区或对某一分区进行布防/撤防操作。防区功能号及其含义见表 2-14。

表 2-14　防区功能号及其含义

防区功能号	对应地址	出厂值	含　义
01	0001	23	连续报警，延时 1
02	0002	24	连续报警，延时 2
03	0003	21	连续报警，周界即时
04	0004	25	连续报警，内部/入口跟随
05	0005	26	连续报警，内部留守/外出
06	0006	27	连续报警，内部即时
07	0007	22	连续报警，24 小时防区
08	0008	7*0	脉冲报警，附校验火警

(2) 确定一个防区的防区功能。

防区功能与防区是两个概念。在防区编程中，就是要把某一具体防区设定为具有某种防区功能。在防区编程中所要解决的问题是：要使用多少个防区，每个防区应设置为哪种防区功能。其中防区与地址的对应关系见表 2-5。

表 2-15　防区与地址的对应关系

防区	地址	数据 1	数据 2
1	0031	—	—
2	0032	—	—
3	0033	—	—
⋮		—	—
248	0278	—	—

注：数据 1、数据 2 表示防区功能号（01～30）。

(3) 防区特性设置。

因为 DS7400XI 是一种总线式大型报警主机系统，可使用的防区扩充模块有多种型号，如 DS7432、DS6MX、DS6MX 等，具体选择哪种型号在地址中设置，从 0415～0538

共有 124 个地址，每个地址有两个数据位，依次分别代表两个防区。两个数据位的含义见表 2-16。

表 2-16 两个数据位的含义

数据	含 义
0	主机自带防区或 DS7457i 模块
1	DS7432、DS7433、DS7460、DS-6MX
2	DS7465
3	MX280、MX280TH
4	MX280THL
5	Keyfob
6	DS-3MX，DS6MX

其中地址与数据位的对应关系见表 2-17。

表 2-17 地址与数据位的对应关系

地址	数据 1	数据 2
0415	防区 1	防区 2
0416	防区 3	防区 4
0417	防区 5	防区 6
⋮	⋮	⋮
0538	防区 247	防区 248

(4) 辅助总线输出编程。

无论是 DS7400XI 与 PC 机直接相连还是与串口打印机（用 DS7412）或与继电器输出模块连接时都要使用辅助总线输出口，以确定辅助输出口的速率、数据流特性等。在本实训装置中，需编程的地址及数据参数如下。

1) 确定是否使用 DS7412 及向外发送哪些事件。

地址 4019	数据 1	数据 2

其中数据 1 的设置内容及含义见表 2-18。

表 2-18 地址 4019 数据 1 的设置内容及含义

数据	含 义
0	不使用 DS7412
1	使用 DS7412

数据 2 的设置内容及含义见表 2-19。

表 2－19　地址 4019 数据 2 的设置内容及含义

数据	含　义
0	不发事件
1	发报警、故障、复位
2	发布防/撤防
3	发报警、故障、复位、布防/撤防
4	除报警、故障、复位、布防/撤防外的事件
5	发报警、故障、复位、其他事件
6	布防/撤防、其他事件
7	全部事件
8	CMS7000 监控软件

2）数据流特性编程。

地址 4020	数据 1	数据 2

其中数据 1 的设置内容及含义见表 2－20。

表 2－20　地址 4020 数据 1 的设置内容及含义

输入数据	含　义
0	300 Baud
1	1 200 Baud
2	2 400 Baud
3	4 800 Baud
4	9 600 Baud
5	14 400 Baud

数据 2 的设置内容及含义见表 2－21。

表 2－21　地址 4020 数据 2 的设置内容及含义

数据	8 数据位	1 停止位	2 停止位	无校验	偶数校验	奇数校验	软件	硬件
0	√	√		√			√	
1	√			√				√
2	√		√	√			√	
3	√		√	√				√
4	√		√		√		√	
5	√	√			√			√
6	√	√				√	√	
7	√	√				√		√

（5）输出编程。

输出编程是指根据发生的事件、事件发生的区域和警报类型（盗警、火警）进行编程，以控制主机上的三个输出结果，输出对应表见表 2－22。

表 2-22 输出对应表

输出	地址	预设值
报警	2734	63
可编程输出 1	2735	33
可编程输出 2	2736	23

(6) 强制布防和接地故障检测编程。

DS7400XI 在防区不正常时，可以强制布防，但这些防区必须设置为可旁路的防区。另外在编程过程中还可以设置系统是否检查接地故障。如设有此项功能，在接地不正常时，键盘会显示“Ground Fault”。

地址 2732	数据 1	数据 2

其中数据 1 的设置内容及含义见表 2-23。

表 2-23 地址 2732 数据 1 的设置内容及含义

不强制布防	0
强制布防 1 个防区	1
强制布防 2 个防区	2
强制布防 3 个防区	3
强制布防 4 个防区	4
强制布防 5 个防区	5
强制布防 6 个防区	6
强制布防 7 个防区	7
强制布防 8 个防区	8
强制布防 9 个防区	9

数据 2 的设置内容及含义见表 2-24。

表 2-24 地址 2732 数据 2 的设置内容及含义

输入数据	含 义
0	不检测接地
1	检测接地

该装置大型报警主机需编程的参数如下：

0031 06#

0032 06#

0039 06#

0040 06#

0419 66#

4019 18#

4020 20#

2732 10#

任务三　出入口控制系统的操作与管理

任务导入

小李是某智能大厦的物业工程部管理人员，主要负责该智能大厦出入口控制系统的操作与管理，小李应如何进行日常的维护管理?

任务分析:

物业工程管理员小李要了解系统的组成及相应设备的基本原理，掌握出入口控制系统的管理标准，能够进行系统的操作与管理。

知识探究

一、出入口控制系统概述

出入口控制系统也叫门禁系统，是限制和记录人员的出入系统。当系统接收到输入信息，即用户合法卡刷卡后，读卡机（控制器）将接收到的信息与设备预先存储的有关信息进行比对并作出判断，当计算机判断刷卡信息为正确信息时，系统通过控制器给门控系统发出信号让门锁执行开锁动作。

（一）出入口控制系统的作用

出入口控制系统技术正广泛应用于社会的各个领域，在智能楼宇中也被广泛应用。出入口控制对于小区的公共安全防范有着举足轻重的作用。

（1）该技术扩展了智能化系统集成的应用范围，不但可以实现系统内部各分系统之间的信息交换、共享和统一管理，而且还可以实现出入口控制系统与其他弱电系统之间的信息交换，实现统一管理和联动控制。

（2）出入口控制系统技术增强了整个智能化小区的总体安保功能。

出入口控制系统的应用，目前已经覆盖了人员身份识别、电子门禁、电梯控制、车辆进出口管理、保安巡更管理等方面。由此可见，出入口控制系统已经渗透到了物业管理和业主生活的各个环节，使得各项管理工作更加高效、科学，为物业管理人员及业主日常的工作和生活带来便捷和安全。

（二）出入口控制系统的基本结构

出入口控制系统的基本结构如图 2－9 所示。

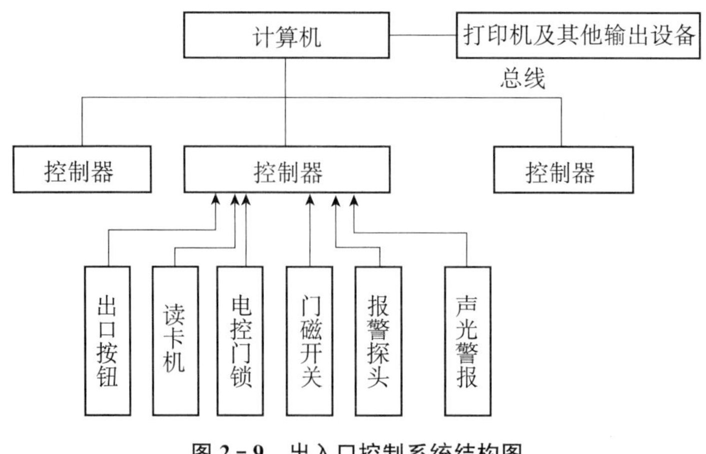

图 2-9 出入口控制系统结构图

出入口控制系统主要包括识读、管理与控制、执行三个部分及其运行与管理软件。

（1）识读部分。

识读部分即通过提取出入目标身份等信息，将其转换为一定的数据格式传递给管理与控制部分，管理与控制部分再与所载有的资料对比，确认同一性，核实目标的身份，以便进行各种控制处理。

对人员目标识别分为生物特征识别系统和人员编码识别系统两类。常见的生物特征识别系统主要有：指纹识别、掌型识别、眼底纹识别、面部识别、语音特征识别、签字识别等；常见的人员编码识别系统有：普通编码键盘、乱序编码键盘、条码卡识别、磁条卡识别、接触式 IC 卡识别、非接触式 IC 卡识别等。

对物品目标识别分为物品特征识别系统和物品编码识别系统两类。物品特征识别系统是通过辨识目标物品的物理、化学等特性，形成特征信息，如：金属物品识别、磁性物质识别、爆炸物质识别、放射性物质识别、特殊化学物质识别等；物品编码识别系统是通过编码识别装置，提取附着在目标物品上的编码载体所含的编码信息，它有一件物品一码和一类物品一码两种方式。常见的有：应用于超市的防盗标签识别系统等。

（2）管理与控制部分。

管理与控制部分是出入口控制系统的管理与控制中心。其具体功能如下：它是出入口控制系统人机界面，负责接收从识读部分发来的目标身份等信息；指挥、驱动执行部分的动作；对出入目标进行授权管理（对目标的出入口行为能力进行设定）如出入目标的访问级别、出入目标某时可出入某个出入口、出入目标可出入的次数等，出入目标的出入行为鉴别及核准等；把子系统传来的信息与预先存储、设定的信息进行比较、判断，对符合出入口授权的出入行为予以放行；对出入事件、操作事件、报警事件等做记录、存储及报表的生成；系统操作员的授权管理如设定操作员级别管理，使不同级别的操作员对系统有不同的操作能力，还有操作员登录核准管理等；出入口控制方式的设定及系统维护；单识别/多识别方式选择，输出控制信号设定等；出入口的非法侵入、系统故障的报警处理；扩展的管理功能包括与其他控制及管理系统的连接，如考勤、巡更等功能，与防盗报警、视频监控、消防等系统的联动。

(3) 执行部分。

执行部分根据管理与控制部分发来的控制命令，在出入口做出相应的动作，实现出入口控制系统的拒绝与放行操作，常见的有电控锁、挡车器、报警指示装置等被控设备。

图 2-10 所示为某建筑门禁系统工作流程图。

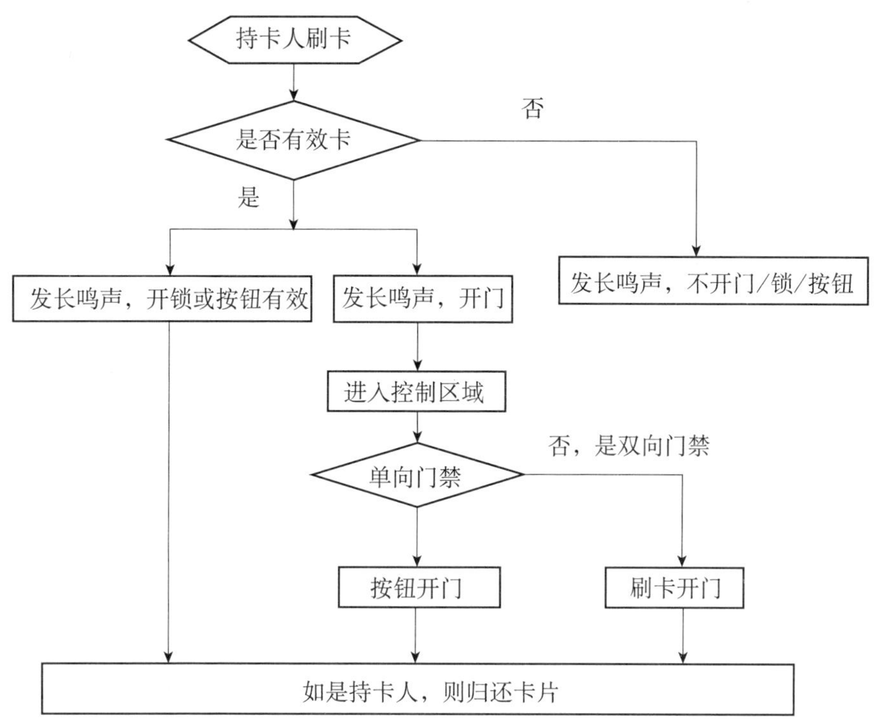

图 2-10　某建筑门禁系统工作流程图

二、出入口控制系统常用设备

(一) 锁具

常用锁具见表 2-25。

表 2-25　常用锁具

分类	作　用	图　例
电控锁	电控锁是一个由继电器控制的机械锁装置，需要有电源才能工作，是目前应用最广泛的锁具。电控锁有各种各样的类别，包括电插锁（阳极锁）、电锁口（阴极锁）等	阳极锁

续表

分类	作　用	图　例
电磁锁	需要 12 V 或 24 V 电压的直流电，运用电磁原理，加电时门上锁；电源关闭时，门处于非锁状态	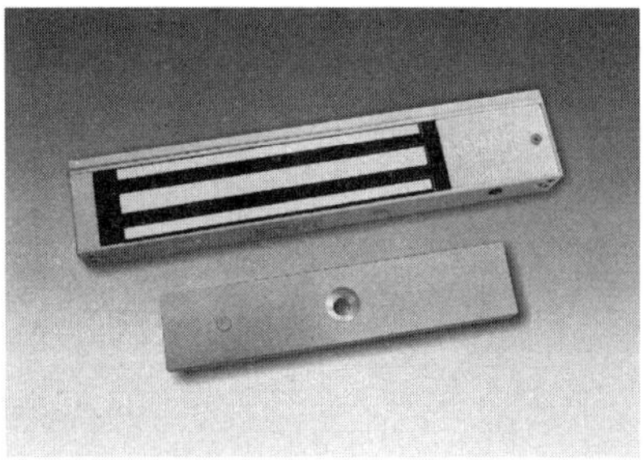 电磁锁
密码锁	需要 12 V 或 24 V 电压的直流电，无电源时门上锁，有电源时门开锁。密码锁中的电源接通与否取决于输入的密码是否正确	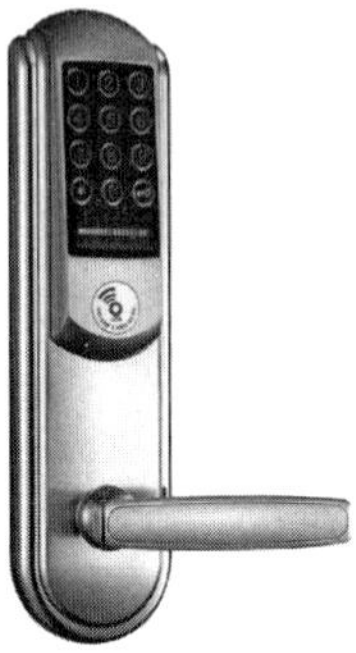 密码锁

（二）卡片

目前智能小区或大厦常用的出入口控制系统为卡片式门禁控制系统，通过对比卡片输入的信息来控制门锁的开启。

常用的出入口卡片见表 2－26。

表 2－26　常用出入口卡片

分类	作　用	图　例
磁条卡	将磁性物质做成条状贴在塑料卡上制成磁条卡，通过读卡机的阅读来识别卡上的信息	 磁条卡

续表

分类	作　用	图　例
集成电路卡	集成电路卡也称为IC卡。它是将集成电路芯片嵌装于塑料基片中并进行封装而制成的卡片。它具有适用性广、安全性强、一卡多用、存储容量大、保密性强、防磁、防静电、抗干扰能力强、可靠性高、使用寿命长等特点	IC卡
感应卡	感应卡由一片编程的芯片和一组天线组成，芯片是感应卡的核心元件，而天线用来发射和接收射频电磁波。按读卡方式分为：非接触式IC卡、TM卡、射频卡	感应卡

（三）读卡器

门禁用的非接触IC卡（感应式IC卡）读卡器是门禁系统的重要组成部分，也是门禁系统信号输入的关键设备，关系着整个门禁系统的稳定性，如图2-11所示。读卡器以固

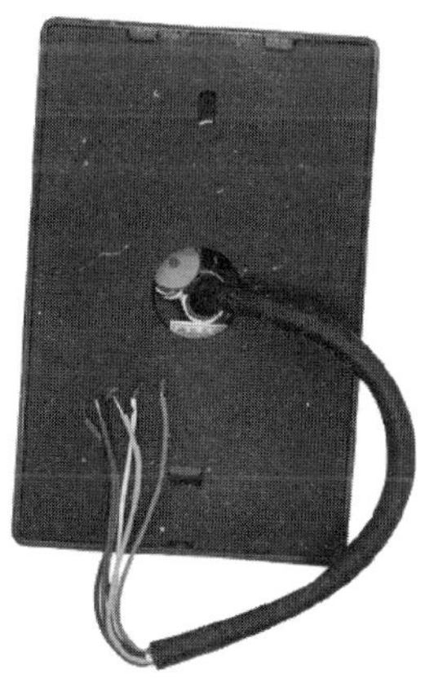

图2-11　读卡器

定频率向外发出电磁波，频率一般是 13.56 MHz，当感应卡进入读卡器电磁波辐射范围内时，会触发感应卡上的线圈产生电流，并触发感应卡上的天线向读卡器发射一个信号，该信号带有卡片信息，读卡器将电平信号转换成数字序号，传送给就地控制器，就地控制器将信息上传给上层控制器，最终上传给门禁服务器，门禁服务器将卡号与数据库内预先输入的信息进行比对，从而得到全部的卡片信息。

三、楼宇对讲系统

如图 2－12 所示，楼宇对讲系统属于出入口控制系统的一种，指安装于住宅小区、单元楼、写字楼等建筑或建筑群，用图像和声音来识别来访客人以控制门锁，并且在遇到紧急情况时可向管理中心发送求助救援信号，管理中心亦可向住户发布信息的设备集成。

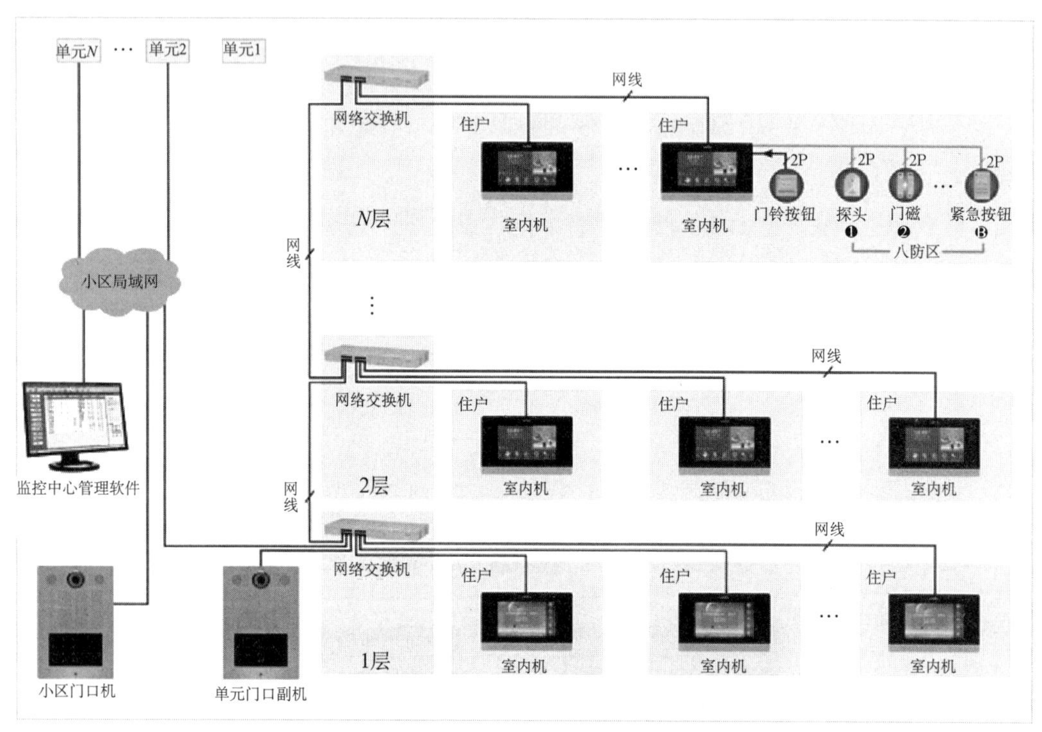

图 2－12　楼宇对讲系统图

（一）楼宇对讲系统组成

楼宇对讲系统一般由管理主机、单元主机、住户对讲机和防盗门电锁组成。按系统设置可分为普通对讲系统和可视对讲系统两类，按系统规模分可分为单户型、单元型、小区联网型。

（1）单户型：具备可视对讲或非可视对讲、遥控开锁、主动监控，使家中的电话（与市话连接）、电视可与单元型可视对讲主机组成单元系统等功能，室内机分台式和扁平挂壁式两种。

（2）单元型：指独立楼宇使用的系统，如图 2－13 所示，由单元门口主机、可视室内分机、非可视室内分机、层间分配器等组成。

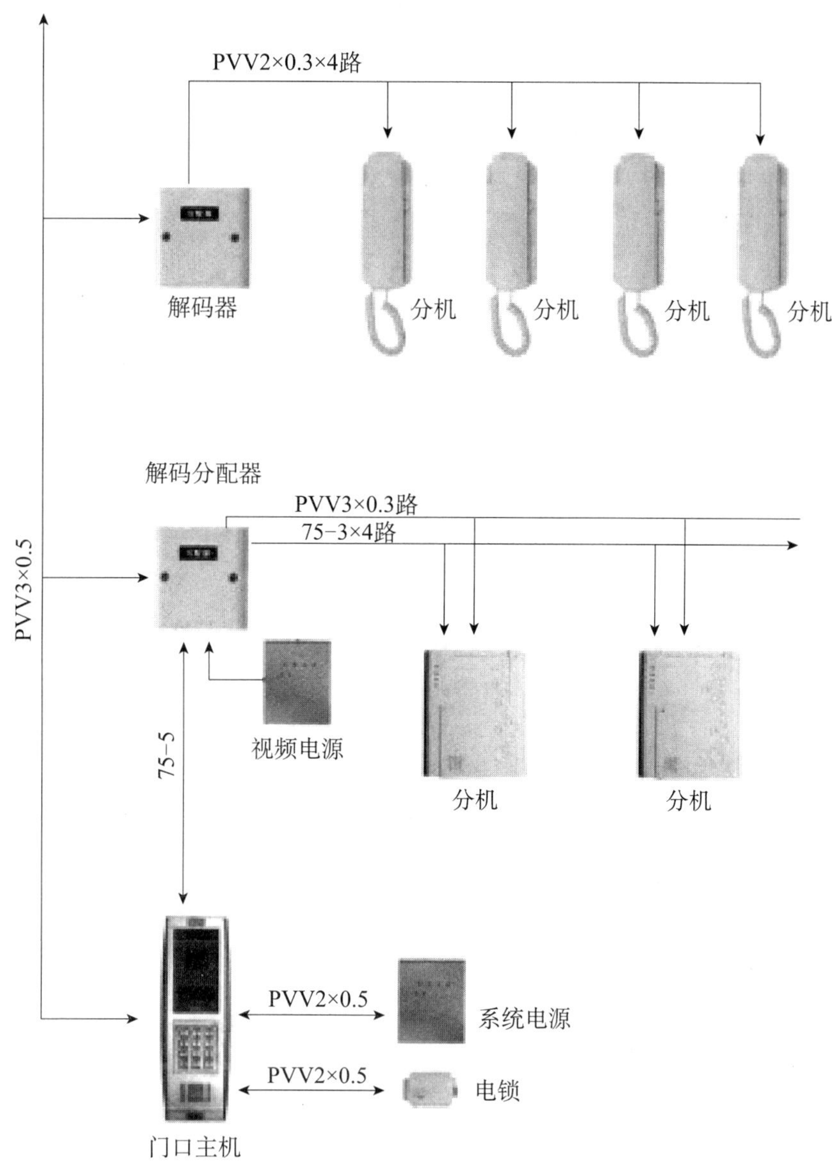

图 2－13　非联网型可视对讲系统

（3）小区联网型：采用区域集中化管理，功能复杂，各厂家的产品均有自己的特色，一般除具备可视对讲或非可视对讲、遥控开锁等基本功能外，还能接收和传送住户的各种安防探测器报警信息和进行紧急求助，能主动呼叫辖区任一住户或群呼所有住户实行广播功能，有的还与三表（水、煤、电）抄送、IC 卡门禁系统和其他系统构成小区物业管理系统。如图 2－14 所示。

三种方式是从简单到复杂、从分散到整体逐步发展的。小区联网型系统是现代化住宅小区管理的一种标志，是可视或非可视楼宇对讲系统的高级形式。

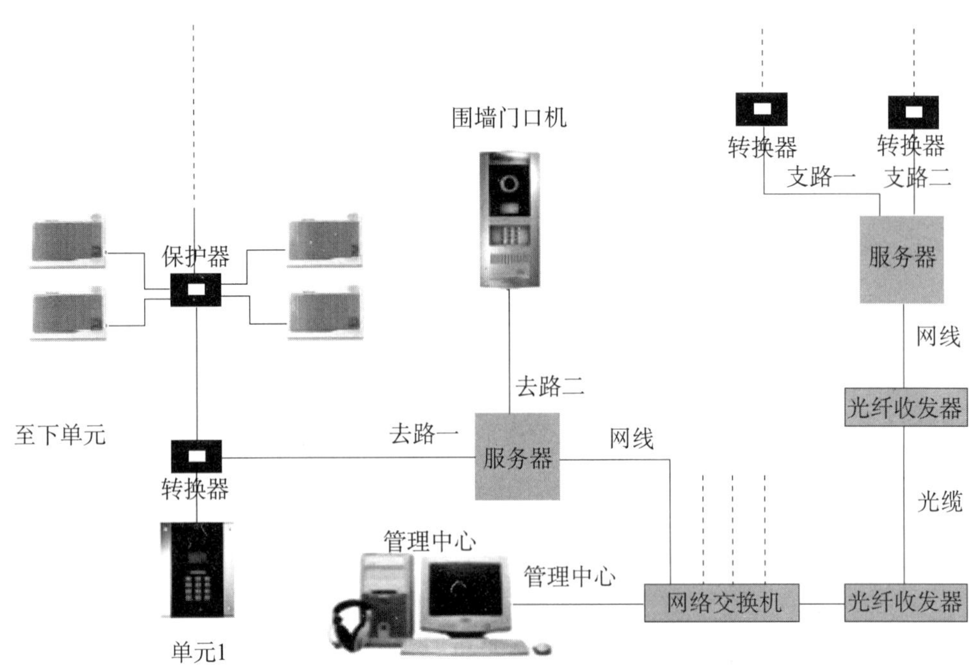

图 2-14 小区联网型可视对讲系统

（二）楼宇对讲系统常用设备

楼宇对讲系统常用设备见表 2-27。

表 2-27 楼宇对讲系统常用设备

分类	作 用	图 例
单元门口主机	单元门口主机可呼叫本单元的各户分机，同时将图像传往住户，与之双向通话，门口主机可接收分机指令，打开本单元电控锁。可呼叫管理中心，同时将图像送往管理中心并与之通话。密码开锁，可选择公共密码/私有密码模式	单元门口主机

续表

分类	作 用	图 例
室内分机	室内分机是安装于住户室内的对讲设备，根据结构可分为可视室内分机和非可视室内分机，住户可通过室内分机接听小区门口机（联网时）、室外主机的呼叫，并为来访者打开单元门的电锁，可视分机还可看到来访者图像，与其进行可视通话	 可视室内分机  非可视室内分机
层间分配器	层间分配器是用于连接室外机与室内机的设备，它连接着室外机与室内机的总线，给室内机提供电源，负责切换室外机与同一层的不同室内机间的音视频通道。同时它还隔离着室外机与室内机，具有电源、总线及音频的短路保护功能	 可视层间分配器 层间分配器
联网器	联网器连接单元、别墅可视对讲系统和小区门口机、管理中心机，实现它们和小区可视对讲系统网络的连接。	 BOSW 博视威电子科技有限公司 联网器

续表

分类	作　用	图　例
管理中心机	管理中心机一般具有呼叫、报警接收的基本功能，是小区联网系统的基本设备。使用计算机作为管理中心机极大地扩展了楼宇对讲系统的功能，很多厂家在管理机软件上下功夫使其集成如三表、巡更等系统。配合系统硬件，用计算机来连接的管理中心机，可以实现信息发布、小区信息查询、物业服务、呼叫及报警记录查询功能以及设撤防记录查询功能等	 管理中心机
小区门口机	小区门口机又称为小区围墙机，设置于小区出入口大门外，用于对访客的呼叫采取二次确认的模式，即通过小区门口机呼叫住户或管理员，一次确认后进入小区。再由住户确认后开启单元电控门，可对小区的访客进行严格有效的出入控制，进一步保障小区住户的安全。	  小区门口机

四、出入口控制系统的维护与管理

（一）前端控制设备的维护

1. 读卡器的维护

读卡器的维护比较简单，定期对其进行清洁，检查读卡器的状态指示灯是否工作正常。

2. 门禁锁具的维护

门锁作为出入口控制系统的前端控制设备，必须具有安全性和稳定性，门锁的故障会引起很大的危害，因此必须对设备进行定期的检测维护，保证锁具的正常工作，减少故障的发生。

对于电磁锁应检查电源是否供电正常；电压电流是否满足要求；定期检查磁力锁主体面与铁板是否平贴；定期检查磁体表面是否有异物（生锈、灰尘等）并及时清理，避免异物导致磁力不足影响闭门效果；定期检查螺丝是否有松动，磁力锁与铁板间隙是否适当。

对于阳极锁应检查电源、电压、电流是否满足产品需求；检查锁芯动作是否顺畅、有无异物卡住；检查阳极锁锁芯动作是否到位。

（二）前端辅助设备的维护

1. 闭门器的维护

闭门器在使用过程中，可调节螺丝控制门的开关速度，顺时针旋转为慢，逆时针旋转为快。

闭门器使用一年后应加注防冻机油。加油时，拧出油孔螺丝便可加油，油满后将螺丝拧紧。其余各处螺丝和密封零件不可随意拧动，以防漏油。

定期检查闭门器的运转状况，发现问题及时维修更换。

2. 电源的维护

电源是出入口控制系统的重要组成部分，系统故障很多情况下是电源供应引起的，若电源出现问题会引起整个系统的瘫痪，因此一定要定期检查出入口控制系统的电源供应，保障系统的各个设备供电正常。

五、出入口控制系统的标准作业计划

（1）电源：卫生清洁，温升＜40 ℃，接线紧固，外观无变形，输出电压稳定。

（2）门禁控制器：固定牢固，卫生清洁，接线紧固。

（3）电磁锁：固定牢固，拉力正常，延时 3～5 s，外观无变形。

（4）UPS 电源：外观无变形，接线紧固，卫生清洁。停电时可持续工作 8 小时，输出电压稳定，切换时间 0～6 ms，温升＜40 ℃。适当地放电有助于电池的激活，如长期不停市电，每隔三个月应断掉市电用 UPS 带负载放电一次。

（5）出门按钮：固定牢固，接线紧固，外观无变形，按钮灵敏有效。

(6) 综合布线：室外传输线缆不老化，接头无锈蚀，接头防水良好，室内线路固定符合规定。

任务实施

1. 实施流程

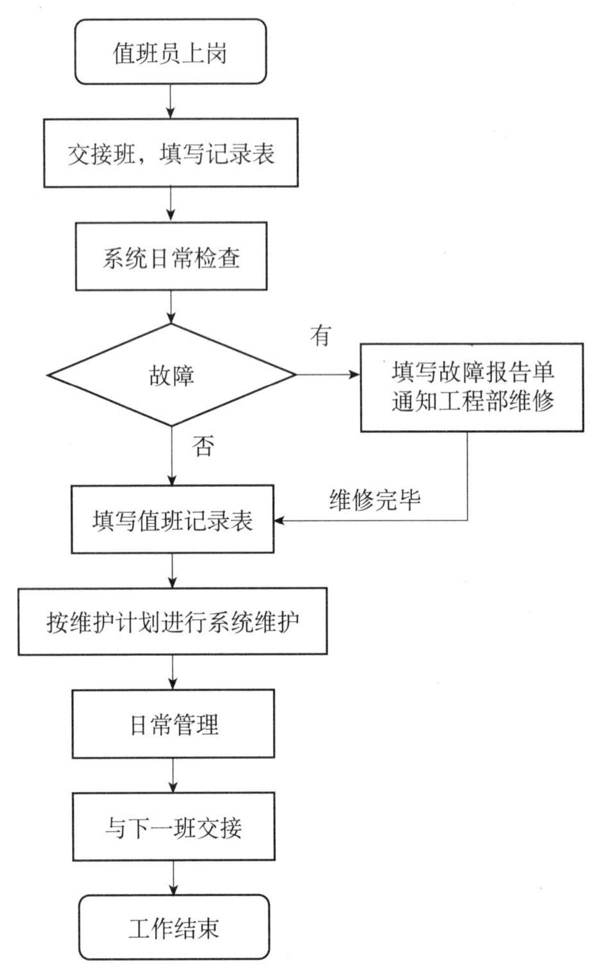

2. 工作过程中需要填写的表格

(1) 值班记录表，见表 2-28。

表 2-28　报警系统管理员交接班记录表

班次	早班（8:00—16:00）	中班（16:00—0:00）	晚班（0:00—8:00）
值班人			
气温/℃			
交接班记录	交班人： 接班人：	交班人： 接班人：	交班人： 接班人：

值班内容记录					
序号	班次	时间	内　容	处理情况	值班人

（2）故障通知单，见表 2-29。

表 2-29　故障通知单

故障通知单		
部位：		
内容：		
报告班组：	报告人：	时间：　　年　　月　　日
接受报告人及时间：		

资料链接

室内分机地址设置

按“设置”键，直到数码显示屏显示 [F2]，按“确认”键，显示 [____]，正确输入系统密码后显示[S_ON]，进入室内分机地址设置状态。此时室内分机摘机等待3秒后可与室外主机通话（或室外主机直接呼叫室内分机，室内分机摘机与室外主机通话），数码显示屏显示室内分机当前的地址。然后按“设置”键，显示[____]，按数字键，输入室内分机地址，按“确认”键，显示[LISN]，等待室内分机应答。15秒内接到应答则闪烁显示新的地址码，否则显示[NrSP]，表示室内分机没有响应。2秒后，数码显示屏显示[S_ON]，可继续进行分机地址的设置。

住户开锁密码设置

按“设置”键，直到数码显示屏显示[F1]，按“确认”键，显示[____]，输入门牌号，按“确认”键，显示[____]，等待输入系统密码或原始开锁密码（无原始开锁密码时只能输入系统密码），按“确认”键，正确输入系统密码或原始开锁密码后，显示[P1]，按任意键或2秒后，显示[____]，输入新密码。

按“确认”键，显示[P2]，按任意键或2秒后显示[____]，再次输入新密码，按“确认”键，如果两次输入的密码相同，保存新密码，并且显示[SUCC]，开锁密码设置成功，两秒后显示[F1]；若两次新密码输入不一致显示[Err.]，并返回至[F1]状态。若原始开锁密码输入不正确显示[Err.]，并返回至[F1]状态，可重新执行上述操作。

注册IC卡

按“设置”键，直到数码显示屏显示[F8]，按“确认”键，显示[____]，正确输入系统密码后显示[FN1]，按“设置”键，可以在[FN1]～[FN4]间进行选择，具体说明如下。

[FN1]：注册的卡在小区门口和单元内有效。输入房间号＋“确认”键＋卡的序号（即卡的编号，允许范围1～99）＋“确认”键，显示[rEG]后，刷卡注册。

[FN2]：注册巡更时开门的卡。输入卡的序号（即巡更人员编号，允许范围1～99）＋“确认”键，显示[rEG]后，刷卡注册。

[FN3]：注册巡更时不开门的卡。输入卡的序号（即巡更人员编号，允许范围1～99）＋“确认”键，显示[rEG]后，刷卡注册。

[FN4]：管理员卡注册。输入卡的序号（即管理人员编号，允许范围1～99）＋“确认”键，显示[rEG]后，刷卡注册。

多功能室内机的安装连接与使用

1. 调试（适用于GST-DJ6815/15C/25/25C型号室内分机）

（1）按下室内分机上的“#”键，听到一短声提示音后松开，按“0”键，“🔇”（工作灯）红绿闪亮、“🏠”（布防灯）闪亮，提示输入超级密码，输入后，按“#”键确认。

（2）若输入密码正确，“🏠”（布防灯）灭，有两声短音提示，进入调试状态；若输入密码错误，则“🔇”（工作灯）恢复为原来状态、“🏠”（布防灯）闪亮且有快节奏的声音提示错误，若此时想进入调试状态，需按“*”键退出当前状态，再次按步骤（1）重新操作。

进入调试状态后，若室内分机被设置为接受呼叫只振铃不显示图像模式，“✉”（短信灯）亮。按照下列步骤进行调试。

步骤1：按“1”键，更改自身地址。地址必须为4位，由“0”～“9”的数字键组合。若输入的是有效地址，按“#”键有一声长音提示室内分机更改为新地址；若输入的地址无效或小于4位，按“#”键，则有快节奏的声音提示错误；若想继续更改地址，需再按一下“1”键，然后重新进行此步骤的操作。

步骤2：按“2”键，设置显示模式。按一次，显示模式改变一次。“✉”（短信灯）亮时，室内分机设置为接受呼叫只振铃不显示图像模式；“✉”（短信灯）不亮时，室内分机为正常显示模式。

步骤3：按“3”键，与一号室外主机可视对讲。在进行此项调试时，如正在步骤4状态，需先退出步骤4状态（可按“6”键退出），再按“3”键进入此项调试。

步骤4：按“4”键，与一号门前铃可视对讲。在进行此项调试时，如正在步骤3状态，需先退出步骤3状态（可按“6”键退出），再按“4”键进入此项调试。

步骤5：按“5”键，恢复出厂撤防密码。

步骤6：按“6”键，正在可视对讲时，结束可视对讲。

按“*”键，退出调试状态。

默认超级密码为620818。

2. 使用

（1）呼叫、通话及开锁。

在室外主机/门前铃/小区门口机或管理中心机呼叫室内分机时，室内分机振铃且“🔇”（工作灯）绿色、“✉”（短信灯）闪亮，摘机后可与室外主机/门前铃/小区门口机或管理中心机通话，如果是多室内分机，其他室内分机自动挂断。

在室外主机、门前铃呼叫室内分机时，室内分机响振铃（或通话）时，直接按“🔑”（开锁）键，可打开对应的电锁，室内分机停止响铃，摘机后可正常通话。

若按室内分机“🔑”（开锁）键后，不摘机，则延时5秒自动关闭。若摘机，通话过程中挂机，结束通话。室内分机在接受呼叫时，可显示来访者的图像。

（2）监视。

摘机/挂机时，按“👁”（监视）键，显示本单元室外主机的图像，如本单元有多个入口，可依次监视各个入口的图像。15秒内按“👁”（监视）键，室内分机会监视下一室外主机的图像。

若室内分机带有门前铃，按下“👁”（监视）键2秒钟（有一短声提示音），监视门前铃图像，如接有多个门前铃，再按一下“👁”（监视）键，可依次监视各个门前铃的图像。15秒内按“👁”（监视）键，室内分机会监视下一个门前铃的图像。

监视过程中摘机，可与被监视的设备通话。（监视单门前铃时，监视 4 秒后，摘机才可与门前铃通话）

（3）呼叫室外主机。

室内分机摘机后，按“”（开锁）键两秒钟（有一短声提示音），室内分机呼叫室外主机。

（4）呼叫管理中心。

室内分机摘机后，按“”（呼叫）键呼叫管理中心机。管理中心机响铃并显示室内分机的号码，管理中心摘机可与室内分机通话，通话完毕，挂机。

（5）户户对讲（适用于 GST-DJ6815/15C/25/25C）。

室内分机摘机，按小键盘上“#”键，“”（工作灯）亮；输入房间号，按下“#”键，可呼叫本单元住户；输入栋号—单元号—房间号，按下“#”键，呼叫联网其他单元的室内分机。

（6）设置功能。

室内分机挂机时，按“”（短信）键两秒（有一短声提示音），室内分机进入设置状态，“”（短信灯）快闪。

在设置状态下：

●按“”（呼叫）键，进入设置铃声状态。

●按“”（监视）键，进入设置是否免打扰状态。

●按“”（短信）键，退出设置状态。

1）铃声设置。进入设置铃声状态后，可听到当前设定的被呼叫时的铃声。

按下“”（开锁）键，会听到上一首音乐铃，按下“”（监视）键，会听到下一首音乐铃，依次循环，共有 30 种音乐铃。当听到自己满意的音乐铃声时，按下“”（短信）键，响一声长嘟音，确认保留设置，退出设置状态。若 15 秒内不按“”（短信）键则自动退出设置模式，不作任何保留，则铃声为原来的铃声。

2）免打扰设置。进入设置是否免打扰状态后，若“免扰”灯“”（工作灯）呈红色，则为免扰状态；若“免扰”灯“”（工作灯）变绿色，则为退出免扰状态。

按一次“”（监视）键，状态改变一次。按“”（短信）键退出。

注：带小按键的室内分机（GST-DJ6815/15C/25/25C），其免扰功能还可以通过如下方式进行设置：待机状态，按“免扰”键（数字键 4）2 秒，“免扰”灯亮（“”（工作灯）变红色），进入免扰状态；再按“4 ”键，退出免扰状态，“免扰”灯灭（“”（工作灯）变绿色）。

注：在免扰状态下呼叫室内分机不响振铃。

(7) 撤防/布防操作（适用于 GST-DJ6815/15C/25/25C)。

1) 布防。室内分机可设置“外出布防”和“居家布防”两种布防模式。按“外出布防”键，进入外出预布防状态，“”（布防灯）快闪，延时 60 秒进入外出布防状态，此时“”（布防灯）亮。

按“居家布防”键，进入居家布防状态，“”（布防灯）亮。在居家布防状态，若按“外出布防”键，则进入外出预布防状态。

在外出布防状态，按“居家布防”键需输入撤防密码，若输入密码正确，则进入居家布防状态。

外出布防状态，响应红外探测器、门磁、窗磁、火灾探测器、燃气泄漏探测器的报警；居家布防状态响应门磁、窗磁、火灾探测器、燃气泄漏探测器的报警。

注意：室内分机进入外出预布防状态后，请尽快离开红外报警探测区，并关好门窗，否则 1 分钟后将触发红外报警或门窗磁报警。

2) 撤防。在“布防”状态，按“撤防”键进入撤防状态，“”（布防灯）慢闪，输入撤防密码。按“#”键，若听到一声长音提示，则表示已退出当前的布防状态；若听到快节奏的声音，则提示输入密码错误，三次输入撤防密码错误，则向管理中心传防拆报警，并本地报警提示。

3) 撤防密码更改。待机状态，按下“撤防”键 2 秒（有一短声提示音），进入撤防密码更改状态，“”（布防灯）慢闪。输入原密码并按“#”键，若密码正确，听到两声短音提示，可输入新密码，按“#”键，听到两声短音提示再次输入新密码，若两次输入的新密码一致，再按“#”键，会听到一声长音提示，表示密码修改成功，启用新的撤防密码。若两次输入的新密码不一致，按“#”键，会听到快节奏的声音，则提示输入密码错误，此时密码仍为原密码；若想继续修改密码，按“#”键听到两声短音，提示再次输入新密码，若两次输入的新密码一致，按“#”键，会听到一声长音，提示密码修改成功，启用新的撤防密码。出厂默认没有密码。密码为 6 位数字。

注意：请牢记密码，以备撤防时使用；密码由“0”～“9”10 个数字键构成，密码可以是 0～6 位。出厂默认没有密码。

(8) 紧急求助功能。

按下室内分机扩带的紧急求助按钮，求助信号可上传到管理中心机，管理中心机报求助警并显示紧急求助的室内分机号，“”（工作灯）红绿色闪亮 2 分钟。

(9) 安防报警（适用于 GST-DJ6815/15C/25/25C)。

室内分机具有报警接口，支持感烟探测器、红外探测器、门磁、窗磁和可燃气体探测器的报警。当检测到报警信号时，室内分机则向管理中心报相应的警情，相应指示灯变亮，响报警音 3 分钟。

防盗探测器包括红外探测器、窗磁、门磁等，它们只有在布防状态下才起作用。在外出布防状态，全部可以报警；在居家布防状态，只有窗磁、门磁起作用。红外和门磁报警按接口分为立即报警和延时报警，窗磁只有立即报警接口。延时报警设备的延时时间为 45 秒。

当检测到火警时，“”（火警灯）亮；检测到燃气报警时，“”（燃气灯）亮；检测到盗警时，“”（盗警灯）亮。报警状态报警端子 JH 口有 DC 14.5～18.5 V 的电压输出。

若要清除报警声音、警铃声音，则进行如下操作：

1）未布防时，按“*”键，报警声音、警铃声音停止。

2）布防时，室内分机撤防后，报警声音、警铃声音停止。

(10) 显示器亮度、对比度调节，振铃音量调节。

1）亮度调节。为了保护视力，不要把亮度调得太高，光线太亮的时候（比如白天环境），亮度应适当加大，夜间应适当减小以避免刺眼。

2）对比度调节。若图像同底色的反差小，图像发浑，可适当增大对比度，使图像清晰、鲜艳。

3）振铃音量调节。通过调节振铃音量电位器，调节振铃声音的大小。

注意：旋钮不可用力过大或过度旋转。

(11) 密码、地址初始化。

设置方法：按住“”（呼叫）键后，给可视室内机重新上电，听到提示音后按住“”（开锁）键 2 秒（有一短声提示音），室内分机地址恢复为默认地址 101，撤防密码初始化为默认密码（适用于 GST-DJ6815/15C/25/25C）。

进行此项设置后，密码、地址初始化为默认值。

管理中心机编程

1. 调试

(1) 自检。

正确连接电源、CAN 总线和音视频信号线，按住“确认”键上电，进入自检程序。此时，电源指示灯点亮，液晶屏显示：

系统自检：
确认？

按“确认”键系统进入自检状态，按其他任意键退出自检状态。首先进行 SRAM 和 EEPROM 的检验，如 SRAM 或 EEPROM 有错误，则液晶屏显示如下错误信息：

SRAM 错误：
请检查电路！

EEPROM 错误：
请检查电路！

SRAM 和 EEPROM 检测通过则进入键盘检测。依次按键“0”～“9”“清除”“确认”以及“呼叫”“开锁”等所有功能键，显示屏显示输入键值。例如按“0”键，液晶屏显示：

键盘检测：
您按了“0”键！

键盘检测通过后，按住“设置”键，再按“0”键，进入报警声音及振铃音检验，液晶屏显示：

声音检测：
请按键！

显示的同时播放报警声，按任意键播放下一种声音，播放顺序如下：

1）急促的嘀嘀声；

2）消防车声；

3）救护车声；

4）振铃声；

5）回铃声；

6）忙音。

播放忙音时按任意键进入音视频部分的检测，液晶屏显示：

音视频检测：
按键退出！

图像监视器被点亮。按“清除”键进入指示灯检测状态，最左边的指示灯点亮，此时液晶屏显示：

指示灯检测：
请按键！

按任意键熄灭当前点亮的指示灯，点亮下一个指示灯，如此重复直到最右边的指示灯点亮，此时按任意键，进入液晶对比度调节部分的检测，液晶屏显示：

调节对比度：
◀▶▓▓▓▓▓▓▓▓▓□□□□□□□

按“◀”和“▶”键，调节液晶屏的对比度，按“◀”键减小对比度，按“▶”键增大对比度，将对比度调节到合适的位置。按“确认”或“清除”键，退出检测状态。

退出检测程序后，按任意键，背光灯点亮。如果上述所有检测都通过，说明此管理机基本功能良好。

注意：自检过程中若在30秒内没有按键操作，则自动退出自检状态。

（2）设置地址。

系统正常使用前需要设置系统内设备的地址。

设置管理中心机地址。GST-DJ6000可视对讲系统最多可以支持9台管理中心机，地址为1～9。如果系统中有多台管理中心机，管理中心机应该设置不同地址，地址从1开始连续设置，具体设置方法如下。

在待机状态下按“设置”键，进入系统设置菜单，按“◀”或“▶”键选择“设置地址?”菜单，液晶屏显示：

系统设置：
◀设置地址？ ▶

按“确认”键，要求输入系统密码，液晶屏显示：

请输入系统密码：
█

正确输入系统密码，液晶屏显示：

设置地址：
◀本机地址？ ▶

按“确认”键进入管理中心机地址设置，液晶屏显示：

请输入地址：
█

输入需要设置的地址值“1～9”，按“确认”键，管理中心机存储地址，恢复音视频网络连接模式为手拉手模式，设置完成后退出地址设置菜单。若系统密码三次输入错误，系统自动退出地址设置菜单。

注意：管理中心机出厂时默认系统密码为“1234”。

管理中心机出厂地址设置为1。

(3) 联调。

完成系统的配置以后可以进行系统的联调。

摘机，输入“楼号＋‘确认’＋单元号＋‘确认’＋950X＋‘呼叫’”，呼叫指定单元的室外主机与该机进行可视对讲。如能接通音视频，且图像和话音清晰，那么表示系统正常，调试通过。

如果不能很快接通音视频，管理中心机发出回铃音，液晶屏显示：

XXX—YY—950X：
正在呼叫.

等待一段时间后，液晶屏显示：

通讯错误…
请检查通信线路！

如果出现上述现象，表示CAN总线通信不正常，请检查CAN通信线的连接情况和通信线的末端是否并接终端电阻。

若液晶屏显示：

XXX—YY—950X：
正在通话.

此时看不到图像，或者听不到声音，或者既看不到图像也听不到声音，说明CAN总线通信正常，音视频信号不正常，请检查音视频信号线连接是否正确。

说明：GST-DJ6406/08的监视图像为黑白，GST-DJ6406C/08C的监视图像为彩色，GST-DJ6405/07只有监听功能，不能监视到图像。

2. 使用及操作

系统设置采用菜单逐级展开的方式，主要包括密码管理、地址、日期时间、液晶对比度调节、自动监视、矩阵、中英文界面的设置等。在待机状态下，按“设置”键进入系统设置菜单。

(1) 菜单操作指南。

菜单的显示操作采用统一的模式，显示屏的第一行显示主菜单名称，第二行显示子菜单名称，按“◀”或“▶”键，在同级菜单间进行切换；按“确认”键选中当前的菜单，进入下一级菜单；按“清除”键返回上一级菜单。

当有光标显示时，提示可以输入字符或数字。字符以及数字的输入采用覆盖方式，不支持插入方式。在字符或数字的输入过程中，按“◀”或“▶”键可左移或右移光标的位置，每按下一次移动一位。当光标不在首位时，“清除”键作退格键使用；当光标处在首位时，按“清除”键则不存储输入的数据。在输入过程中的任何时候，按“确认”键，存储输入内容并退出。

(2) 密码管理。

管理中心机设置两级操作权限，系统操作员可以进行所有操作，普通管理员只能进行日常操作。一台管理中心机只能有一个系统操作员，最多可以有99个普通管理员，即：一台管理中心机可以设置一个系统密码，99个管理员密码。设置多组管理员密码的目的是针对不同的管理员分配不同的密码，从而可以在运行记录里详细记录值班管理人员所进行的操作，便于分清责任。

普通管理员可以由系统操作员进行添加和删除。输入管理员密码时要求输入“管理员号＋‘确认’＋密码＋‘确认’”。若三次系统密码输入错误，则系统自动退出。

注意：系统密码是长度为4～6位的任意数字组合，出厂时默认系统密码为“1234”。管理员密码由管理员号和密码两部分构成，管理员号可以是1～99，密码是长度为0～6位的任意数字组合。

1) 增加管理员。在待机状态下按“设置”键，进入系统设置菜单，按“◀”或“▶”键选择“密码管理?”菜单，液晶屏显示：

系统设置：
◀密码管理?　▶

按“确认”键进入密码管理菜单，按“◀”或“▶”键选择“增加管理员?”菜单，液晶屏显示：

密码管理：
◀增加管理员?　▶

按“确认”键，提示输入系统密码，液晶屏显示：

请输入系统密码：
█

若密码正确，液晶屏每隔2秒循环显示“请输入管理员号”和“管理员密码”：

请输入管理员号＃ ＊＊＊＊＊	管理员密码： ＊＊＊＊＊

输入“管理员号＋‘确认’＋密码＋‘确认’”。例如现在需要增加1号管理员，密码为123，则应该输入“‘1’＋‘确认’＋‘1’＋‘2’＋‘3’＋‘确认’”(单引号内表示

一次按键)。此时，管理中心机要求进行再次输入确认，液晶屏显示：

请再输入一次：
*****

如果两次输入不同，要求重新输入；如果两次输入完全相同，保存设置。

2）删除管理员。

在待机状态下按“设置”键，进入系统设置菜单，按“◂”或“▸”键选择“密码管理?”菜单，液晶屏显示：

系统设置：
◂密码管理？ ▸

按“确认”键进入密码管理菜单，按“◂”或“▸”键选择“删除管理员?”菜单，液晶屏显示：

密码管理：
◂删除管理员？ ▸

按“确认”键，输入系统密码，液晶屏显示：

请输入系统密码：
█

正确输入密码后，输入需要删除的管理员号后按“确认”键，系统提示确认删除操作。再次按下“确认”键完成管理员删除操作。

例如现在需要删除5号管理员，则输入“5”，液晶屏显示：

请输入管理员号：
5

按下“确认”键，液晶屏提示确认删除的管理员号，确认现在要删除5号管理员，液晶屏显示：

删除05管理员：
确认？

再次按下“确认”键，完成5号管理员的删除操作。

3）修改系统密码或管理员密码。在待机状态下按“设置”键，进入系统设置菜单，按“◂”或“▸”键选择“密码管理?”菜单，液晶屏显示：

系统设置：
◂密码管理？ ▸

按“确认”键进入密码管理菜单，按“◂”或“▸”键选择“修改密码?”菜单，液晶屏显示：

密码管理：
◂修改密码？ ▸

按“确认”键，液晶屏提示输入系统密码：

请输入系统密码
*****

输入原系统密码或管理员密码并按“确认”键，系统要求输入新密码，液晶屏显示：

管理员新密码：
*****

按“确认”键，再输入一次，确认输入无误，液晶屏显示：

请再输入一次：
*****

按“确认”键，若两次输入不同，要求重新输入，若两次输入完全相同，保存设置，设置完成，新密码生效。

(3) 设置日期时间。

管理中心机的日期和时间在每次重新上电后要求进行校准，并且在以后的使用过程中，也应该进行定期校准。

1) 设置日期。在待机状态下按“设置”键，进入系统设置菜单，按“◀”或“▶”键，选择“设置日期时间?”菜单，液晶屏显示：

系统设置：
◀设置日期时间？▶

按“确认”键进入设置日期时间菜单，按“◀”或“▶”键选择“设置日期?”菜单，液晶屏显示：

设置日期时间：
◀设置日期?　　▶

按“确认”键，输入系统密码或管理员密码，液晶屏显示：

请输入系统密码
*****

如果密码正确，进入日期设置菜单，液晶屏显示：

设置日期：
2003年02月25日

输入正确日期后，按“确认”键存储，并进入星期修改菜单，液晶屏显示：

设置星期：
星期二

星期修改时，输入“0”表示星期天，“1”～“6”分别表示星期一～星期六。修改完成后，按“确认”键存储修改后的星期；按“清除”键不修改退出，设置完成。

2) 设置时间。在待机状态下按“设置”键，进入系统设置菜单，按“◀”或“▶”键选择“设置日期时间?”菜单，液晶屏显示：

系统设置：
◀设置日期时间？▶

按“确认”键进入设置日期时间菜单，按“◀”或“▶”键选择“设置时间?”菜单，液晶屏显示：

设置日期时间：
◀设置时间？ ▶

按“确认”键，输入系统密码或管理员密码，液晶屏显示：

请输入系统密码
*****

如果密码正确，进入时间设置菜单，输入正确时间，液晶屏显示：

设置时期：
10:35:30

修改完成后，按“确认”键存储修改后的时间；按“清除”键不修改退出，时间设置完成。

(4) 调节对比度。

管理中心机的液晶显示屏明亮对比度采用数字控制，可以程序调节。调节方法如下。

在待机状态下按“设置”键，进入系统设置菜单，按“◀”或“▶”键选择“调节对比度?”菜单，液晶屏显示：

系统设置：
◀调节对比度？ ▶

按“确认”键进入对比度调节菜单，按“◀”或“▶”键调节对比度，按“◀”键减小液晶对比度，按“▶”键增大液晶对比度，液晶屏显示：

调节对比度：
◀▶

调节好后按“确认”或“清除”键退出对比度调节菜单。

(5) 设置自动监视。

管理中心机可以自动循环监视单元门口，每个门口监视30秒。自动监视前需要设置起始楼号、终止楼号、每栋楼最大单元数和每单元最大门口数等参数。

1) 起始楼号。起始楼号指需要自动监视的第一栋楼，为“0”时，从小区门口机开始。在待机状态下按“设置”键，进入系统设置菜单，按“◀”或“▶”键选择“设置自动监视?”菜单，液晶屏显示：

系统设置：
◀设置自动监视？▶

按“确认”键进入设置自动监视菜单，按“◀”或“▶”键选择“起始楼号?”菜单，液晶屏显示：

设置自动监视：
◀起始楼号？ ▶

按“确认”键，提示输入起始楼号，液晶屏显示：

起始楼号：
1

输入楼号，按“确认”键存储起始楼号，退出，设置完成。

2）终止楼号。终止楼号指需要自动监视的最后一栋楼。在待机状态下进入设置自动监视菜单，按“◀”或“▶”键选择“终止楼号?”菜单，液晶屏显示：

设置自动监视：
◀终止楼号？ ▶

按“确认”键提示输入起始楼号，液晶屏显示：

终止楼号：
25

输入楼号，按“确认”键存储终止楼号，退出，设置完成。

3）每楼单元数。每楼单元数指需要自动监视的所有楼中的最大单元数。在待机状态下进入设置自动监视菜单。按“◀”或“▶”键，选择“每楼单元数?”菜单，液晶屏显示：

设置自动监视：
◀每楼单元数？ ▶

按“确认”键，提示输入最大单元数，此时液晶屏显示：

每楼单元数：
4

输入最大单元数，按“确认”键存储最大单元数，退出，设置完成。

4）每单元门数。每单元门数是指需要自动监视的所有楼中一单元的最大门数。在待机状态下，进入设置自动监视菜单。按“◀”或“▶”键，选择“每单元门数?”菜单，此时液晶屏显示：

设置自动监视：
◀每单元门数？ ▶

按“确认”键，提示输入最大门数，液晶屏显示：

每单元门楼：
1

输入所有楼中一单元的最大门数，按“确认”键存储并退出，设置完成。

(6) 设置人机接口界面语言。

管理中心机支持中文和英文显示界面，进入语言设置菜单，选中相应的语言，按“确认”键完成设置。

3. 正常显示（待机状态）

工作状态：管理中心机在待机情况下，显示屏上行显示日期，下行显示星期和时间。例如：2004年5月31日、星期一、13:08，液晶屏显示：

2004年05月31日
星期一　　13:08

如果没有通话，手柄摘机超过30秒时间，管理中心机提示手柄没有挂好，伴有“嘀嘀”提示音，液晶屏显示：

手柄没有挂好，
请挂好！

4. 呼叫

(1) 呼叫单元住户。

在待机状态下摘机，输入“楼号＋‘确认’＋单元号＋‘确认’＋房间号＋‘呼叫’”键，呼叫指定房间。其中房间号最多为4位，首位的0可以省略不输，例如502房间，可以输入“502”或“0502”。当房间号为“950X”时，表示呼叫该单元“X”号的室外主机。挂机则结束通话，如果通话时间超过45秒，则系统自动挂断。在通话过程中如有呼叫请求进入，管理机响“叮咚”提示音，闪烁显示呼入号码，用户可以按“通话”键、“确认”键或“清除”键挂断当前的通话，接听新的呼叫。

(2) 回呼。

管理中心机最多可以存储32条被呼记录，在待机状态下按“通话”键进入被呼记录查询状态，按“◂”或“▸”键，可以逐条查看记录信息，此过程中按“呼叫”键或者“确认”键回呼当前记录的号码。在查看记录过程中，按数字键，输入“楼号＋‘确认’＋单元号＋‘确认’＋房间号＋‘呼叫’”键，可以直接呼叫指定的房间。

(3) 接听呼叫。

听到振铃声后，摘机并与小区门口、室外主机或室内分机进行通话，在与小区门口或室外主机通话的过程中，按“开锁”键，可以打开相应的门，挂机结束通话。通话过程中有呼叫请求进入，管理机响“叮咚”提示音，闪烁显示呼入号码，用户可以按“通话”键、“确认”键或“清除”键，挂断当前通话，接听新的呼叫。

5. 手动监视、监听（GST-DJ6405/07只有监听功能）

在待机状态下，输入“楼号＋‘确认’＋单元号＋‘确认’＋门号＋‘监视’”进行监视，监视指定单元门口的情况。监视、监听结束后，按“清除”键挂断。监视、监听时间超过30秒系统自动挂断。

或者输入“楼号＋‘确认’＋单元号＋‘确认’＋950X＋‘监视’”，监视、监听相应门口的情况。

6. 自动监视、监听（GST-DJ6405/07只有监听功能）

在设置菜单中设置好自动监视、监听参数，在待机状态下，按“监视”键，管理中心机可以轮流监视、监听小区门和各单元门口。监视、监听按照楼号从小到大，先小区后单元的顺序进行，每个门口约30秒。在监视、监听过程中，按“监视”或“▸”键监视、监听下一个门口，按“◂”键监视、监听上一个门口，按“确认”键回到第一个小区门口，按“清除”键退出自动监视、监听状态，按“其他”键暂时退出自动监视、监听状态，执行相应的操作，操作完成后回到自动监视、监听状态，重新从第一个小区门口开始监视。

7. 开单元门

在待机状态下，按“‘开锁’＋管理员号（1）＋‘确认’＋管理员密码（123）＋楼号＋‘确认’＋单元号＋9501＋‘确认’”或“‘开锁’＋系统密码＋‘确认’＋楼号＋‘确认’＋单元号＋9501＋‘确认’”，均可以打开指定的单元门。

8. 报警提示

在待机状态下，室外主机或室内分机若采集到传感器的异常信号并广播发送报警信息，管理中心机接到该报警信号，立即显示报警信息。报警显示时显示屏上行显示报警序号和报警种类，序号按照报警发生时间的先后排序，即1号警情为最晚发生的报警，下行循环显示报警的房间号和警情发生的时间。当有多个警情发生时，各个报警轮流显示，每个报警显示大约5秒钟。例如2号楼1单元503房间2月24日11:30发生火灾报警，紧接着11:40 2号楼1单元502房间也发生火灾报警，则液晶屏显示如下：

01. 火灾报警
02＃01＃0502

01. 火灾报警
02—24 11:40

02. 火灾报警
02＃01＃0503

02. 门磁报警
02—24 11:30

报警显示的同时伴有声音提示。不同的报警对应不同的声音提示：火警为消防车声，匪警为警车声，求助为救护车声，燃气泄漏为急促的“嘀嘀”声。

在报警过程中，按任意键取消声音提示，按“◀”或“▶”键可以手动浏览报警信息，摘机按“呼叫”键，输入“管理员号＋‘确认’＋操作密码或直接输入系统密码＋‘确认’”，如果密码正确则可清除报警显示，然后呼叫报警房间，通话结束后系统自动清除当前报警，如果三次密码输入错误则退回到报警显示状态。按除“呼叫”键的任意一个键，输入“管理员号＋‘确认’＋操作密码或直接输入系统密码＋‘确认’”进入报警复位菜单，液晶屏显示：

请输入系统密码
█

正确输入系统密码进入报警显示清除菜单，液晶屏显示：

报警复位：
◀清除当前报警？▶

按“◀”或“▶”键可以在菜单“清除当前报警？”和“清除全部报警？”之间切换，以选择要进行的操作，按“确认”键执行指定操作。例如要清除当前报警，那么选择“清除当前报警？”菜单，按“确认”键，液晶屏显示：

报警复位：
报警已清除！

9. 故障提示

在待机状态下，室外主机或室内分机发生故障，通信控制器广播发送故障信息，管理中心机接到该故障信号，立即显示故障提示的信息。此时显示屏上行显示故障的序号和故障类型，序号按照故障发生时间的先后排序，即1号故障为最晚发生的故障，下行循环显示故障模块的楼号、单元号、房间号和故障发生的时间。当有多个故障发生时，各个故障轮流显示，每个故障显示大约5秒。例如2号楼1单元室外主机在2月24日15:40发生故障，不能正常通信，则液晶屏显示：

01. 通信故障 02#01#9501	01. 通信故障 02—24　15:40

故障显示的同时伴有声音提示，声音为急促的“嘀嘀”声。

在故障显示过程中，按任意键取消声音提示，按“◀”或“▶”键，可以手动浏览故障信息，按其他任意一个键，可输入“管理员号＋‘确认’＋操作密码或系统密码＋‘确认’”，如果密码正确，清除故障显示，如果三次密码输入错误，则自动退回故障显示状态。

10. 巡更打卡提示

在待机状态下，管理中心机接到巡更员打卡信息，显示巡更打卡信息。巡更显示时显示屏上行显示巡更人员的编号，下行显示当前巡更到的楼号、单元号、门号和刷卡时间，例如2号巡更员于23点15分巡更1楼1单元2门，则显示巡更提示信息，液晶屏显示：

002号巡更员巡更 001#01—02　23:15

在巡更提示过程中，按任意键退出巡更提示状态，或者时间超过一分钟，则自动退出。

11. 历史记录查询

历史记录查询和系统设置类似，也是采用菜单逐级展开的方式，包括报警记录、开门记录、巡更记录、运行记录、故障记录、呼入记录和呼出记录等子菜单。在待机状态下，按“查询”键进入历史记录查询菜单。

(1) 查询报警记录。

管理中心机最多可以存储99条历史报警记录，存储采用循环覆盖的方式，不能人为删除。存储的报警信息主要包括报警类型、报警房间和报警时间。每条报警信息分两屏显示，第一屏显示报警类型和报警房间号；第二屏显示报警类型和报警时间。例如现在有两条报警记录，第一条是2号楼1单元502房间2月24号的11:30发生火灾报警，第二条是1号楼2单元503房间2月20日11:40门磁报警，则查询时液晶屏显示：

01. 火灾报警 02#01#0502	01. 火灾报警 02—24　11:30
02. 门磁报警 01#02#0503	02. 门磁报警 02—20　11:40

查询报警记录操作方法为：在待机状态下按“查询”键，进入查询历史记录菜单，按“◀”或“▶”键选择“查询报警记录?”菜单，液晶屏显示：

查询历史记录：
◀查询报警记录？▶

按“确认”键进入报警记录查询菜单，按“◀”或“▶”键选择“查看报警记录信息?”，按“▶”键查看下一屏信息，按“◀”键查看上一屏信息，按“清除”键退出。

(2) 查询开门记录。

管理中心机最多可以存储99条历史开门记录，开门记录的存储采用循环覆盖的方式，不能人为删除。存储的信息主要包括楼号、单元号、开门类型和开门时间。每条开门信息分两屏显示，第一屏显示楼号、单元号和开门类型；第二屏显示楼号、单元号和开门时间。开门类型主要包括住户密码开门、公共密码开门、管理中心开门，室内分机开门、IC卡开门和胁迫开门等。例如现在有两条开门记录，第一条是2号楼1单元502房间住户于2月24日11:30使用密码打开2号楼1单元的门，第二条是1号管理员在管理中心于2月20日11:40打开了1号楼2单元的门，则查询时液晶屏显示：

01.02#01—00
0502密码开门

01.02#01—00
02—24　11:30

02.02#01—00
01号管理员开

02.02#01—00
02—20　11:40

查询开门记录的操作方法与查询报警记录的方法类似，请参阅报警记录的查询方法。

(3) 查询巡更记录。

管理中心机最多可以存储99条历史巡更记录，巡更记录的存储也是采用循环覆盖的存储方式，不能人为删除。存储的信息主要包括巡更地点、巡更员编号和巡更时间（月、日、时、分）。每条巡更记录分两屏显示，第一屏显示巡更地点和巡更员编号；第二屏显示巡更地点和巡更时间。例如2号巡更员于2月24日15:40巡更3号楼2单元1门，则查询时液晶屏显示：

01.003#02—01
002号巡更员

01.003#02—01
02—24　15:40

查询巡更记录的操作方法和查询报警记录的方法类似，请参阅报警记录的查询方法。

(4) 查询运行记录。

管理中心机最多可以存储99条历史运行记录，运行记录的存储也是采用循环覆盖的存储方式，不能人为删除。存储的信息主要包括事件类型、实施操作的管理员号和事件发生的时间。每条运行记录分两屏显示，第一屏显示事件类型和操作人员号码；第二屏显示事件类型和事件发生时间。事件类型主要包括报警复位、故障复位、增加管理员、删除管理员、修改密码、日期设置、时间设置、设置地址、配置矩阵和开单元门等等。例如现在有两条运行记录，第一条是2号管理员于2月24日11:30执行了报警复位操作，第二条是系统管理员于2月20日11:40打开了1号楼2单元的门，则查询时液晶屏显示：

01. 报警复位
02号管理员

01. 报警复位
02—24　11:30

02. 开单元门 系统管理员	02. 开单元门 02—20 11:40

查询运行记录的操作方法和查询报警记录的方法类似，请参阅报警记录的查询方法。

(5) 查询故障记录。

管理中心机最多可以存储99条历史故障记录，故障记录的存储和报警记录的存储一样都采用循环覆盖的方式，不能人为删除。存储的信息主要包括故障类型、故障地点和故障发生的时间。每条故障记录分两屏显示，第一屏显示故障类型和故障地点；第二屏显示故障类型和故障发生时间。例如2号楼1单元室外主机在2月24日15:40发生故障，不能正常通信，则查询时液晶屏显示：

01. 通信故障 02#01#9501	01. 通信故障 02—24 15:40

查询故障记录的操作方法和查询报警记录的方法类似，请参阅报警记录的查询方法。

(6) 查询呼入记录。

管理中心机可以存储32条呼入记录，操作请参阅“管理中心机编程”中的“回呼”的说明。

任务四 安全防范系统的常见故障及维修

任务导入

某小区物业工程部设备维护员小王负责该小区安防系统的故障维修，今天接班后发现监控系统一路视频图像模糊不清，并接到业主报修电话某单元门锁不能关闭，设备维护员小王应该如何处理安全防范系统中的常见故障呢？

任务分析：

物业工程部设备管理员小王要了解安全防范系统的常见故障，掌握安全防范系统中各个子系统的工作原理，能够对常见故障进行维修。

知识探究

一、视频监控系统常见故障及维护方法

在每一个监控系统进入调试阶段、试运行阶段以及交付使用后，有可能出现各种故障现象，特别是对于一个复杂的、大型的监控工程项目来说，是在所难免的。

视频监控系统的故障主要由以下几方面引起的：

第一，电源的不正确引发的设备故障。主要有以下几种可能：供电线路或供电电压不正确，功率不够，供电系统的传输线路出现短路、断路、瞬间过压等，特别是因为供电错误或瞬间过压导致设备损坏的情况。

第二，由于某些设备的连接有很多，若处理不当则会出现断路、短路、线间绝缘不良、误接线等问题而导致设备损坏、性能下降。

第三，设备或部件本身有质量问题。

视频监控系统常见故障现象及诊断见表 2－30。

表 2－30　视频监控系统故障现象及故障诊断

现象与诊断 / 各部分故障	故障现象	故障诊断
前端部分故障	摄像机无图像输出	检查电源是否接好，电源电压是否足够；BNC 接头或视频电缆是否接触不良；镜头光圈是否打开；视频或直流驱动的自动光圈镜头控制线是否连接正确
前端部分故障	摄像机图像质量不好	镜头是否清洁；光圈是否调好；视频电缆是否接触不良；电子快门或平衡设置有无问题；传输距离是否太远；电压是否正常；附近是否存在干扰源；在电梯里安装时是否与电梯绝缘
	云台旋转不灵活	安装方式不正确；云台承重过大；室外云台环境温度过高或过低；有异物卡住；接线不正确
传输部分故障	监视画面出现白杠	传输部分 50 Hz 工频干扰
	监视画面木纹状干扰	视频传输线质量不好或供电系统电源不清洁
	监视画面出现大面积网纹干扰	视频线芯线与屏蔽网短路
终端部分故障	主机、键盘控制失灵	信号传输距离过远，信号衰减过大；操作键盘死机，应复位
	主机图像切换不干净	矩阵主机切换开关质量不好

二、入侵报警系统常见故障及维护方法

入侵报警系统故障主要包括探测器故障和报警主机故障。

若探测器出现误报现象，首先应检查探测器连接、安装位置是否合适，灵敏度是否太高，并重新调整灵敏度、探测范围或安装角度。然后检查线路连接是否正确、现场环境是否有干扰源、匹配电阻是否正确等。

若报警系统出现故障应从表 2－31 所示的几个方面对系统进行检查。

表 2-31 报警系统常见故障

故障现象	故障原因	故障诊断
探测器不工作	1. 连线不正确。 2. 电源不正常。 3. 灵敏度过低	检查探测器连接线是否接通 测量电源电压是否正常 调整灵敏度
电源不正确，系统不能正常工作	1. 供电线路或供电电压不正确、功率不够。 2. 供电系统的传输线路出现短路、断路、瞬间过压等情况	检查系统的供电电压
设备或部件故障	1. 线路或与设备相接的线路处理不好，产生断路、短路、线间绝缘不良、误接线等问题。 2. 设备或部件本身的质量问题	根据故障现象进行分析，在若干条线路中判断哪些线路的连接有问题
系统不能正常工作	1. 设备（或部件）与设备（或部件）之间阻抗不匹配。 2. 通信接口或通信方式不对应。 3. 驱动能力不够或超出规定的设备连接数量	1. 换用阻抗相同的设备（或部件）。 2. 控制主机、解码器、控制键盘应选同一厂家的产品。 3. 更换控制主机（大功率或大容量），或根据需要再增加控制主机的数量
红外探测器不能正常工作	1. 探测器质量问题。 2. 内部电路布局不合理。 3. 线路输出损耗大。 4. 探测物与探测背景差异不大而漏报或误报	1. 更换探测器。 2. 重新布局，探测器前面不能有任何遮挡物，光源不能直射探测器，不能在探测器附近或对面安置或放置任何温度能快速变化的物体
磁控开关不能正常工作	1. 舌簧管间隙过小产生漏报警。 2. 舌簧管间隙过大误报警。 3. 磁控开关附近有强磁场	定期检查舌簧管间隙
报警主机不能正常工作	1. 供电电源不正常。 2. 报警主机连线不正确。 3. 设备编程不正确	1. 检查供电线路或供电电压是否正确。 2. 检查报警主机的各个线路的连接是否正确。 3. 检查设备编码是否正确。 4. 检查报警主机编程是否正确

三、出入口控制系统常见故障及维护方法

出入口控制系统出现故障时，首先要详细查阅相关资料，检查供电线路或供电电压、检查门禁系统的各个线路连接是否正确、设备和通信协议设置是否正确、门禁控制器编程设置是否正确。出入口控制系统常见故障及处理方法见表 2-32。

表 2-32 门禁系统常见故障

故障现象	故障原因	处理办法
系统不能正常工作	1. 设备（或部件）与设备（或部件）之间阻抗不匹配。 2. 通信接口与通信方式不对应。 3. 控制主机的功率不够或主控键盘和副控键盘的数量超出设备规定的连接数量	1. 换用阻抗相同的设备（或部件）。 2. 控制主机、解码器、控制键盘应选同一厂家的产品。 3. 更换控制主机（大功率或大容量）以增加可连接主控键盘和副控键盘的数量，或根据需要再增加控制主机的数量

续表

故障现象	故障原因	处理办法
读卡机不能正确读卡	1. 读卡机内部线路出现故障。 2. 读卡机的读卡头（包括读卡器、感应器、指纹识别装置等）出现问题。 3. 卡出现问题	先更换一台好的读卡器进行读卡，如果在好的读卡器上也不能正确读卡，那么说明是手中的卡出现了问题，如果确定卡是好的，读卡器能读卡，但显示的信息是错误的，说明读卡器的内部线路可能出现了问题。如果是在确定卡是好的后，读卡机不能读卡，说明读卡机的读卡头可能有问题，检查方式先从供电电源是否正确开始
键盘式门禁系统故障	1. 键盘质量不好。 2. 控制器质量工作不可靠。 3. 设备与部件的连接不可靠	1. 更换一个质量好的键盘。 2. 更换键盘，使其与控制主机的生产厂家为同一厂家，如不能正常工作，更换控制主机
人体生物门禁系统故障	1. 生物识别感应器表面不清洁。 2. 生物识别感应器质量不好。 3. 系统的控制器质量不好。 4. 设备与系统的连接不可靠	1. 检查生物识别感应器表面是否清洁，不清洁将其擦拭干净。 2. 检查设备与系统的连接是否可靠。 3. 分别更换生物识别感应器和系统的控制器
卡片靠近读卡器： 1. 蜂鸣器不响，指示灯没有反应。 2. 蜂鸣器响，指示灯无变化，不能开门。 3. 蜂鸣器响，指示灯变绿，门锁未打开	读卡器与门禁控制器之间的连线出现了问题	1. 检查读卡器至门禁控制器的线路是否超过了有效长度（120 米）。 2. 检查门禁读卡器与门禁控制器间的线路是否存在干扰。 3. 检查控制器与电控锁之间的线路是否正确；检查电控锁是否正常

任务实施

1. 设备维修工作流程

（1）故障发生后，弱电主管应根据故障现象决定处理工作步骤。

（2）维修人员应做好检修前的准备工作，其中包括：工具、专用工具、仪器仪表、照明灯具、材料、专业协调工作等。

（3）弱电主管派人到现场进行控制，包括：设置现场照明、清理障碍物、断开故障设备电源、保证非故障设备正常运行、安全施工等。

（4）根据现场设备故障情况判断故障类型，采取相应的处理方法。

（5）根据设备故障类型、程度，判断能否通过更换备件、备品自行处理，及时排除故障。

（6）如果不能自行处理，由弱电主管及时报告给工程部经理，由工程部经理请示上级领导后，及时联系专业厂家或维保单位到现场进行修理，设备检修过程由弱电主管进行监督、检查并确认。

（7）设备故障排除后，必须对该设备进行运行测试，以保证故障处理后的设备能够正常使用。

（8）经测试设备恢复其正常运行状态，清理现场，包括施工废料、工具仪器等，人员撤离现场。

（9）弱电主管填写检修记录表格，检修记录表格应建档留存。

（10）检修工作流程，如下图所示：

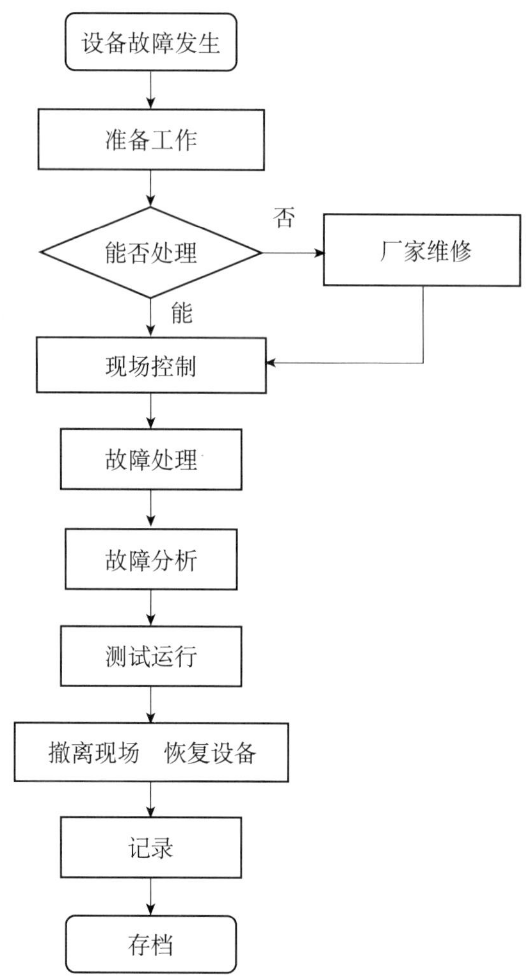

2. 工作中需要填写的表格

（1）故障通知单，见表 2－33。

表 2－33　故障通知单

故障通知单
部位：

内容：

报告班组：　　　　　　报告人：

时间：　　　年　　　月　　　日

接受报告人及时间：

（2）故障报修维修记录表，见表 2-34。

表 2-34　故障报修维修记录表

序号	电话	保修时间	工位号	报修问题	处理情况	联系电话	处理人
1							
2							
3							
4							

项目小结

本项目主要介绍了安全防范系统中的视频监控系统、入侵报警系统、出入口控制系统三个子系统的维护与管理以及安全防范系统的常见故障及处理方法。通过本项目的学习，学生掌握了安全防范系统各子系统的基本组成、管理方法及标准，并对系统故障处理有了一定的认识，为今后的工作打下了基础。

实训练习

一、理论题

1. 视频监控系统由哪几部分组成？
2. 试描述入侵报警系统中各个探测器的工作原理及报警主机的基本功能。
3. 简述出入口控制系统的基本结构。

4. 分析视频监控系统中监视器图像出现黑白杠、网状线干扰的原因。
5. 门禁系统由哪几部分组成?
6. 简述对讲系统的组成及工作过程。
7. 门禁系统常见故障有哪些? 如何进行维护?
8. 防盗报警系统常见故障有哪些?

二、综合案例分析题

［安全防范系统维护］　工作任务页

<table>
<tr><td>学习小组</td><td colspan="2"></td><td>指导教师</td><td></td></tr>
<tr><td>姓名</td><td colspan="2"></td><td>学号</td><td></td></tr>
<tr><td colspan="5">工作任务描述</td></tr>
<tr><td colspan="5">小李作为某小区的监控管理员，在值班当天发现一路监控系统图像模糊且云台转动不灵活，经检查为该摄像机镜头污染且云台有异物卡住所致，试帮助小李填写当天的故障通知单及报修、维修记录表。</td></tr>
<tr><td colspan="5">任务基本信息确认</td></tr>
<tr><td>任务组长</td><td colspan="2">任务是否清楚</td><td>工具准备</td><td>资料准备</td></tr>
<tr><td></td><td colspan="2"></td><td></td><td></td></tr>
<tr><td colspan="5">工作流程</td></tr>
<tr><td>流程</td><td colspan="3">描述</td><td>资源/时间</td></tr>
<tr><td>流程 1</td><td colspan="3"></td><td></td></tr>
<tr><td>流程 2</td><td colspan="3"></td><td></td></tr>
<tr><td>流程 3</td><td colspan="3"></td><td></td></tr>
<tr><td>流程 4</td><td colspan="3"></td><td></td></tr>
<tr><td>⋮</td><td colspan="3"></td><td></td></tr>
<tr><td colspan="5">资讯提供（资讯）</td></tr>
<tr><td colspan="5">1. 监控管理员职责
2. 视频监控系统的组成
3. 视频监控系统常见故障分析
4. 故障通知单填写
5. 报修记录表填写</td></tr>
<tr><td colspan="5">分组讨论（计划、决策）</td></tr>
<tr><td colspan="5"></td></tr>
<tr><td colspan="5">实施记录</td></tr>
<tr><td colspan="5"></td></tr>
</table>

<table>
<tr><td colspan="6">检 查</td></tr>
<tr><td>检查项目</td><td>评价标准（企业标准）</td><td>分值</td><td>自查</td><td>互查</td><td>备注</td></tr>
<tr><td>报修记录表</td><td>内容翔实、准确</td><td>25</td><td></td><td></td><td></td></tr>
<tr><td>维修记录单</td><td>内容正确，签字齐全</td><td>25</td><td></td><td></td><td></td></tr>
<tr><td>常见故障分析</td><td>准确无误</td><td>30</td><td></td><td></td><td></td></tr>
<tr><td>日常管理计划</td><td>翔实、准确</td><td>20</td><td></td><td></td><td></td></tr>
</table>

<table>
<tr><td colspan="5">教师评价</td></tr>
<tr><td colspan="2">学生整体表现：</td><td colspan="2">□未达要求</td><td>□已达要求</td></tr>
<tr><td rowspan="2">考核项目</td><td rowspan="2">表现要求
（列出完成指定任务/达到指定能力的表现要求）</td><td colspan="2">表现</td><td rowspan="2">备注</td></tr>
<tr><td>√</td><td>×</td></tr>
<tr><td rowspan="3">专业能力</td><td>资讯、计划/收集信息能力强，计划符合要求</td><td></td><td></td><td></td></tr>
<tr><td>实施/巡视检查正确，表格填写完整</td><td></td><td></td><td></td></tr>
<tr><td>过程/操行规范</td><td></td><td></td><td></td></tr>
<tr><td rowspan="3">社会能力</td><td>团结协作/小组合作良好</td><td></td><td></td><td></td></tr>
<tr><td>敬业精神/学习纪律好，爱岗敬业</td><td></td><td></td><td></td></tr>
<tr><td>安全意识/安全意识强</td><td></td><td></td><td></td></tr>
<tr><td rowspan="2">方法能力</td><td>计划能力/按计划步骤执行</td><td></td><td></td><td></td></tr>
<tr><td>决策能力/判断能力强</td><td></td><td></td><td></td></tr>
<tr><td colspan="5">指导教师评语：

指导教师签字：
年 月 日</td></tr>
<tr><td colspan="5">实训体会：

学生签字：
年 月 日</td></tr>
</table>

项目三 楼宇设备自动化系统

项目描述

某物业公司接管了一座智能大厦，大厦内楼宇设备自动化系统非常齐全，物业公司工程部管理人员要对系统进行维护，他们应掌握哪些知识和技能才能对楼宇设备自动化系统进行有效的维护呢？

任务导读

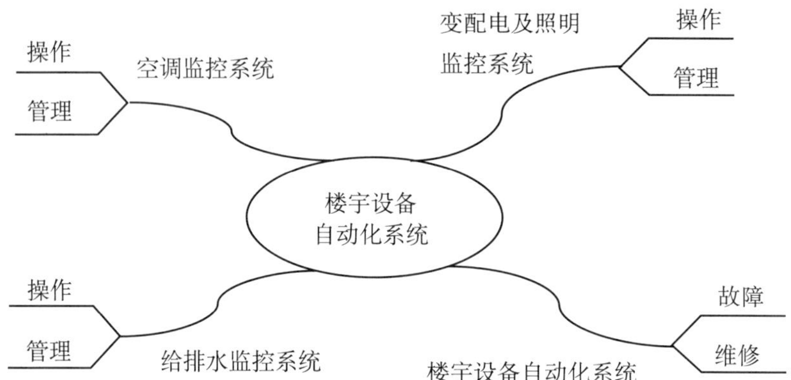

学习目标

知识目标： 1. 熟悉空调监控系统的组成。

2. 熟悉变配电及照明监控系统的组成。

3. 熟悉给排水监控系统的组成。

4. 掌握各系统的维护管理。

5. 掌握各系统故障的检修。

能力目标： 1. 能够正确操作系统。

2. 能够进行系统的日常管理。

3. 能够对系统的常见故障进行分析并维修。

任务一　空调监控系统的操作与管理

任务导入

某物业公司接管了某智能大厦，公司派物业管理员小王负责大厦中央空调监控系统的维护管理，并要求小王制订维修养护计划。小王应如何做好这项工作？

任务分析：

物业工程管理员小王要了解系统的组成，掌握系统的管理标准，能够进行系统的操作与管理。

知识探究

一、空调监控系统

（一）中央空调系统

1. 空调定义

空调是用人为的方法调节室内空气的温度、湿度、洁净度和气流速度的设备。它给使用者提供具有舒适温度和舒适湿度的空气，以满足使用者对室内气候条件的要求。

2. 中央空调系统的组成

中央空调系统设有集中空调机房，利用空气处理机集中处理新风或新风加部分回风，通过专门的风管道分别送入各空调房间，以满足空调房间的卫生要求，如图 3-1 所示。此外还在空调房间内设有二次空气处理设备，最常用的是风机盘管机组（由多排被称为盘管的翼片管热交换器和风机组成）。借助风机盘管机组不断地循环室内空气，就地处理回风，使之通过盘管而被冷却或被加热后再送回室内，以使房间保持使用者所要求的温度和一定的相对湿度。盘管使用的冷水和热水，分别由集中冷源和热源供应。中央空调系统主要由制冷机（中央空调主机）、冷却水循环系统、冷冻水循环系统、风机盘管系统和冷却塔组成，如图 3-2 所示。

（二）空调监控系统

1. 作用

智能建筑空调监控系统主要包括建筑物内的空调机组控制、新风机组控制、变风量末端控制等。它们在楼宇自动化系统的监控和管理下，使建筑物内的温、湿度达到预期的目

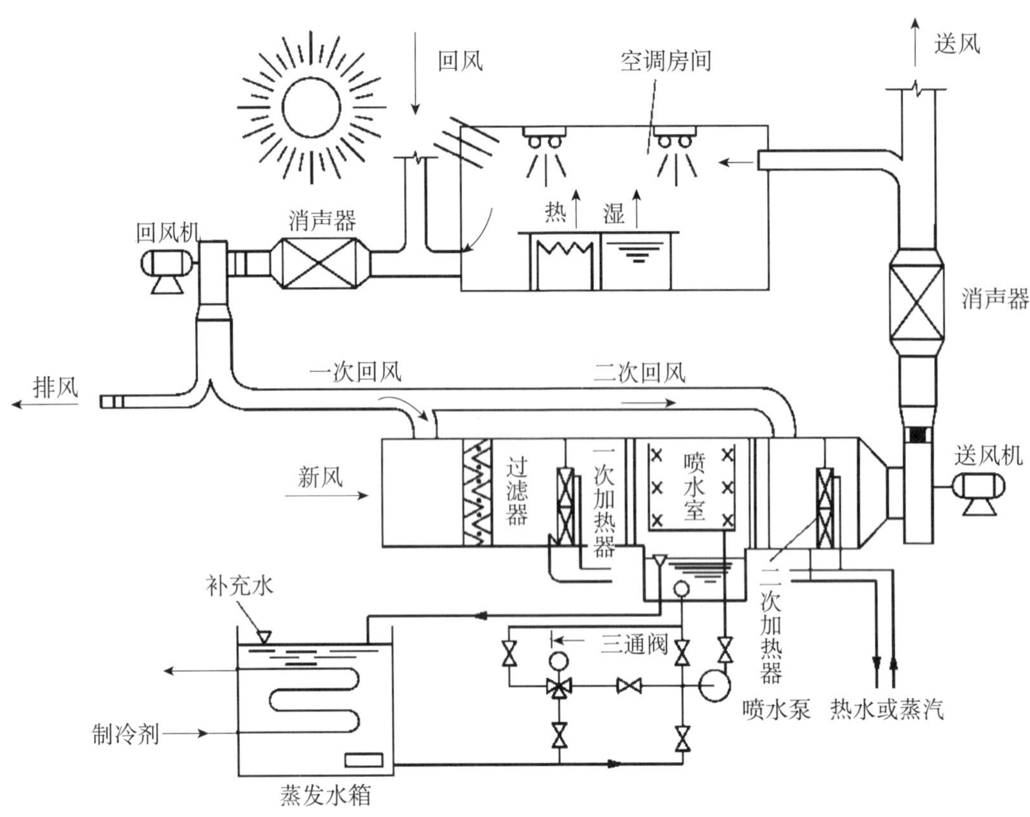

图 3-1 中央空调——集中空气处理系统

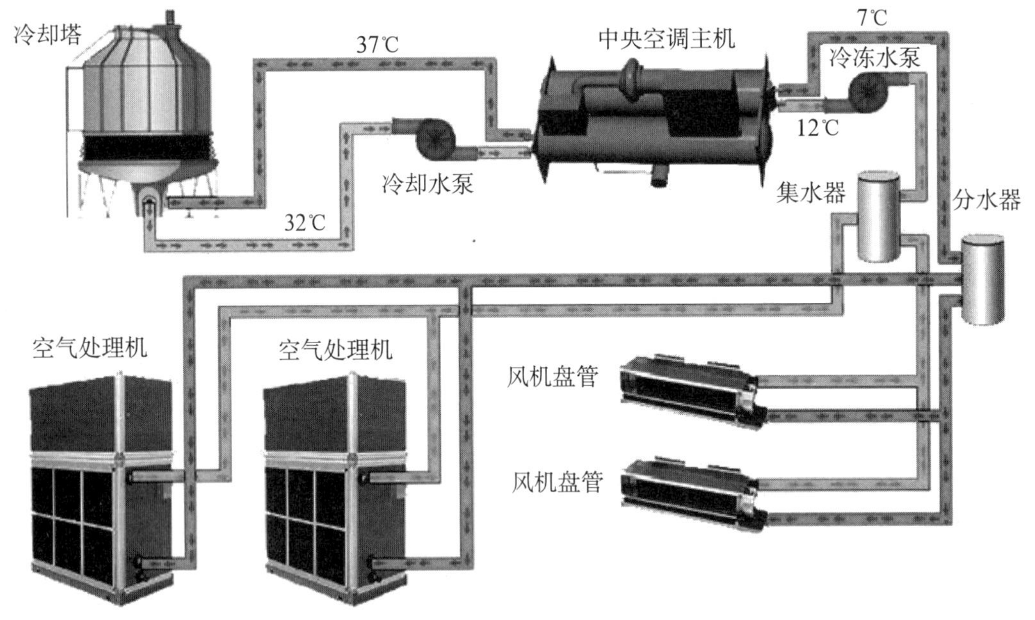

图 3-2 中央空调系统

标，同时以最低的能源和电力消耗来维持系统和设备的正常工作，以求取得最低的运行成本和最高的经济效益。

2. 基本结构

空调监控系统需要对安装完毕的空调机及其组件和房间等设施设置相关的传感器、控制器等监控设备；根据空调运行环境及使用的要求，采用模块化可编程逻辑控制器（Programmable Logic Controller，PLC）进行功能设计，使用人机界面进行集中操作，保证系统的安全、可靠、经济、连续运行。整个监控系统由传感器、可编程逻辑控制器（PLC）、监控计算机和数据通信网络（TCP/IP 以太网）组成，如图 3－3 所示。

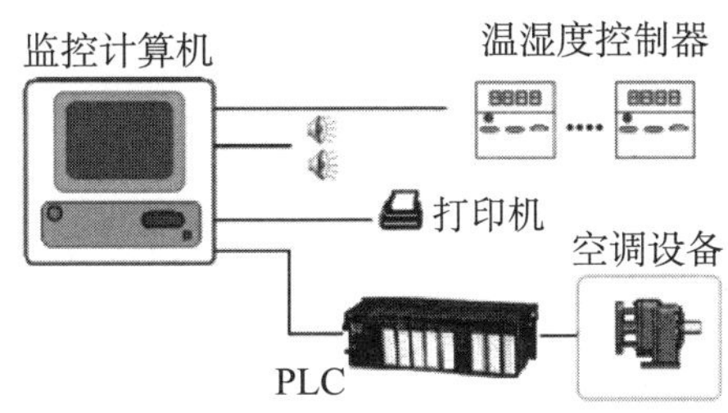

图 3－3 中央空调——监控系统结构示意图

3. 监控方式

近年来，随着楼宇自动化系统（BAS）的应用与发展，在中央空调领域，人们开始采用 BAS 对空调系统主要设备进行控制，针对不同设备设置传感器及执行机构，如图 3－4 和图 3－5 所示。

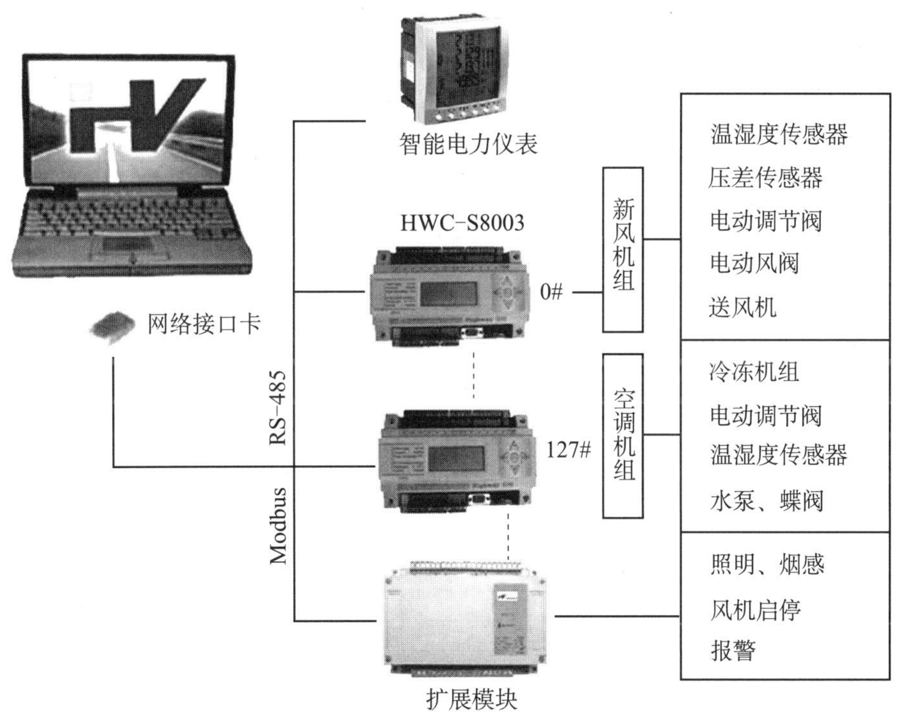

图 3－4 中央空调——新风机组及空调机组监控方式图

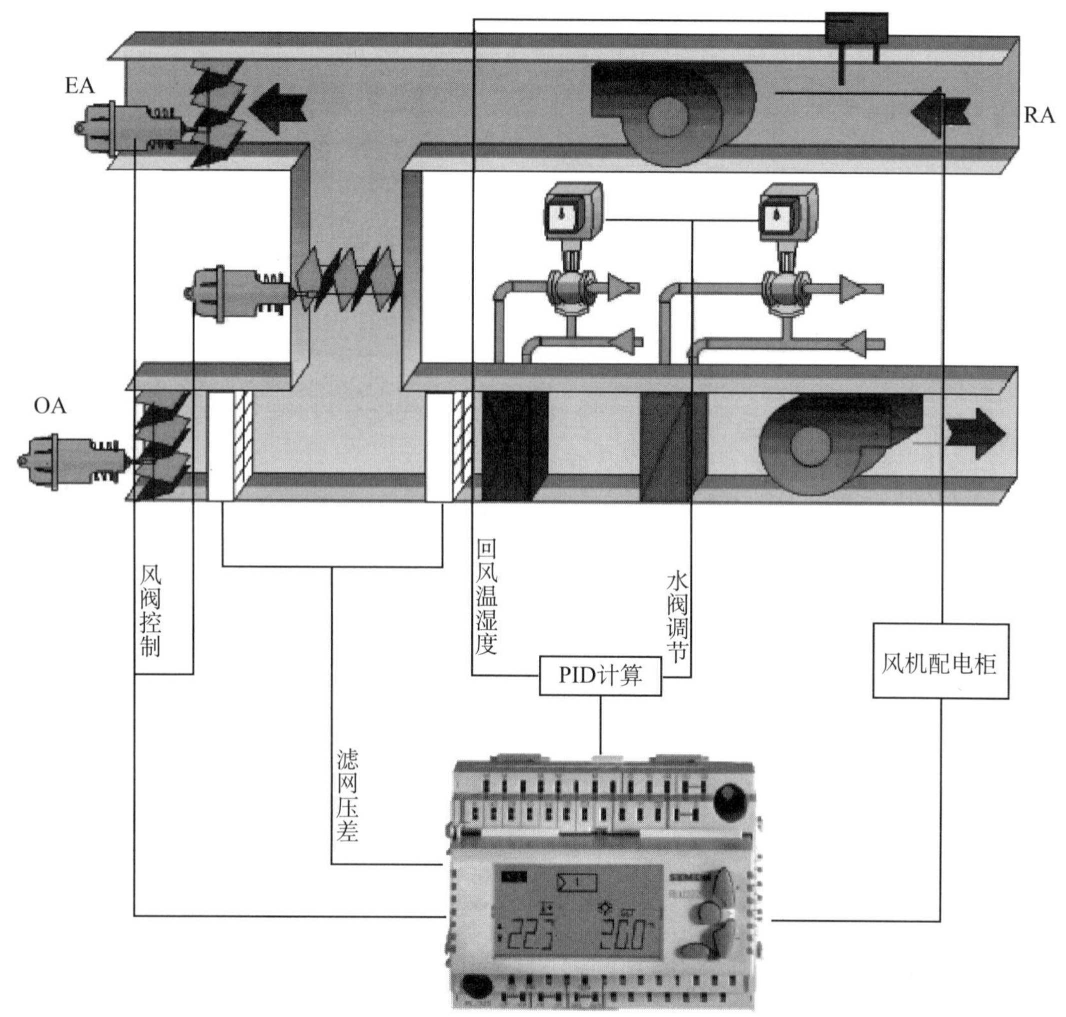

图 3-5 中央空调——空气处理设备监控方式图

各设备监控模式如下。

(1) 新风机空调机组的启停控制。

由 DDC 控制器发送启动或停止命令以控制空调机组的运行。

在 MCC 动力上取得风机的启停状态，发送给 DDC 控制器，以监测 MCC 控制中心的运行状态；在新风机变频器上取得变频器运行状态，发送给 DCC 控制器，以监测 MCC 控制中心的运行状态。为了监测风机的工作状态，可给风机设置空气压差开关，并设定空气压差开关的动作差压。还可在空调箱风机段两端的适当位置，安装空气压力采样管以采集风机两端的空气压力，从而实现空气压差开关的压力采样。同样，也可以利用过滤器前后段的压差来判断过滤器是否通畅，是否需要清洗、更换。

风机的控制回路还要考虑与表冷调节阀、加热调节阀、加湿调节阀以及与新风阀、出风阀的联锁。例如：新风电动阀与风机同时启闭，当风机状态为“OFF”时 DDC 发出命令使新风电动阀联锁关闭。

（2）温度的控制。

空调用于制热的热源有蒸汽、热水及电加热器，冷源则为运用最广的由冷冻机组转换的冷冻水。温度的控制方式取决于服务对象的要求，一般空调运行时冷水调节阀和热源调节阀不会同时工作。在环境温度低的时候，使用热源来提高控制对象的温度，此时调节器要设定为反作用，由空调机加热器后端的温度传感器来控制空调机的热源调节阀的开度。当温度小于设定值时，开大调节阀，当温度大于设定值时，关小调节阀；反之，在环境温度高的时候，使用冷源来降低控制对象的温度，此时调节器要设定为正作用，由空调机表冷器后端的露点温度来控制空调机的冷水调节阀的开度。当表冷器后端的露点温度大于设定值时，开大冷水调节阀，当表冷器后端的露点温度小于设定值时，关小冷水调节阀。

在使用电加热器制热时，一般要设置几组电加热器，常用的控制方法是：当控制温度低于设定值时，开对应的第一组电加热器加热，并加以调节，如第一组加热器全开温度仍偏低，再开第二组；两组全开温度仍然偏低，则要开第三组，等等。但始终使用第一组来调节。

在寒冷的季节，当加热器后端的温度小于 5 ℃时，打开热水调节阀，以防止盘管冻裂；在不使用表冷器时，要排掉内部的存水。

（3）湿度的控制。

湿度的控制由设在检测区内的湿度传感器控制空调机蒸汽加湿器，以保持室内适宜的相对湿度。加湿电磁阀、加湿调节阀与新风机状态联锁，当新风机状态为“ON”时，DDC 发出命令使加湿电磁阀打开，加湿调节阀根据检测区内的湿度传感器来调节阀门的开度，使相对湿度稳定在设定的范围内；当新风机状态为“OFF”时，DDC 发出命令使加湿电磁阀、电动阀联锁关闭，加湿调节阀断电并自动复位。

（4）冷冻机组的控制。

冷冻水泵采用变频水泵对流量进行调节，这样可节约电能。为保持冷冻水回水温度的恒定，当冷负荷变化时，系统根据回水温度传感器的变化，自动调整冷冻水泵的运行台数及水泵的转速以使回水温度趋于稳定。利用设在管道上的流量计对相应管道的流量进行监测和流量累计。

（5）热交换站系统的控制。

分别设置：液位控制可根据给水水箱、除氧水箱高低位液位的信号控制电磁阀的启闭；流量监测可利用设在管道上的流量计对相应管道的流量进行监测和流量累计。

（6）节能与计费控制。

一般空调监控系统采用设置网络通信能力及用户可编程的控制的策略，在被控对象附近，通过远端数据采集空调的用电量情况，实现对空调系统现场控制检测和控制。能源管理部门对采集的各种数据进行统计与分析，对用户进行计费并做出节能方案与措施。监控设备布置如图 3－6 所示，计费系统如图 3－7 所示。

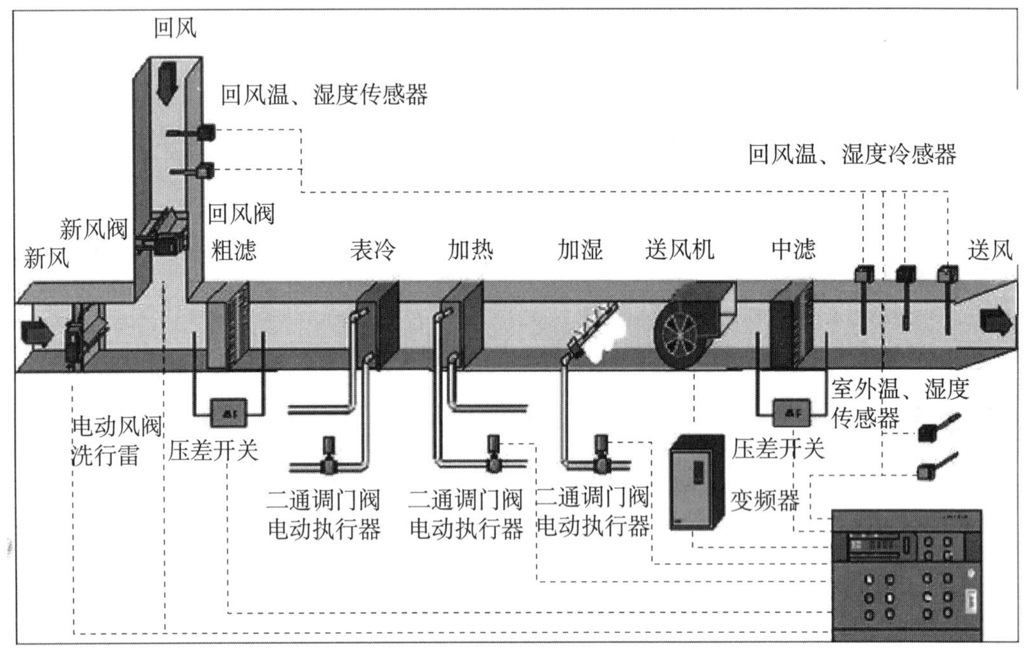

图 3－6　监控设备布置示意图

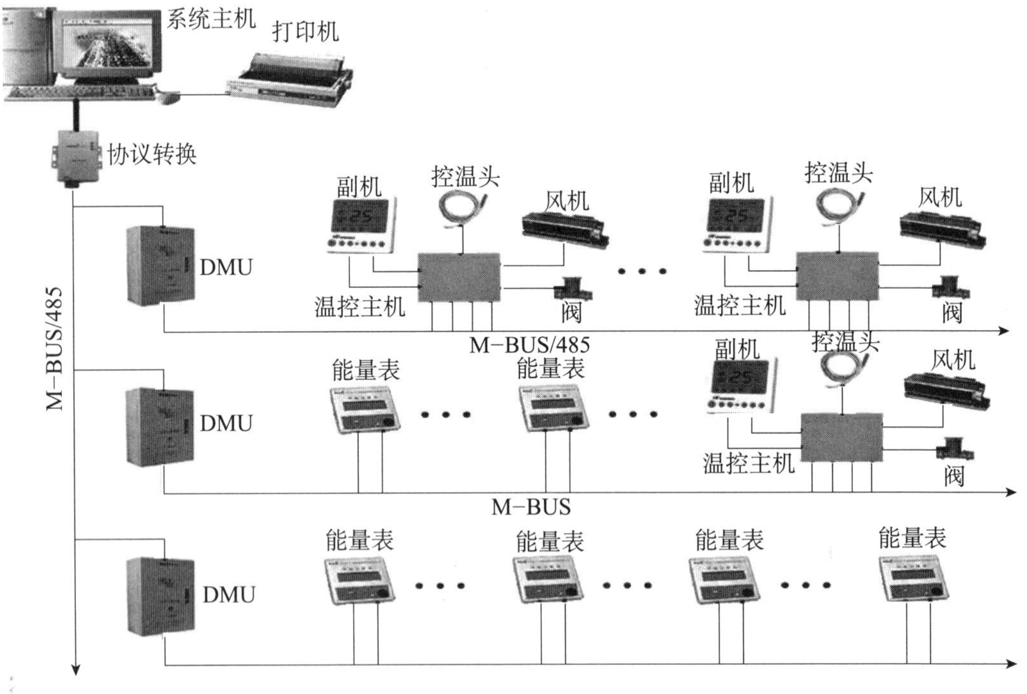

图 3－7　空调监控计费系统

（三）空调监控系统主要设备

空调监控系统主要设备见表 3－1。

表 3－1　空调监控系统主要设备

设备名称	设备作用
温湿度传感器	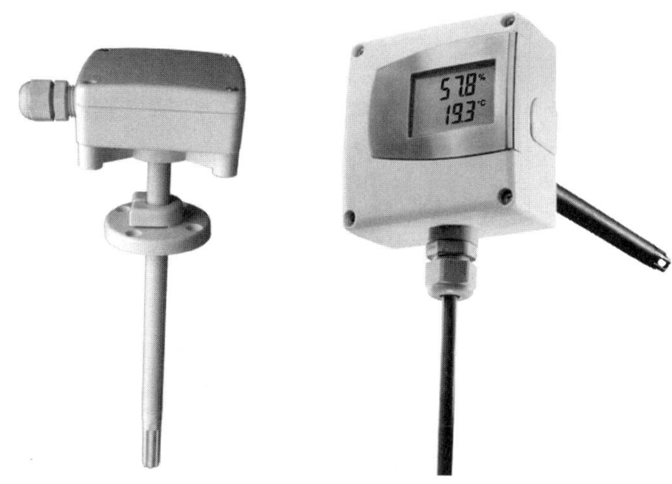 风道温湿度传感器　　室内温湿度传感器 温湿度传感器是指能将温度量和湿度量转换成容易被测量处理的电信号的设备或装置。空调系统中温湿度传感器一般是测量温度量和相对湿度量的，按测量位置分为风道温湿度传感器和室内温湿度传感器等类型。 风道温湿度传感器安装的位置如下。 （1）用于风道及管道温度测量，长度的选择应该是管道直径的 3/5 为宜。 （2）测量范围的选择依据被测量物在测量上限约 2/3 处进行选择。 （3）探头直立或迎着液体（气体）流动的方向安装，端点位于管道中部。 （4）新回风温湿度传感器必须在阀前安装。测送风湿度时，送风湿度传感器尽量在远离出风口的地方安装。 （5）在选择传感器的输出形式时，对于现场干扰信号强（有变频设备）的场所，适合安装电流型的传感器；DDC 控制箱到传感器的距离比较远时，也适合安装电流型的。 （6）传感器接线口必须向下（即为下进线方式）。 风管型温湿度传感器应安装在风管的直管段，如不能安装在直管段，则应避开风管内通风死角的位置安装
压差传感器	 压差传感器

续表

设备名称	设备作用
压差传感器	压差传感器的工作原理是被测压力直接作用于传感器的膜片上，使膜片产生与水压成正比的微位移，使传感器的电容值发生变化，用电子线路检测这一变化并转换输出一个与被测压力相对应的标准测量信号。 在空调监控系统中，压差传感器通常用于测量空气过滤器前后两端的压差，当压差超过规定的数值时表明过滤器应该进行清洁或更换
电动调节阀	电动调节阀（截止阀） 电子式电动调节蝶阀 电动调节阀是一种以电磁阀为向导阀的水力操作式阀门，一般包括驱动器，通过接收驱动器的信号（0～10 V或4～20 mA）来控制阀门进行调节。 动作原理：电机电源220 V AC或者380 V AC，电流信号4～20 mA，阀里面有控制器，控制器把电流信号转换为步进电机的角行程信号。电机转动，由齿轮、杠杆或者齿轮加杠杆带动阀杆运作，实现直行程或角行程，从而控制水流量。其安装于各种需求控制的水管路上。 其在冷热站中用于控制各系统工艺管道的开启和关闭、各种工况间的切换等；调节式主要用于控制流量。在空调机组中，根据控制器的温湿度设定值控制回水流量和蒸汽加湿的流量，使温湿度维持在设定值
电动风阀	 关闭状态  开启状态 电动风阀 电动风阀由电动机带动驱动执行机构，使碟板在90°范围内自由转动以达到启闭或调节介质流量的目的，与自控系统配套，自动控制调节风量。 其安装在空调、通风系统的风管上，用来调节支管的风量，也可用于新风与回风的混合调节。采用电动开启或关闭阀门，输出开闭电信号。电动执行机构应具有远距离电动控制和现场手动控制的功能，并设置手动/电动操作转换把手，具有机械和电气两种限位装置，并且具有电动控制启停、手/自动转换、故障报警、启停状态反馈等功能

续表

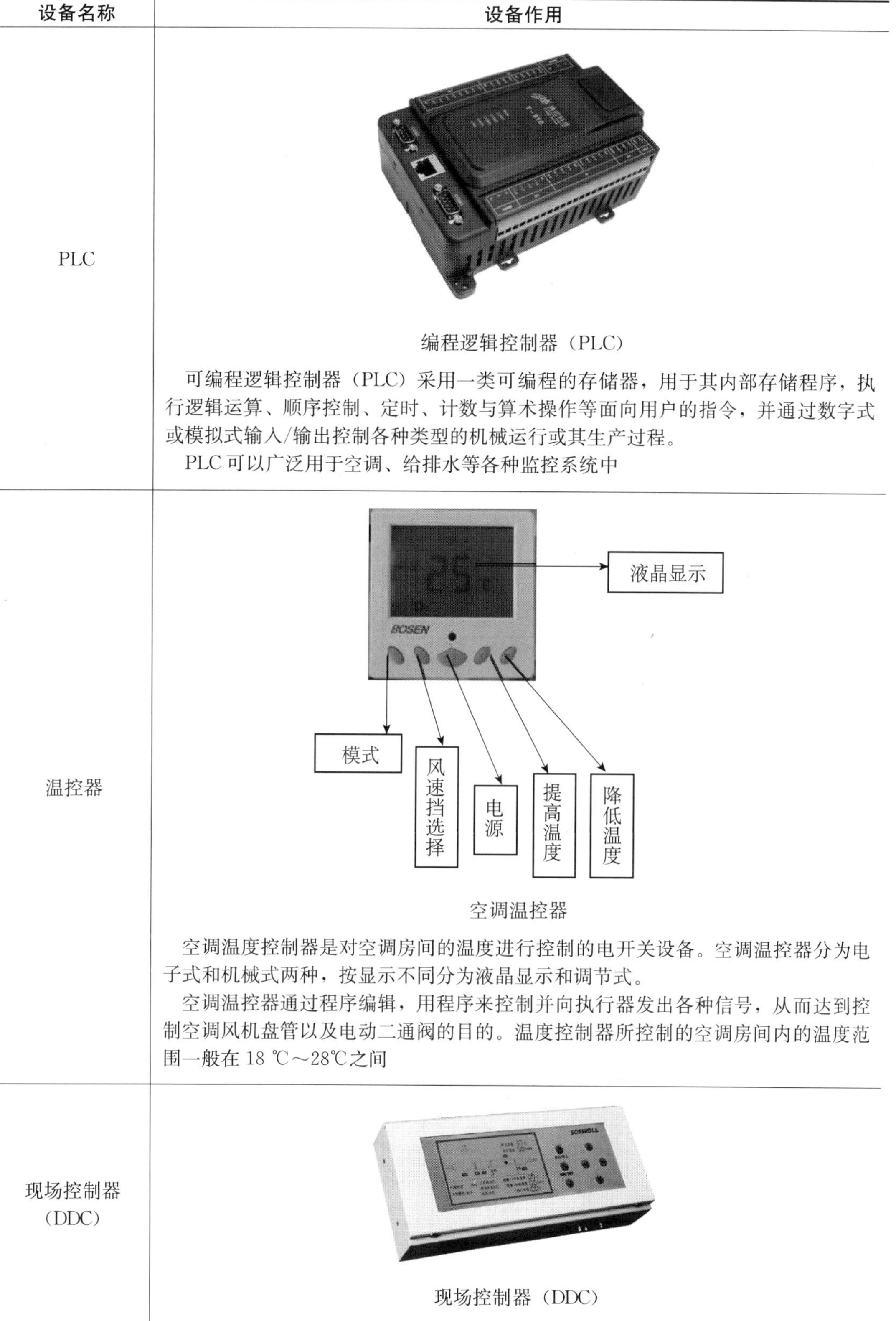

设备名称	设备作用
PLC	编程逻辑控制器（PLC） 可编程逻辑控制器（PLC）采用一类可编程的存储器，用于其内部存储程序，执行逻辑运算、顺序控制、定时、计数与算术操作等面向用户的指令，并通过数字式或模拟式输入/输出控制各种类型的机械运行或其生产过程。 PLC 可以广泛用于空调、给排水等各种监控系统中
温控器	空调温控器 空调温度控制器是对空调房间的温度进行控制的电开关设备。空调温控器分为电子式和机械式两种，按显示不同分为液晶显示和调节式。 空调温控器通过程序编辑，用程序来控制并向执行器发出各种信号，从而达到控制空调风机盘管以及电动二通阀的目的。温度控制器所控制的空调房间内的温度范围一般在 18 ℃～28℃之间
现场控制器（DDC）	现场控制器（DDC）

续表

设备名称	设备作用
现场控制器（DDC）	DDC 是用于监视和控制系统中有关机电设备的控制器，它是一个完整的控制器，有应有的软硬件，能完成独立运行，不受网络或其他控制器故障的影响。根据不同类型的监控点数提供符合控制要求和数量的控制器。每处 DDC 具有 10%～15%点数的扩充或余量

二、空调监控系统操作与管理

空调监控系统需要对安装完毕的空调设备、组件及房间等设置相关传感器、控制器等监控设备；根据空调运行环境及使用要求，采用模块化可编程控制器（PLC）进行功能设计，使用人机界面进行集中操作，保证系统的安全、可靠、经济、连续运行。整个监控系统由可编程控制器（PLC）、监控计算机和数据通信网络（TCP/IP 以太网）组成。

（一）空调监控系统操作

（1）根据空调系统的形式、功能需求来设计空调监控系统方式及相关电路图。

（2）按照设计电路图进行传感器及执行器等设备的安装、系统连线。

（3）软件编程及设备调试。

（4）通电检查，监控运行。

（二）空调监控系统管理

空调监控系统管理见表 3－2。

表 3－2　空调监控系统管理

序号	项目	内　容
1	空调冷源系统	监测内容：冷水机组运行状态。 1. 冷冻水泵、冷却水泵、冷却塔风机运行状态； 2. 冷水机组冷冻水、冷却水管水流状态； 3. 冷却水供水和回水温度； 4. 冷冻水供水和回水湿度； 5. 冷冻水供水和回水压差； 6. 冷冻水总供水流量； 7. 冷冻水供水和回水管电动平衡阀瞬时开度； 8. 冷水机组冷冻水、冷却水供水阀开关
		控制内容： 1. 系统根据事先编制好的工作及节假日作息时间表自动启停机组，并自动累计机组运行时间，提示定时维修； 2. 根据冷冻水供、回水温度及总供水流量计算实际冷负荷，按冷水机组额定制冷量，控制冷水机组运行台数，达到节能目的； 3. 根据冷水机组累计运行时间，在不需要开启全部冷水机组时，启动累计运行时间最短的冷水机组，使设备处于均衡运行状态； 4. 为保证机组的安全可靠运行，系统按以下顺序进行启停： 启动顺序：冷却塔进水蝶阀→冷却塔风机→冷却水蝶阀→冷却水泵→冷冻水蝶阀→冷冻水泵→延时冷水机组

续表

序号	项目	内　容
1	空调冷源系统	停止顺序：延时冷水机组→冷冻水泵→冷冻水蝶阀→冷却水泵→冷却水蝶阀→冷却塔风机→冷却塔进水蝶阀； 5. 根据冷冻水供水和回水总管压差，调节旁通阀开度，保持冷冻水系统压力的稳定； 6. 通过调整冷却塔风机的运行台数，使冷却水供水温度保持在设定范围内； 7. 根据季节变化进行冬夏季转换
2	空调机组系统	监测内容： 1. 空调机组送风机运行状态、故障状态； 2. 空调机组过滤器阻塞状态，提醒运行操作人员及时清洗； 3. 空调机组新风温度和湿度； 4. 空调机组回风温度和湿度； 5. 空调机组送风温度和湿度
		控制内容： 1. 系统根据事先编制好的工作及节假日作息时间表自动启停机组，并自动累计运行时间，提示定时维修； 2. 根据室内外空气状况，调节新风阀和回风阀的开度，合理利用新风，节约能源； 3. 根据回风温度，自动调节表冷器/加热器的冷/热水阀的开度，使回风温度控制在设定值； 4. 根据回风湿度，自动调节加湿阀的开关以满足室内湿度要求； 5. 在北方地区冬季气候寒冷，为防止空调机组盘管受冻，在表冷器后端设置防冻开关，当温度低于一定值（一般设定为 5 ℃）时报警，并自动停止风机，关闭新风阀，全部打开热水阀，以防盘管冻裂； 6. 新风阀与送风机联锁，风机停止时自动关闭新风阀
3	新风机组系统	监测内容： 1. 新风机组新风温度和湿度； 2. 新风机组送风温度和湿度； 3. 新风预加热器后端温度； 4. 过滤器阻塞状态，提醒运行操作人员及时清洗； 5. 送风机运行状态、故障状态
		控制内容： 1. 系统根据事先编制好的工作及节假日作息时间表自动启停机组，并自动累计运行时间，提示定时维修； 2. 根据新风预加热器后端温度，自动调节新风预加热器热水阀开度，使该温度控制在设定值； 3. 根据送风温度，自动调节表冷器/加热器的冷/热水阀开度，使送风温度控制在设定值； 4. 根据送风湿度，自动调节加湿阀开关，使送风湿度控制在设定值； 5. 北方地区冬季气候寒冷，为防止风机盘管受冻，在表冷器后端设置防冻开关，当温度低于一定值（一般设定为 5 ℃）时报警，并自动停止风机，关闭新风阀，全部打开热水阀，以防盘管冻裂； 6. 新风阀与风机联锁，风机停止时自动关闭新风阀； 7. 与消防系统联锁，发生火警时，风机自动停机

续表

序号	项目	内　容
4	风机盘管的控制	风机盘管由温控器控制： 1. 风机盘管的回水管上安装开关二通阀； 2. 房间内安装温控器； 3. 热敏电阻测量房间温度； 4. 带延时功能，以防二通阀频繁启动； 5. 风机的开/关功能； 6. 调节高/中/低三挡风量、可以任意调节温度（10 ℃～30 ℃）
5	膨胀水箱高、低水位监测报警	监控最高、最低水位；达到最低水位启动补水设备；达到最高水位发出警报
6	屋顶排气风机、通风机控制	屋顶排风机、通风机监控内容： 1. 风机的运行状态、故障状态； 2. 风机的手/自动状态显示； 3. 风机开关控制

任务实施

1. 实施流程

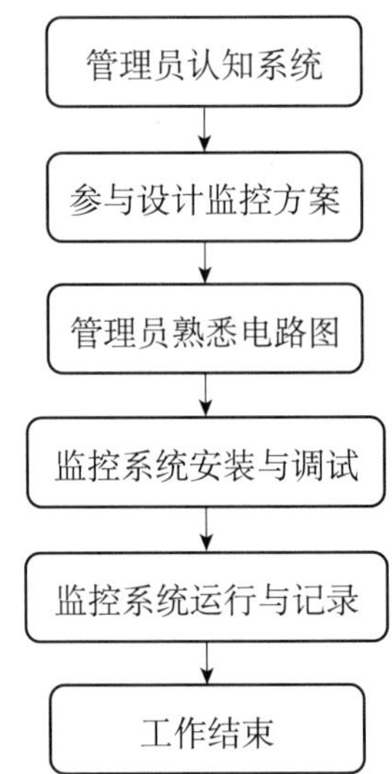

2. 实施步骤

（1）熟悉空调监控系统及相关设备知识。

（2）根据大厦空调系统形式、功能需求设计空调监控系统方案及相关电路图。

（3）按设计电路图进行传感器及执行器等设备的安装、系统连线。

（4）软件编程及设备调试。

（5）空调监控系统运行管理并做好记录。

任务二　变配电及照明监控系统的操作与管理

任务导入

某物业公司接管了某智能大厦，公司派物业管理员小刘负责大厦变配电及照明监控系统的维护与管理，并要求小刘制订维修养护计划。小刘应如何做好这项工作?

任务分析：

物业工程管理员小刘要了解系统的组成，掌握系统的管理标准，能够进行系统的操作与管理。

知识探究

一、电力系统的组成

电力系统是一个发电、输电、变电、配电和用电的整体，主要由发电厂、电力网和用电设备组成。图 3-8 所示为某一电力系统图，B1 为升压变压器，B2 为降压变压器。

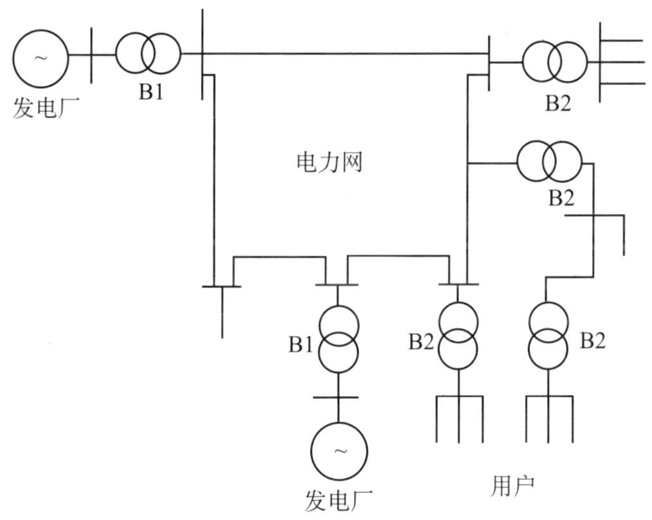

图 3-8　电力系统图

(1) 发电厂：把其他形式的能转换成电能。

(2) 电力网是电力系统的一部分，它包括变配电所及各种电压等级输电线路。

1) 变配电所：变配电所是由电力变压器、配电设备、操作设备及辅助设备等组成变配电装置和场所，起着电压变换和分配电能的作用。

2）输电线路：输电线路是输送电能的通道，把发电厂发出的电能输送到电能用户。通常将电压为220 kV以上的电力线路称为输电线路，电压为220 kV、110 kV及以下的电力线路称为配电线路。

（3）用电设备：用电设备是将电能转换为其他形式能量的设备。

二、电力系统额定电压

我国根据国民经济发展的需要及技术要求，规定了电力网的电压。其中，区域性电力系统的电压一般为110 kV、220 kV、330 kV及500 kV；地区性电力系统的电压一般为35 kV、110 kV；用户变压器的供电电压一般为6 kV、10 kV、35 kV；用电设备的供电系统电压一般为380/220 V、660 V、1 140 V。目前我国大多数建筑是10 kV或35 kV供电，35 kV以上供电的用户数不多，居民生活用电多采用380 V/220 V系统供电。

三、电力系统负荷

用电设备所需用的电功率或电流称为电力负荷。根据用电设备在工艺生产中的作用以及供电中断对人身和设备安全的影响，电力负荷通常分为三个等级。

（一）一级负荷

如果中断供电将造成人身伤亡，或造成重大政治影响或经济损失，或造成公共场所秩序严重混乱的电力负荷属于一级负荷，如国家级的大会堂、国际候机厅、医院手术室、省级以上体育场（馆）等建筑的电力负荷。一级负荷应由两个电源供电，一用一备，当一个电源发生故障时，启用另一个电源。一级负荷中的特别重要负荷，除上述两个电源外，还必须增设应急电源。为保证对特别重要负荷的供电，禁止将其他负荷接入应急供电系统。

（二）二级负荷

如果中断供电将在政治上、经济上造成较大损失或将影响重要用电单位的正常工作的电力负荷为二级负荷，如造成重要设备损坏、大量产品报废，或连续生产过程循序被破坏，需要很长时间才能恢复的场所，或严重影响人民的正常生活等。二级负荷一般要求双回路供电，供电变压器也应是两台，在其中一个回路出现故障时，由另一回路继续供电。

（三）三级负荷

不属于一级和二级负荷者，都是三级负荷。三级负荷对供电方式无特殊要求。由于供电中断影响较小，可以不设置备用电源，但应在不增加投资的情况下尽力提高供电的可靠性。

各类建筑电力负荷等级划分见表3-3。

表 3－3　各类建筑电力负荷分级表

建筑类别	建筑物名称	用电设备及部位	负荷级别
住宅建筑	高层普通建筑	电梯、照明	二级
旅馆建筑	高级旅馆	宴会厅、新闻摄影器材、高级客房、电梯等	一级
	普通旅馆	主要照明	三级
办公建筑	省、市、部级办公楼	会议室、总值班室、电梯、档案室、主要照明	一级
	银行	主要业务用计算机及外围设备电源、防盗信号电源	一级
教学建筑	教学楼	教室及其他照明	二级
	重要实验楼	主要照明	一级
科研建筑	科研所重要补给室、计算机中心、气象台	主要用电设备	一级
		电梯	二级
文娱建筑	大型剧院	舞台、电声、贵宾室、广播及电视传播、化妆照明	一级
医疗建筑	县级及以上医院	手术室、分娩室、急诊室、婴儿室、理疗室等	一级
		细菌培养室、电梯等	一级
商业建筑	省辖市及以上百货大楼	营业厅主要照明	一级
		其他附属照明	二级
博物建筑	省级博物馆、展览馆	珍贵展品室的照明、防盗信号电源	一级
		商品展览用电	二级
商业仓库建筑	冷库	大型冷库压缩机及附属设备、电梯、库内照明	二级
司法建筑	监狱	警卫信号	一级

如果高楼大厦和智能建筑供电中断，将严重影响正常工作，并导致重要用电单位和公共场所秩序混乱。对于不允许停电的重要负荷，要求两个独立电源供电，在一个电源系统检修或出现故障而另一个电源系统又发生了故障的情况下，应当由自备发电机电源供电。负荷的等级划分，除冷冻机、空调机等为不重要的三级负荷外，其余皆为一级或者二级负荷，如交通枢纽、通信枢纽、重要宾馆里的重要电力，以及中断供电将造成大型体育馆、影剧院、商场等人员集中的公共场所秩序混乱等场地的电力负荷。

（四）供电电源

我们常见的供电电源一般由不同等级的电压线路供给。在某些重要的物业中，在供电系统中常自备发电机作为备用电源或临时电源。根据负荷级别的不同，在有条件的地方，物业小区或高层建筑的变电所一般均采用双电源进线供电的方式。常见的方案有如下几种。

（1）“一用一备”：如图 3－9（a）所示。设用Ⅰ号电源进线作为正常供电，Ⅱ号电源作为备用。当Ⅰ号电源发生故障而中断供电时，由Ⅱ号电源供电。可见，这种方案的两路电源都应保证满负荷供电。

（2）“双电源同时供电”：两路电源都处于正常供电运行状态。在两路电源进线间设置母线联络柜，如图 3－9（b）所示。当Ⅰ号电源发生故障时，Ⅱ号电源供电即经联络柜向Ⅰ号回路负荷供电。Ⅰ号和Ⅱ号两路电源互为备用电源（也称为“热备用”）。

（3）在规模较小的物业小区，或不具备双电源条件的地方，也可采用所谓“高供低备”的方式，如图 3－10 所示，它是一路 10 kV 高压电源作为主电源，另外用 380/220 V 低压电源（如用柴油发电机组）作为备用电源。这一方案特别适用于一般物业小区住宅群重要负荷的供电。

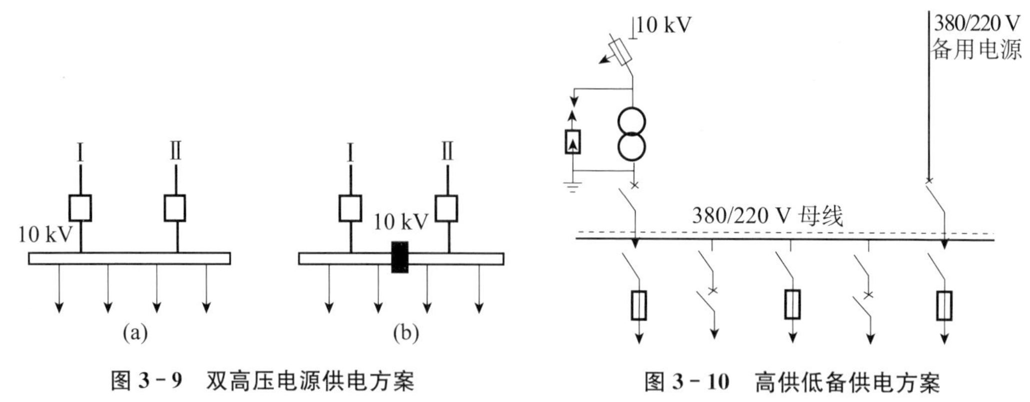

图 3－9　双高压电源供电方案

图 3－10　高供低备供电方案

四、变配电监控系统

智能变配电监控系统是利用现代计算机控制技术、通信技术和网络技术等，采用抗干扰能力强的通信设备及智能电力仪表，经电力监控管理软件组态，实现系统的监控和管理。智能变配电监控系统借助了计算机、通信设备、计量保护装置等，为系统的实时数据采集、开关状态的检测及远程控制提供了基础平台。

采用智能变配电监控系统进行监测管理，可连接智能电力监控仪表、带有智能接口的低压断路器、中压综合保护继电器、变压器、直流屏等，实现遥控、遥测、遥信功能，对系统各种运行开关量状态和电量参数进行实时采集和显示，可完整地掌握变配电系统的实时运行状况，及时发现故障并做出相应的决策和处理，同时可以使值班管理人员根据变配电系统的运行情况进行负荷分析、合理调度、远控合分闸、躲峰填谷，实现对变配电系统的现代化运行和管理。

（一）变配电监控系统的构成

变配电监控系统主要用来检测智能大厦变配电设备和备用发电机组的工作状态以及变配电系统，该系统一般分为以下几部分。

（1）高/低压进线、出线与中间联络断路器状态检测和故障报警设备，电压、电流、功、功率因数的自动测量、自动显示及报警装置。

（2）变压器二次测电压、电流、功率、温升的自动测量、显示及高温报警设备。

（3）直流操作柜中交流电源主进线开关状态监视设备，直流输出电压、电流等参数的测量、显示及报警装置。

（4）备用电源系统，包括发电机起动及供电断路器工作状态的监视与故障报警设备，电压、电流、有功功率、无功功率、功率因数、频率、油箱油位、进口油压、冷却出水水温和水箱水位等参数的自动测量、显示及报警装置。

（二）变配电监控系统的控制

电力供应监控装置根据检测到的现场信号或上级计算机发出的控制命令产生开关量输出信号，通过接口单元驱动某个断路器或开关设备的操作机构来实现供配电回路的接通或分断。要实现上述控制，通常应包括以下几方面的内容。

（1）高、低压断路器，开关设备按顺序自动接通、分断。

（2）高、低压母线联络断路器，按需要自动接通、分断。

（3）备用柴油发电机组及其配电瓶，开关设备按顺序自动合闸，转换为正常供配电方式。

（4）大型动力设备，定时起动、停止及顺序控制。

（5）蓄电池设备，按需要自动投入及切断。

另外，供配电系统除了实现上述保证安全、正常供配电的控制外，还能根据监控装置中计算机软件设定的功能，以节约电能为目标，对系统中的电力设备进行管理，主要包括：变压器运行台数的控制，合约用电量经济值监控，功率因数补偿控制及停电复电的节能控制。图 3－11 所示为一个实际高低配电回路监控系统原理图。由图可见，系统只有 AI（Analog Input，模拟量输入）和 DI（Digital Input，数字量输入）点而没有 AO（模拟量输出）或 DO（数字量输出）点，也就是说系统只有监测功能而没有控制功能，这显然不很完美。然而目前国内供配电系统独立性较强，考虑到安全等多种因素，此方案也常有应用。

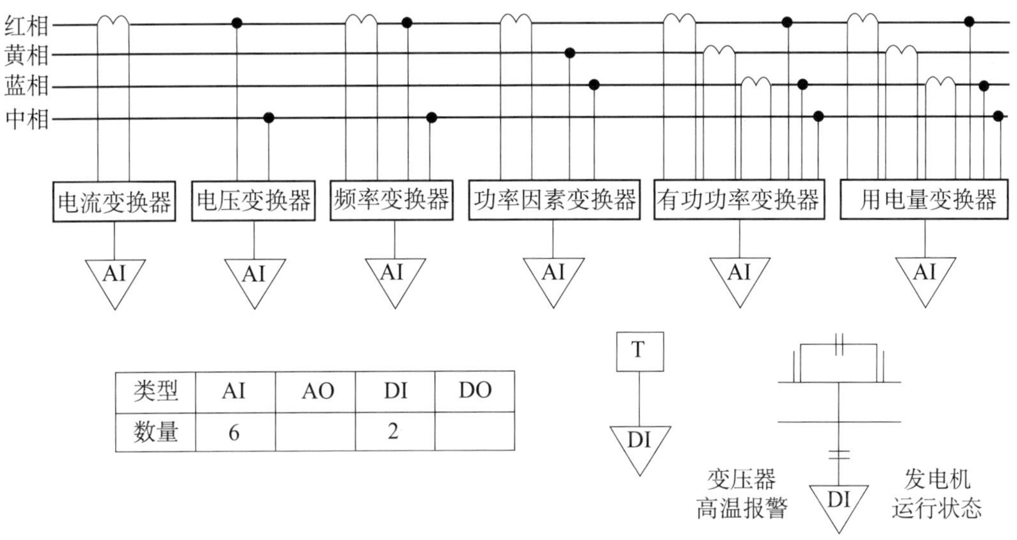

类型	AI	AO	DI	DO
数量	6		2	

图 3－11　变配电监控系统原理图

（三）常用设备

变配电监控系统常用设备见表 3－4。

表 3－4　变配电监控系统常用设备

设备名称	设备作用
电量变送器	电量变送器是一种将被测电量参数（如电流、电压、有功功率、无功功率、有功电能、无功电能、频率、相位、功率因数、直流电压、电流等信号）转换成直流电流、直流电压并隔离输出模拟信号或数字信号的装置。它广泛应用于电力、石油、

续表

<table>
<tr><th>设备名称</th><th>设备作用</th></tr>
<tr><td>电量变送器</td><td>煤炭、冶金、铁道、市政等部门的电气测量、自动控制以及调度系统。此图是电量变送器的原理图。

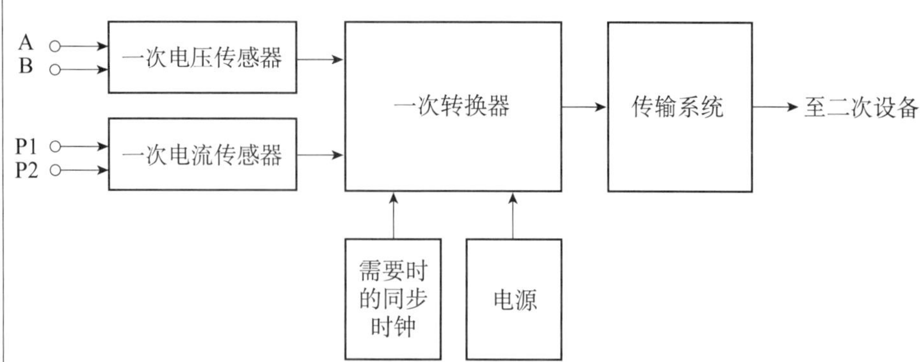

电量变送器原理图

电量变送器按照被测量的不同，可以分为电流变送器、电压变送器、功率因数变送器、有功功率变送器、无功功率变送器等。此图为常见电量变送器的图片。

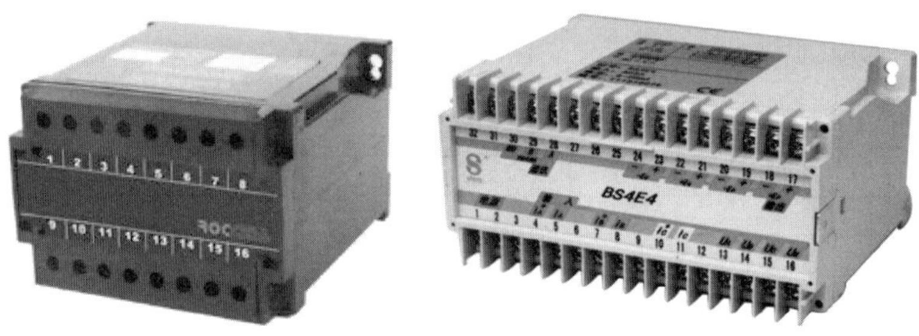

电量变送器</td></tr>
<tr><td>断路器</td><td>断路器是能够关合、承载和开断正常回路条件下的电流，并能关合、在规定的时间内承载和开断异常回路条件（包括短路条件）下的电流的开关装置。断路器按其使用范围分为高压断路器和低压断路器。高低压界线划分比较模糊，一般将 3 kV 以上的称为高压电器。低压断路器又称自动开关，俗称“空气开关”，它是一种既有手动开关功能，又能自动进行失压、欠压、过载和短路保护的电器。它可用来分配电能，不频繁地起动异步电动机，对电源线路及电动机等实行保护，当它们发生严重的过载或者短路及欠压等故障时能自动切断电路，而且在分断故障电流后一般不需要变更零部件。

断路器分类如下。

按操作方式分：有电动操作、储能操作和手动操作；

按结构分：有万能式和塑壳式（如图所示）；

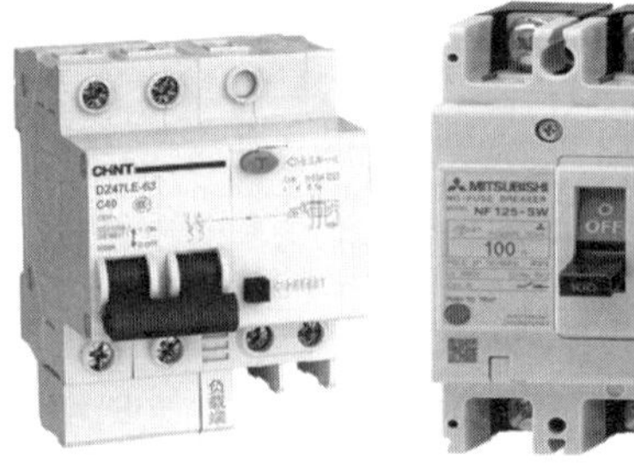

塑壳式断路器</td></tr>
</table>

续表

设备名称	设备作用
断路器	按使用类别分：有选择型和非选择型； 按灭弧介质分：有油浸式、真空式和空气式； 按动作速度分：有快速型和普通型； 按极数分：有单极、二极、三极和四极等； 按安装方式分：有插入式、固定式和抽屉式等
船形开关	因为其样子如船，所以称船形开关，其结构与钮子开关大致相同，只是把钮柄的形状换成船形。船形开关常用作电子设备的电源开关，其触点分为单刀单掷和双刀双掷等几种，有些开关还带有指示灯，全透亮及点透亮等。船形开关也称波形开关、跷板开关、IO 开关、电源开关。图示为几种常见的船形开关。  船形开关
DDC 控制器	DDC（Direct Digital Control）意指“直接数字控制”。近几年来，它代替了传统控制组件，如温度开关、接收控制器和其他电子机械组件等，成为各种建筑环境控制的通用模式。DDC 系统是利用微信号处理器来执行各种逻辑控制功能的，它主要采用电子驱动，但也可用传感器连接气动机构。图示为某型号 DDC 控制器。 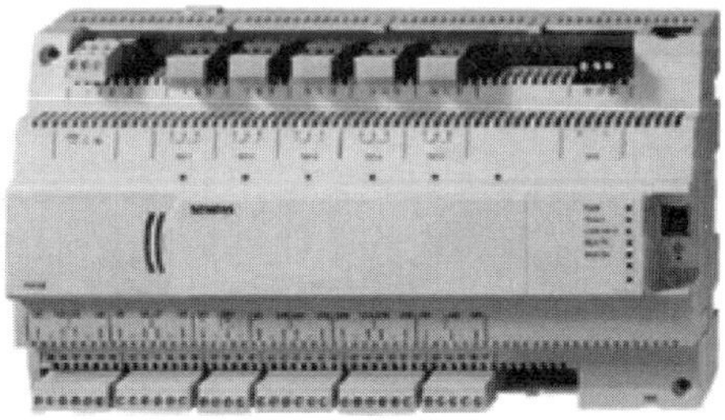 DDC 控制器 所有的控制逻辑均有微信号处理器，并以各控制器为基础完成，这些控制器接收传感器或其他仪器传送来的输入信号，并根据软件程序处理这些信号，再输出信号到外部设备。这些信号可用于启动或关闭机器，打开或关闭阀门或风门，或按程序执行复杂的动作。这些控制器可用于操作中央机器系统或终端系统

（四）变配电系统监控过程

（1）由监控系统对供配电设备的运行状况进行监视，并对各参数进行测量，如电流、电压、频率、有功功率、功率因数、用电量、开关动作状态、变压器的油温等。

（2）管理中心根据测量所得的数据进行统计、分析，以查找供电异常情况、预告维护保养，并进行用电负荷控制及自动计费管理。

（3）电网的供电状况随时受到监视，一旦发生电网全部断电的情况，控制系统作出相应的停电控制措施，应急发电机将自动投入，确保消防、保安、电梯及各通道应急照明的用电，而类似空调、洗衣房等非必要用电负荷可暂时不予其供电。

（4）进行各种电气设备的检修、保养维护管理，通过建立设备档案，生成定期维修操作单并存档，避免维修操作引起误报警。

五、照明监控系统

（一）电气照明的基本概念

1. 光通量

光源在单位时间内发射出的光能称为光源的光通量，单位为流明（lm）。我们用光通量表示电光源发光的能力。如：额定功率为 25 W 的白炽灯泡的光通量为 191 lm，100 W 的白炽灯泡，其光通量为 1000 lm。

2. 照度

当光线投射到物体上时把物体表面照亮。投射到物体表面单位面积的光通量称为被照面的照度。照度的单位为勒克斯（lx）。1 lm 光通量均匀照射在 1 m^2 面积上所产生的照度为 1 lx。我们可以用照度表示某物体或某环境被照亮的程度。

（二）照明质量的一般要求

对照明的要求，主要是由被照明的环境内所从事活动的视觉需要决定的。一般应满足下列要求。

1. 照度均匀

被照空间环境及物体表面应有尽可能均匀的照度，这就要求电气照明应有合理的光源布置，选择适用的照明灯具。

2. 照度合理

根据不同环境和活动的需要，电气照明应提供合理的照度。

3. 限制眩光

集中的高亮度光源对人眼的刺激作用称为眩光。眩光损坏人的视力，也影响照明效果。为了限制眩光，可采用限制单只光源的亮度、降低光源表面亮度（如用磨砂玻璃罩）或选用适当的灯具遮挡直射光线等措施。实践表明合理地选择灯具悬挂高度，对限制眩光的效果十分显著。

（三）电气照明的种类

电气照明有室内照明、室外照明和特殊照明等多种形式，其中室内照明又分为以下几种照明方式。

1. 一般照明

一般照明指使整个房间产生普遍照明效果的照明方式，是应用最多的照明方式。如居民住宅、会议室、学校教室等处主要采用一般照明作为基本照明。

2. 局部照明

局部照明利用设置于特定部位的灯具（固定的或移动的）来满足局部环境照明需要的照明方式。例如：办公学习用的台灯、商店橱窗的射灯、检修用的手提灯等。

3. 混合照明

混合照明指在某一场所采用一般照明与局部照明相结合的照明方式，实际应用中多为混合照明。如在居民家庭、办公场所、饭店宾馆等处，都是在采用一般照明的基础上，根据需要在某些部位装设台灯、壁灯等局部照明灯具。

另外还有节能照明、艺术照明等。

（四）照明监控系统

1. 概念

照明监控系统是指利用计算机、网络技术、无线通信数据传输、电力载波通信技术、计算机智能化信息处理技术、传感技术及节能型电器控制等技术组成的分布式无线或有线控制系统，通过预设程序的运行，根据某一区域的功能、某时间段的用电量、室外光亮度和该区域的用途来自动控制照明。图 3－12 所示是某智能大厦照明监控系统图。

图 3－12　照明监控系统图

2. 作用

（1）节能：当前我国的宏观经济建设中，节电节能的任务越来越紧迫。照明监控系统借助各种不同的智能设置控制方式和控制元件，对不同时间段、不同环境的光照度进行精确设置和管理，以实现最大的节能效果。

（2）延长灯具寿命：无论是热辐射光源还是气体放电光源，电网电压的波动是光源损坏的一个主要原因。照明监控系统可以有效地抑制电网电压的波动，通过系统对电压的限定和轭流滤波等功能，避免过电压和欠电压对灯具的损害。另外，照明监控系统还可以利用软启动和软关断技术，避免冲击电流对光源的损害。

（3）改善照明质量：智能照明系统以调光模块控制面板代替传统的平开关控制灯具，可以整体控制各房间内照度值，提高照度均匀性。同时，照明监控系统也可以避免频闪效应。

（4）实现多种照明效果：照明监控系统易于实现多种照明场景控制方案，按不同时间、不同用途、不同效果采用相应的预设置场景进行控制，可以达到丰富的艺术效果。

（5）管理维护方便：照明监控系统对照明的控制是以模块式的自动控制为主，手动控制为辅，照明预置场景的参数以数字的形式存储在可擦除可编程的 ROM 中，这些信息的设置和更换十分方便，加上灯具寿命的大大延长，使照明管理和设备维护变得更加简单。

3. 任务

照明监控系统的任务主要有两个方面：一方面是为了保证建筑物内各区域的合理照度及适宜的视觉环境而对灯光进行控制，称为环境照度控制，通常采用定时控制、合成照度控制等方法来实现；另一方面是以节能为目的对照明设备进行的控制，简称照明节能控制，有区域控制、定时控制、室内检测控制三种控制方式。

具体监控功能包括下述内容。

（1）根据季节的变化，按时间程序对不同区域的照明设备分别进行开/停控制。

（2）正常照明供电出现故障时，该区域的事故照明立即投入运行。

（3）发生火灾时，按事件控制程序关闭有关的照明设备，打开应急灯。

（4）有保安报警时，将相应区域的照明灯打开。

作为 BAS 的子系统，照明监控系统既要对各照明区域的照明配电柜（箱）中的开关设备进行控制，还要与上位计算机进行通信，接受其管理控制，因此，它是典型的计算机监控系统。典型照明及动力回路监控原理图如图 3－13 所示。此系统也比较简单，室外照度传感器监测室外照度，当照度低于或高于某一设定值时，系统通过启停控制 DO 点启动或关闭照明回路，实现自动控制。当然，系统的启停还要受到许多其他因素如时间表、手动干预、运行状态（DI）等的影响。

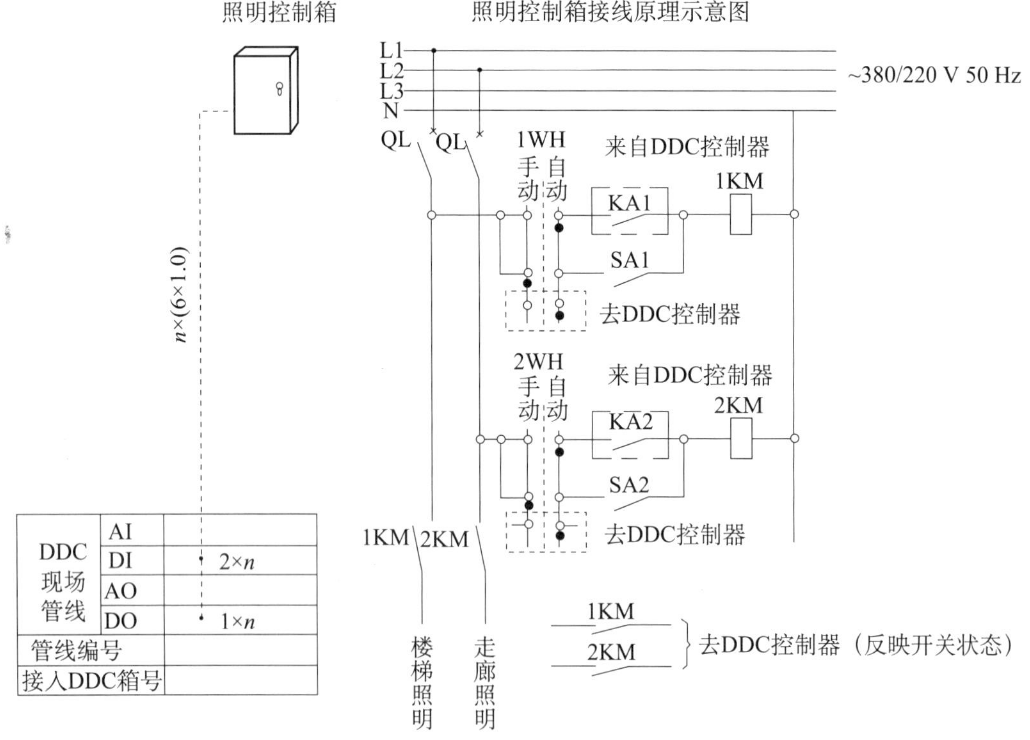

图 3－13　计算机照明监控系统

（五）供配电及照明监控系统的操作与管理

1. 供配电监控系统运行管理

（1）值班人员负责对供配电监控系统设备24小时运行的操作、巡视、记录。

（2）严格按照《弱电管理条例》和《巡回检查制度》进行运作，并将每班运行情况记录于《弱电运行日记》。

（3）供配电监控室由弱电设备人员负责，无关人员不得入内，更不允许其他人擅自操作供配电监控设备的按钮和开关。

（4）严格按照《供配电监控设备年保养计划表》对供配电监控设备进行保养，发现问题及时处理，确保弱电设备的使用功能和质量完好。

（5）工程师负责对供配电监控设备的综合管理，包括技术资料和档案的收集。同时，每两周一次对供配电监控设备运行状况进行检查，并记录于《供配电监控设备检查表》。

（6）每年12月制订下一年度的《供配电监控设备检查保养计划表》，并按运行情况制订中修计划和大修计划。

（7）每月一次组织有关人员对供配电监控设备进行检查，并将检查情况记录于《供配电监控设备检查表》。

2. 维修养护规程

（1）每天使用相应软件工具扫描控制计算机硬盘。

（2）每天监控NCU状态，发现不在线类故障立刻处理。

（3）注意后备电池的充放电情况，每天检查一次。

（4）注意计算机显示的各控制模块的工作情况。

（5）保养时着重检查接线情况及各接插件。

（6）保养时选择一定数量的控制点进行测试。

3. 供配电监控系统维修养护流程

供配电监控系统维修养护流程如图3-14所示。

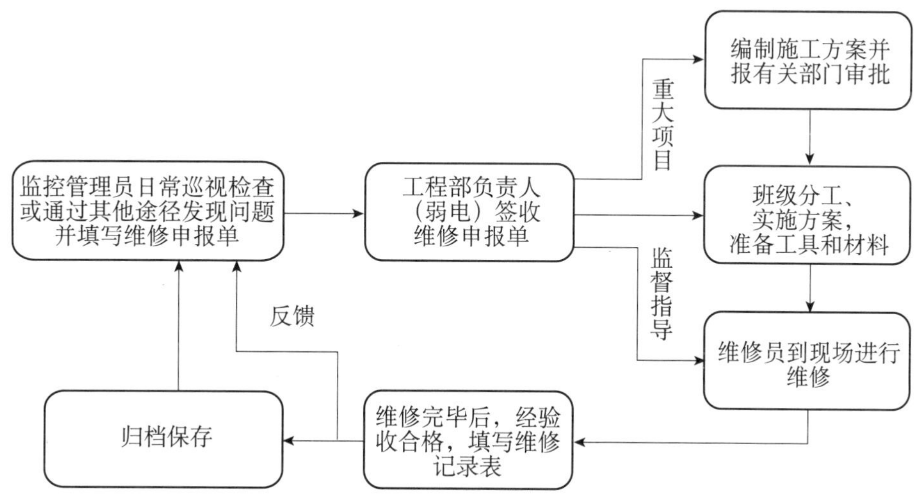

图3-14　供配电监控系统维修养护流程

任务三　给排水监控系统的操作与管理

任务导入

某综合大厦共 24 层，其中地下 2 层。给水系统采用分区方式，每 6 层为一个区，共设四区。一区（一2 至 4 层）采用市政水压直接给水，二、三、四区均采用恒压变频给水，每区采用双泵切换工作；大厦内设有锅炉，根据办公时段定时开关锅炉进行热水供应；大厦地下污水系统采用强制排水，设有污水池及排污泵并进行自动控制。所有给排水系统都由监控中心进行监控，由物业工程部小李负责智能大厦自动给排水系统监控的操作与管理。

任务分析：

物业工程部小李应掌握自动监控系统的安装、调试及维护技能。在安装阶段，能够根据已设计好的方案及电气原理图进行系统控制部分的安装；运行前能够根据要求进行编程和调试，包括 PLC 调试、变频器的调试、力控组态软件的调试及各端口的调试等，实现对给排水的监控；运行时进行给排水监控系统的日常维护管理。

知识探究

一、给排水监控系统

（一）生活给水监控系统

1. 作用

生活给水监控系统主要是对给水系统进行自动化监控和管理。

（1）保证供水管道压力维持在一定的压力范围内，确保用水终端的用水量，实现管网变频恒压供水。也就是说，无论用户水量怎样变化，管网中各水泵都能自动改变其运行方式，实现水泵的最佳运行状态以满足用户需求。

（2）记录水表读数并且计算水费。

（3）保证热水供应的节能与舒适。即根据用户的用水量、对水温的要求及使用习惯，控制热水供应系统的定时启动及加热等。

2. 组成

生活给水监控系统主要由电气控制柜、触摸屏、操作开关、工作状态指示灯、PLC 控制器、变频器、低压电器、水泵、水表、传感器（浮球式液位计、压力变送器、温度传感器）及组态监控软件等组成。

3. **工作状态**

控制系统分手动和自动两种工作状态。在手动工作状态下，可通过控制柜面板上的开关进行各设备的启动或停止，手动状态主要用于系统的调试运行；在自动工作状态下，可通过可编程控制器（PLC）和组态软件实现设备的控制与状态检测。无论是在手动状态下还是在自动状态下，控制柜上的指示灯均可指示出设备的工作状态（指示灯亮代表工作，指示灯灭代表停止）。

4. **工作原理**

现以由两台变频磁力驱动泵、一台压力变送器、用水终端（各种台盆、淋浴）、管路及附件等组成的恒压变频供水系统为例来说明生活给水监控系统的工作原理。其中可编程控制器（PLC）采用西门子公司 CPU224XP 主机，变频器采用西门子公司 MM420，具体参数参考 MM420 手册。其系统框图如图 3－15 所示。

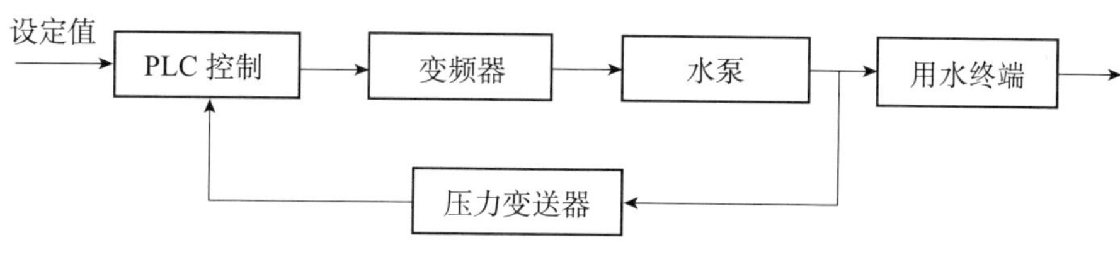

图 3－15　生活给水系统框图

生活给水系统在自动状态下应设以下两种工作状态。

（1）单泵运行状态。

当设定的供水管道压力值小于一台水泵所提供的管道压力时，给水系统处于单泵变频运行工作状态。此时，生活给水水泵 1 处于变频工作状态，生活给水水泵 2 停止工作。

（2）双泵运行状态。

当系统处于单泵运行状态时，如果用户的用水量增加，监控系统使生活给水水泵 1 工作频率上升，如果生活给水水泵 1 到达工频（50 Hz）仍不能满足用户的要求（表现为管道压力达不到设定值），控制器发出指令使生活给水水泵 1 切换到工频状态运行，生活给水水泵 2 投入到变频启动且频率随系统压力的变化而变化，以使管道压力达到供水管道压力设定值。

当系统压力再次下降到单泵能满足的情况时，控制器再次发出指令由双泵运行切换回单泵运行状态。系统的两种工作状态相关联，其受用户用水量和供水管道压力设定值的影响。

（二）排水监控系统

1. **作用**

当建筑排水系统不能自流至室外管网时，需要设置污水箱（池）进行收集，并使用排水泵，把污水排入室外管网。排水监控系统能根据污水水位自动控制排水泵的启闭，以避免污水箱（池）中污水过满而溢出水箱。

2. **组成**

排水监控系统主要由电气控制柜、触摸屏、操作开关、工作状态指示灯、PLC 控制器、低压电器、排水泵、传感器（浮球式液位计）及组态监控软件等组成。

3. 工作原理

利用浮球式液位计来计量污水箱中污水的水位，当污水水位达到设定水位时，利用自动监控系统开启排水泵，把污水排入室外管网；当污水水位下降到一定水位时，停止排水泵，从而避免污水箱（池）中污水过满而溢出水箱。

二、给排水监控系统常用设备

（一）触摸屏

1. 外观结构

触摸屏的外观结构如图 3－16 所示。

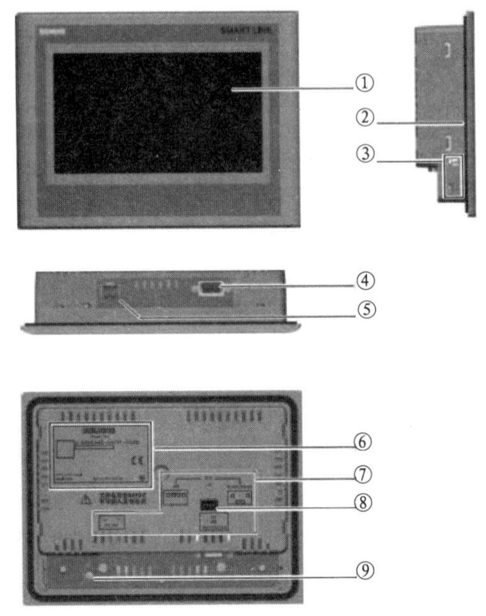

①显示器/触摸屏；②安装密封垫；③安装卡钉的凹槽；
④RS-422/RS-485接口；⑤电源连接器；⑥铭牌；
⑦接口名称；⑧DIP开关；⑨功能接地连接

图 3－16 触摸屏外观图

2. 功能

触摸屏其实就是一个 HMI（人机对话界面），内置了一个相较于通用组态软件来说简单些的局域组态软件。触摸屏包含 HMI 硬件和相应的专用画面组态软件，一般情况下，不同厂家的 HMI 硬件使用不同的画面组态软件，连接的主要设备种类是 PLC。而组态软件是运行于 PC 硬件平台、Windows 操作系统下的一个通用工具软件产品，和 PC 机或工控机一起也可以组成 HMI 产品。触摸屏可实现多参数、过程监控及实时显示。

（二）变频器

1. 作用

变频器（Variable-frequency Drive，VFD），也称为变频驱动器或驱动控制器，可译作 Inverter（和逆变器的英文相同）。变频器是可调速驱动系统的一种，是应用变频驱动技术改变交流电动机工作电压的频率和幅度，来平滑控制交流电动机的速度及转矩，最常见的是输入及输出都是交流电的交流/交流转换器。

2. 工作原理

变频器主电路是给异步电动机提供调压调频电源的电力变换部分，变频器的主电路大体上可分为电压型和电流型两类：电压型是将电压源的直流变换为交流的变频器，其直流回路的滤波是电容；电流型是将电流源的直流变换为交流的变频器，其直流回路的滤波是电感。变频器由以下三部分构成：将工频电源变换为直流功率的“整流器”；吸收在变流器和逆变器产生的电压脉动的“平波回路”；以及将直流功率变换为交流功率的“逆变器”。

3. 常用品牌介绍

西门子变频器如图 3-17 所示。

图 3-17　西门子变频器

主回路：西门子 420 变频器输入电源为 AC 380 V，从 L1、L2、L3 端子输入；U、V、W 端子输出到交流接触器，如图 3-18 所示。

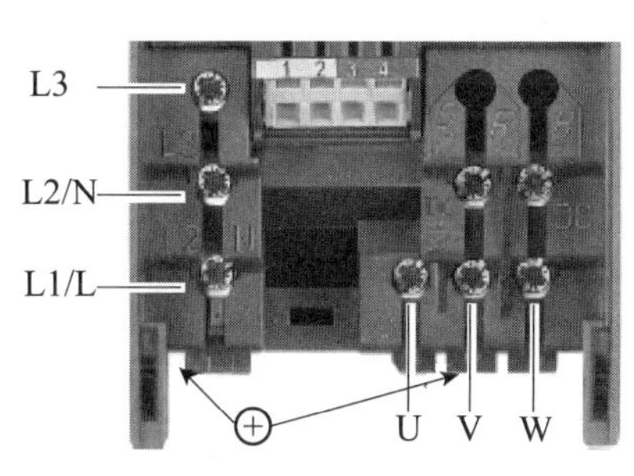

图 3-18　西门子变频器功率接线端子

西门子变频器控制回路接线端子如图 3-19 所示。

端子号	标识	功　能
1	—	输出+10 V
2	—	输出 0 V
3	ADC+	模拟输入（+）
4	ADC−	模拟输入（−）
5	DIN1	数字输入 1
6	DIN2	数字输入 2
7	DIN3	数字输入 3
8	—	带电位隔离的输出+24 V/最大。100 mA
9	—	带电位隔离的输出 0 V/最大。100 mA
10	RL1−B	数字输出/NO（常开）触点
11	RL1−C	数字输出/切换触点
12	DAC+	模拟输出（+）
13	DAC−	模拟输出（−）
14	P+	RS-485 串行接口
15	N−	RS-485 串行接口

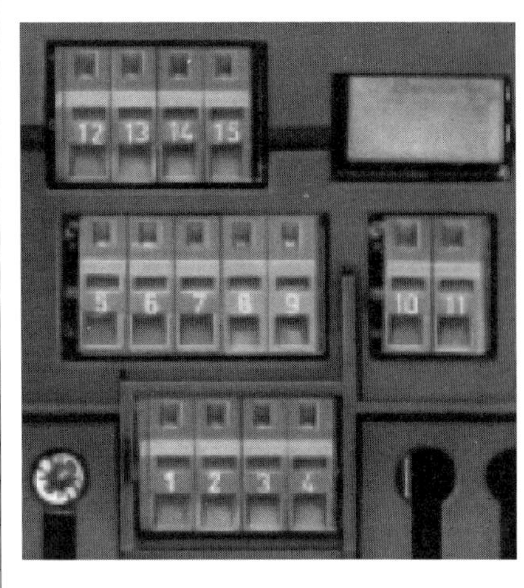

图 3-19　变频器控制回路接线端子

其 50 Hz/60 Hz DIP 开关如图 3-20 所示。

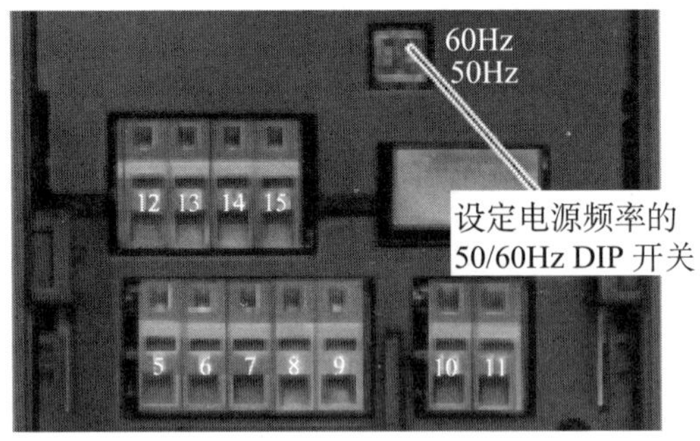

图 3-20　50 Hz/60 Hz DIP 开关

（三）PLC

1. 定义

可编程逻辑控制器（PLC）采用一类可编程的存储器，用于其内部存储程序，执行逻辑运算、顺序控制、定时、计数与算术操作等面向用户的指令，并通过数字式或模拟式输入/输出控制各种类型的机械运行或其生产过程。

2. 作用

（1）用于顺序控制。

顺序控制是根据有关输入开关量的当前与历史的状况，产生所要求的开关量输出，以使系统能按一定顺序工作，这是系统工作最基本的控制。也是离散生产过程最常用的控制。

常用的顺序控制有：

随机控制，根据随机出现的条件实施控制；

动作控制，根据动作完成的情况实施控制；

时间控制，根据时间推进的进程实施控制；

计数控制，根据累计计数的情况实施控制；

混合控制，包含有以上几种控制的组合；

其他控制等。

（2）用于过程控制。

过程控制的目的，就是根据有关模拟量（如电流、电压、温度、压力等物理量）的当前与历史的输入状况，产生所要求的开关量或模拟量输出，以使系统工作参数能按一定的要求工作。这是连续生产过程最常用的控制。

（3）用于运动控制。

运动控制主要是指对工作对象的位置、速度及加速度所进行的控制。运动控制可以是单坐标的，即控制对象作直线运动；也可以是多坐标的，即控制对象是平面内的、立体方向的，以至于是角度变换等的运动。有时，还可以控制多个对象，而这些对象间的运动可能还要有协调。

（4）用于信息控制。

信息控制也称数据处理，是指对数据进行采集、存储、检索、变换、传输及数表处理等。PLC 用于信息控制有专用和兼用两种。

专用：PLC 只用作采集、处理、存储及传送数据。

兼用：在 PLC 实施控制的同时，也可实施信息控制。

（5）用于远程控制。

远程控制是指对系统的远程部分的行为及其效果实施检测与控制。PLC 有多种通信接口，有很强的联网、通信能力，并不断有新的联网的模块与结构推出。

3. 常用品牌介绍

西门子 S7－200 PLC 各端口及开关功能，如图 3－21 所示。

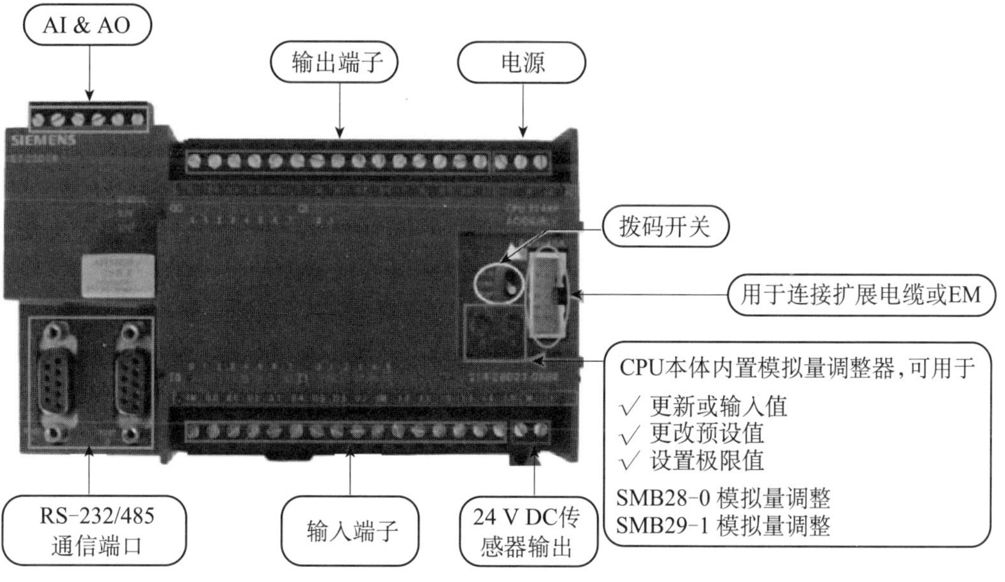

图 3－21　西门子 S7－200 PLC

S7－200 PLC 主要参数见表 3－5。

表 3－5　S7－200 PLC 主要技术参数

特性	参数
程序存储器： 带运行模式下编辑 不带运行模式下编辑	 12 288 字节 16 384 字节
数据存储器	10 240 字节
掉电保护时间	100 小时
本机 I/O 数字量、模拟量	14 输入/10 输出　2 输入/1 输出
扩展模块数量	7 个模块 1
高速计数器单相、两相	4 路 30 kHz　2 路 200 kHz　3 路 20 kHz　1 路 100 kHz
脉冲输出（DC）	2 路 100 kHz
模拟电位器	2
实时时钟	内置
通信口	2RS-485
浮点数运算	是
数字 I/O 映像大小	256（128 输入/128 输出）
布尔型执行速度	0.22 ms/指令

其输入输出接线见表 3－6。

表 3－6　PLC 输入输出接线

序号	功能	连接方法
1	数字量输入接线	S7－200 PLC 的数字量输入点内部为双向二极管，可以接成漏型或源型（如图所示）。只要每一组接成一样就行 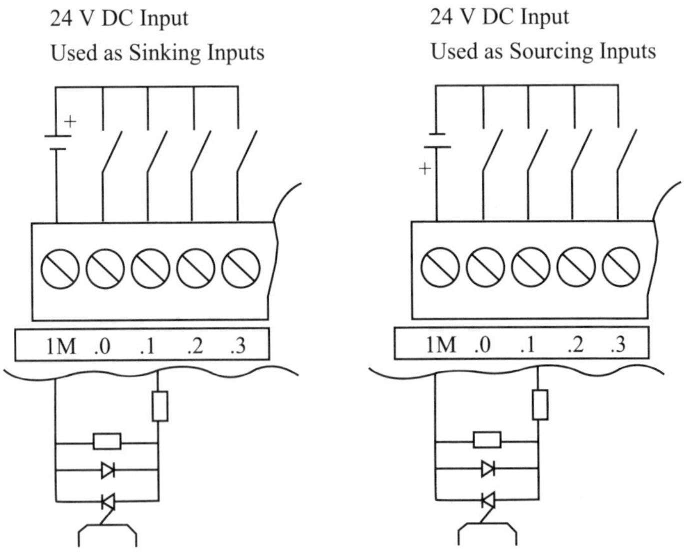 24 V DC Input Used as Sinking Inputs + 1M .0 .1 .2 .3 漏型输入接法 24 V DC Input Used as Sourcing Inputs + 1M .0 .1 .2 .3 源型输入接法 数字量的接线方法

续表

<table>
<tr><th>序号</th><th>功能</th><th>连接方法</th></tr>
<tr><td>2</td><td>数字量输出接线</td><td>继电器输出是一组共用一个公共端的干节点，可以接交流或直流，如图所示，电压等级最高到 220 V。例：可以接 24/110/220 V 交直流信号，但要保证一组输出接同样的电压（一组共用一个公共端，如 1L、2L）。对于弱小信号，如小于 5 V 的信号，需要自己验证其输出的可靠性。继电器输出点接直流电源时，公共端接正或负都可以 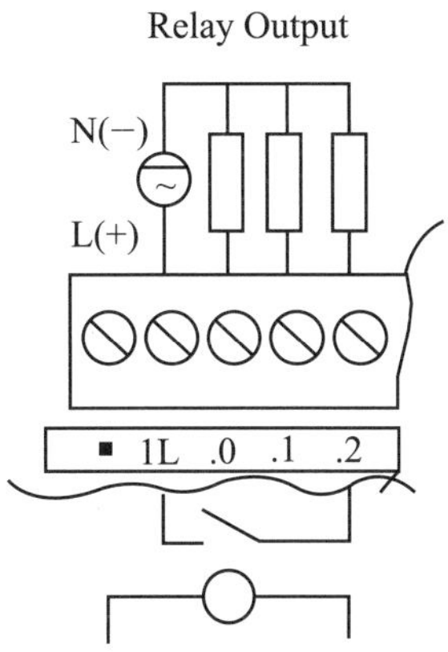
Relay Output
N(−)
L(+)
1L .0 .1 .2
继电器输出</td></tr>
<tr><td>3</td><td>CPU 224 XP
本体集成的
模拟量 I/O 接线</td><td>如图所示，A+和 B+都可以接±10 V 信号，它们分别与相邻的公共端 M 构成了两路模拟量输入端，其模拟量输出电流型负载接在 I 和 M 端子之间，电压型负载接在 V 和 M 端子之间。 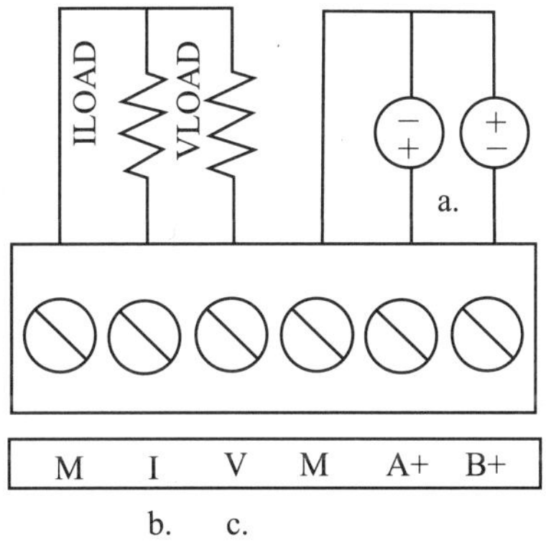
ILOAD VLOAD
a.
M I V M A+ B+
b. c.
集成模拟量 I/O 接线</td></tr>
</table>

4. S7 - 200 PID 的使用

（1）基本介绍。

S7 - 200 能够进行 PID 控制。S7 - 200 CPU 最多可以支持 8 个 PID 控制回路（8 个 PID 指令功能块）。PID 是闭环控制系统的比例-积分-微分控制算法。PID 控制器根据设定值（给定）与被控对象的实际值（反馈）的差值，按照 PID 算法计算出控制器的输出量，控制执行机构去影响被控对象的变化。PID 控制是负反馈闭环控制，能够抑制系统闭环内的各种因素所引起的扰动，使反馈跟随给定值变化。根据具体项目的控制要求，在实际应用中有可能用到其中的一部分，比如常用的是 PI（比例-积分）控制，这时没有微分控制部分。由闭环系统的原理可知，P 是比例（Proportion），I 是积分（Integral），D 是微分（Differential）。在管道压力闭环系统中，输入设定值为期望管道压力，反馈信号为压力变送器测量到的管道压力，由 PID 原理可知，误差＝输入设定值－反馈测量值，同时管道压力越高，反馈信号就越大。

P、I、D 各自的含义及控制规律见表 3-7。

表 3-7 PID 控制规律

序号	含义	控制规律
1	比例 P	比例项部分，就是对预设值和反馈值之间的差值进行放大。比例 P 越大，调节灵敏度就越高。从而，加大 P 值可以减少从非稳态到稳态的时间，但是同时也可能造成被控量在预设值附近振荡的情形，所以又引入积分 I 解决此问题
2	积分 I	积分项部分，就是对预设值和反馈值之间的差值在时间上进行累加。积分项的调节存在明显的滞后。而且 I 值越大，滞后效果就越明显
3	微分 D	微分项部分，就是偏差的变化率，也就是前后两次差值的差。也就是说，微分项是根据差值变化的速率，提前给出一个相应的调节动作。可见微分项的调节是超前的。并且 D 值越大，超前作用就越明显。其可以在一定程度上缓冲振荡。比例项的作用仅是放大误差的幅值，而目前需要增加的是“微分项”，它能预测误差变化的趋势，这样，具有比例＋微分的控制器，就能够提前使抑制误差的控制作用等于零，甚至为负值，从而避免了被控量的严重超调

（2）参数调整一般规则。

由各个参数的控制规律可知，比例 P 使反应变快，微分 D 使反应提前，积分 I 使反应滞后。在一定范围内，P、D 值越大，调节的效果就越好。各个参数的调节原则如下。

在输出不振荡时，增大比例增益 P；

在输出不振荡时，减小积分时间常数 Ti；

在输出不振荡时，增大微分时间常数 Td。

（3）如何使用 S7-200 CPU 的 PID 控制。

由于 PID 可以控制温度、压力等许多对象，它们各自都是由工程量表示，因此有一种通用的数据表示方法才能被 PID 功能块识别。S7-200 中的 PID 功能使用占调节范围的百分比的方法抽象地表示被控对象的数值大小。在实际工程中，这个调节范围往往被认为与被控对象（反馈）的测量范围（量程）一致。PID 功能块只接受 0.0～1.0 之间的实数（实际上就是百分比）作为反馈、给定与控制输出的有效数值，如果是直接使用 PID 功能块编程，必须保证数据在这个范围之内，否则会出错。其他如增益、采样时间、积分时间、微分时间等都是实数。因此，必须把外围实际的物理量与 PID 功能块需要的（或者输出的）数据之间进行转换。这就是所谓输入/输出的转换与标准化处理，《S7-200 系统手册》上有详细的介绍。S7-200 的编程软件 Micro/Win 提供了 PID 指令向导，可以方便地完成这些转换/标准化处理。除此之外，PID 指令也同时会被自动调用。

（4）调试 PID 控制器。

PID 控制的效果就是看反馈（也就是控制对象）是否跟随设定值（给定），是否响应快速、稳定，是否能够抑制闭环中的各种扰动而恢复稳定。要衡量 PID 参数是否合适，必须能够连续观察反馈针对给定变化的响应曲线；而实际上 PID 的参数也是通过观察反馈波形而调试的，可以在 PC 机组态软件上的趋势曲线进行调试。新版编程软件 STEP 7 - Micro/Win V4.0 内置了一个 PID 调试控制面板工具，其具有图形化的给定、反馈、调节器输出波形显示，可以用于手动调试 PID 参数。对于没有“自整定 PID”功能的老版 CPU，也能实现 PID 手动调节。PID 参数的取值以及它们之间的配合，对 PID 控制是否稳定具有重要的意义。PID 主要参数见表 3 - 8。

表 3 - 8　PID 参数

序号	参数	含　义
1	采样时间	计算机必须按照一定的时间间隔对反馈进行采样，才能进行 PID 控制的计算。采样时间就是对反馈进行采样的间隔。短于采样时间间隔的信号变化是不能被测量到的。过短的采样时间没有必要，过长的采样时间显然不能满足扰动变化比较快或者速度响应要求高的场合，编程时指定的 PID 控制器采样时间必须与实际的采样时间相一致。S7 - 200 中 PID 的采样时间精度用定时中断来保证
2	增益	Gain，放大系数，比例增益与偏差（给定与反馈的差值）的乘积作为控制器输出中的比例部分。过大的增益会造成反馈的振荡常数
3	积分时间	Integral Time，偏差值恒定时，积分时间决定了控制器输出的变化速率。积分时间越短，偏差得到的修正就越快。过短的积分时间有可能造成不稳定。积分时间的长度相当于在阶跃给定下，增益为“1”的时候，输出的变化量与偏差值相等所需要的时间，也就是输出变化到 2 倍于初始阶跃偏差的时间。如果将积分时间设为最大值，则相当于没有积分作用
4	微分时间	Derivative Tim，偏差值发生改变时，微分作用将增加一个尖峰到输出中并随着时间的流逝而减小。微分时间越长，输出的变化就越大。微分使控制对扰动的敏感度增加，也就是偏差的变化率越大，微分控制作用就越强。微分相当于对反馈变化趋势的预测性调整。如果将微分时间设置为 0 就不起作用，控制器将作为 PI 调节器工作

（四）力控组态软件

力控组态软件是对现场生产数据进行采集与过程控制的专用软件，其最大的特点是能以灵活多样的“组态方式”而不是编程方式来进行系统集成，它提供了良好的用户开发界面和简捷的工程实现方法，只要将其预设置的各种软件模块进行简单的“组态”，便可以非常容易地实现和完成监控层的各项功能。软件基本的程序及组件包括：工程管理器、人机界面 VIEW、实时数据库 DB、驱动程序 I/O、控制策略生成器以及各种数据服务及扩展组件等，其中实时数据库是系统的核心。力控组态软件结构如图 3 - 22 所示。

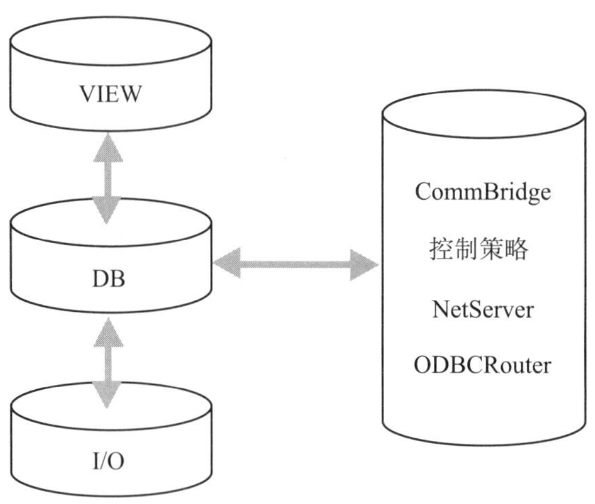

图 3-22　力控组态软件结构图

（五）传感器

传感器是一种检测装置，能感受到被测量的信息，并能将感受到的信息，按一定的规律变换成为电信号或其他所需形式的信息输出，以满足信息的传输、处理、存储、显示、记录和控制等要求。

给排水监控系统中常用到压力传感器、温度传感器、浮球式液位计、脉冲式水表等，如图 3-23～图 3-26 所示。

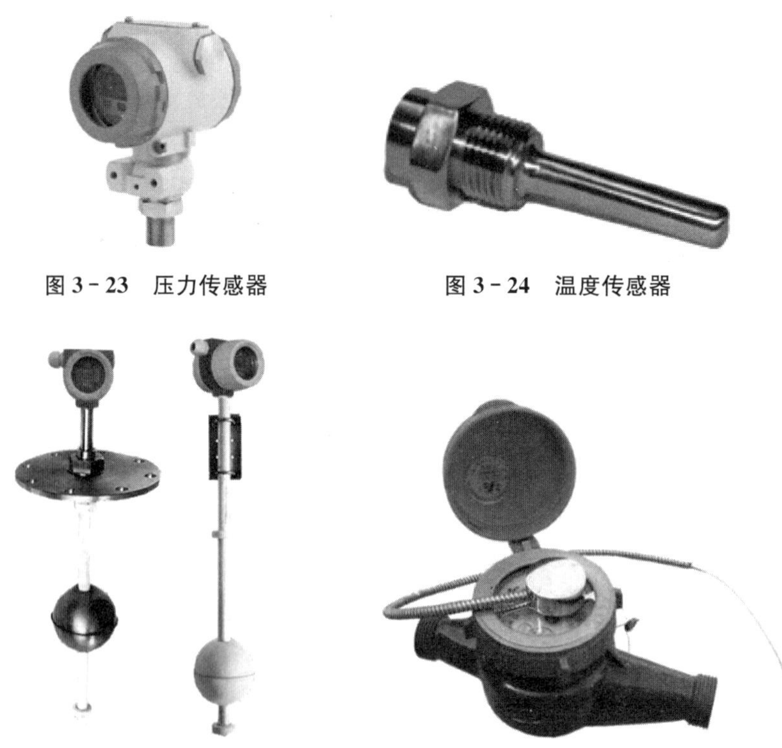

图 3-23　压力传感器

图 3-24　温度传感器

图 3-25　浮球式液位计

图 3-26　脉冲式水表

三、给排水监控系统的操作

（一）安装设备

1. 安全注意事项

（1）在每次通电操作前一定要先手动运行，观看系统是否正常，确保喷淋泵和两台生活泵在工频状态下都是正方向运转，然后再投入自动运行。自动监控时请先设置一个小的设定压力（设定压力要小于一台水泵工频运行时提供的压力，如 20 kPa）使第一台水泵变频启动，启动后马上停止运行程序，观察水泵转向，确保在变频监控的状态下，水泵的运转方向也是正方向运转。

（2）为保证人身安全，必须将该装置的接地端可靠接地。

（3）操作人员在进入工位操作前必须要穿好绝缘胶鞋，在进行系统通电操作时必须要同时穿带绝缘胶鞋和绝缘手套。

2. 设计设备端口定义

根据系统监控功能要求设计端口定义表，见表 3－9。

表 3－9　给排水监控系统监控功能端口定义表

THPWSD－1 型给排水设备端子排编号					
上端子排			下端子排		
序号	号码管	备注	序号	号码管	备注
1	24V	液位下限 24V	1	001	主电源火线
2	YWD	液位下限	2	002	主电源火线
3	24V	液位上限 24V	3	003	主电源火线
4	YWZ	液位上限	4	000	零线
5	24V	液位报警 24V	5	—	未接线
6	YWG	液位报警	6	—	未接线
7	24V	压力变送器 24V	7	—	未接线
8	YL-	压力变送器	8	—	未接线
9	24V	压力开关 24V	9	031	喷淋泵火线
10	YLK	压力开关	10	032	喷淋泵火线
11	24V	水表 24V	11	033	喷淋泵火线
12	SB1	水表	12	131	生活泵 1 火线
13	24V	信号碟阀 24V	13	132	生活泵 1 火线
14	XHD1	信号碟阀	14	133	生活泵 1 火线
15	24V	水流指示器 24V	15	231	生活泵 2 火线
16	SL1	水流指示器	16	232	生活泵 2 火线
17	24V	门铝面板输入 24V	17	233	生活泵 2 火线
18	L-SD	手动控制指示灯	18	321	锅炉火线
19	L-ZD	自动控制指示灯	19	322	锅炉火线
20	L-PL	喷淋运行指示灯	20	323	锅炉火线
21	L-SH1	生活泵 1 运行指示灯	21	000	锅炉零线

续表

<table>
<tr><th colspan="6">THPWSD－1 型给排水设备端子排编号</th></tr>
<tr><th colspan="3">上端子排</th><th colspan="3">下端子排</th></tr>
<tr><th>序号</th><th>号码管</th><th>备注</th><th>序号</th><th>号码管</th><th>备注</th></tr>
<tr><td>22</td><td>L-SH2</td><td>生活泵 2 运行指示灯</td><td>22</td><td>422</td><td>排水泵火线</td></tr>
<tr><td>23</td><td>L-PS</td><td>排水泵运行指示灯</td><td>23</td><td>100</td><td>排水泵零线</td></tr>
<tr><td>24</td><td>L-GL</td><td>锅炉运行指示灯</td><td>24</td><td>012</td><td>射灯火线</td></tr>
<tr><td>25</td><td>DC24V</td><td>自动信号输出 DC 24V</td><td>25</td><td>000</td><td>射灯零线</td></tr>
<tr><td>26</td><td>S-PL</td><td>喷淋旋钮</td><td colspan="3" rowspan="15">注：上端子排上方为进线，下方为出线；
下端子排上方为出线下方为进线</td></tr>
<tr><td>27</td><td>S-SH1</td><td>生活泵 1 旋钮</td></tr>
<tr><td>28</td><td>S-SH2</td><td>生活泵 2 旋钮</td></tr>
<tr><td>29</td><td>S-PS</td><td>排水泵旋钮</td></tr>
<tr><td>30</td><td>S-GL</td><td>锅炉旋钮</td></tr>
<tr><td>31</td><td>X1</td><td>手自动状态</td></tr>
<tr><td>32</td><td>COM</td><td>无进线</td></tr>
<tr><td>33</td><td>24V</td><td>门铝面板输入 24V</td></tr>
<tr><td>34</td><td>24V</td><td>无进线</td></tr>
<tr><td>35</td><td>24V</td><td>无进线</td></tr>
<tr><td>36</td><td>24V</td><td>无进线</td></tr>
<tr><td>37</td><td>COM</td><td>门铝面板灯/开关 COM</td></tr>
<tr><td>38</td><td>COM</td><td>触摸屏电源 COM</td></tr>
<tr><td>39</td><td>COM</td><td>无进线</td></tr>
<tr><td>40</td><td>COM</td><td>无进线</td></tr>
</table>

3. 设计各电气系统的自动监控功能要求

（1）水表抄表系统要求：

能使用 PLC 的 I 0.6 输入端通过水表计量生活给水冷水管道的用水量。

（2）消防喷淋灭火监控系统要求：

能通过面板上的旋钮开关实现喷淋泵的手动/自动切换和手动启停控制，且水泵正转；

能通过 PLC 的 I 0.4 输入端检测喷淋泵的运行状态；

能通过 PLC 的 I 0.7、I 1.4 和 I 1.5 输入端分别检测信号蝶阀、水流指示器和压力开关的工作状态；

自动状态下能通过 PLC 的 Q 0.4 输出端实现喷淋泵的启停控制；

喷淋泵控制要有热过载保护。

（3）生活给水变频监控系统要求：

能通过面板上的旋钮开关实现两台生活水泵的手动/自动切换和手动启停控制，且水泵正转；

每台水泵都要有变频和工频两种工作状态，变频和工频之间要有电气互锁，变频器能通过切换电路实现两台水泵的变频切换控制，两台水泵的变频工作状态之间也要求有电气互锁。

能通过 PLC 的 I 0.5、I 0.3、I 0.2、I 0.1 和 I 0.0 输入端分别检测手动/自动的状态、生活泵 1 变频、生活泵 1 工频、生活泵 2 变频和生活泵 2 工频的工作状态；

能使用 PLC 的模拟量输入端通过压力变送器检测总管的工作压力；

自动状态下能使用 PLC 的 Q 0.3、Q 0.2、Q 0.1、Q 0.0 四路端口分别实现生活泵 1 变频、生活泵 1 工频、生活泵 2 变频和生活泵 2 工频的变频和工频切换控制，水泵在变频控制下也是正转；

两台生活泵控制都要有热过载保护。

4. 绘制电气原理图

绘制水表抄表系统、消防喷淋灭火监控系统和生活给水变频监控系统的电气原理图。

5. 变频器的安装

如图 3－27 所示，在卸下盖板以后，就可以在 MM420 变频器的电源接线端子和电动机的接线端子上拆卸和连接导线了。

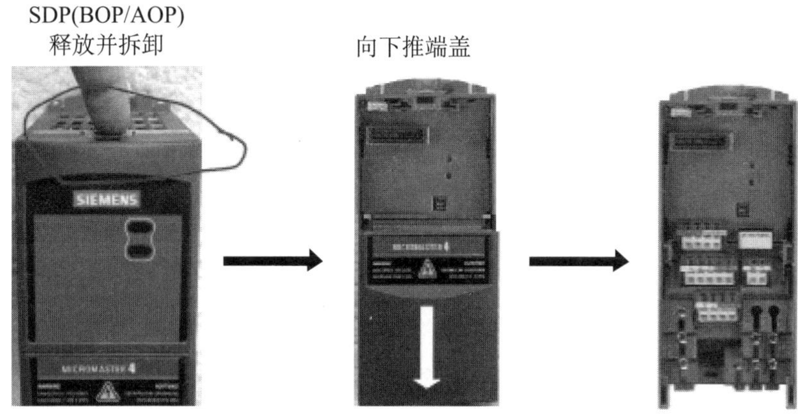

图 3－27　盖板的拆卸

如图 3－28 所示，系统中变频器为外部给定模式，模拟输入通过 3、4 端子输入，其中 3 号端子为正端，4 号端子为负端。另外，将端子 5 和端子 8 进行短接，通过参数设置，使其处于外部模拟量给定工作模式。

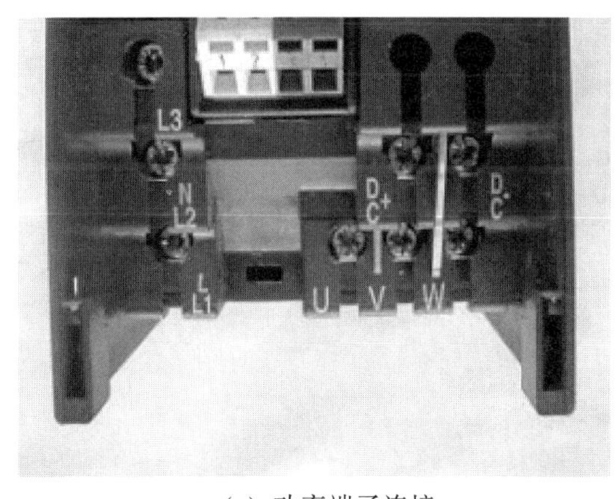

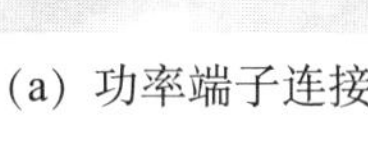
(a) 功率端子连接

(b) 控制端子连接

图 3－28　变频器接线示意图

6. PLC 控制器安装

PLC 控制器接线如图 3－29 所示。

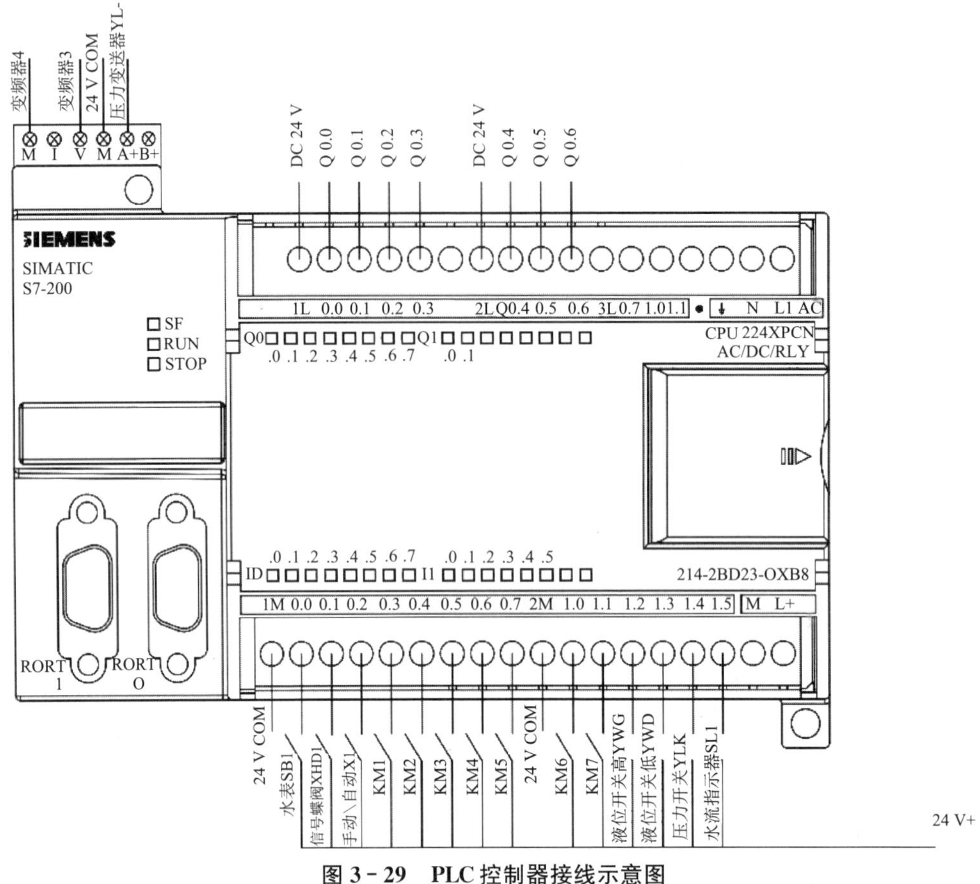

图 3-29 PLC 控制器接线示意图

7. 触摸屏安装

触摸屏的工作电源为 DC 24 V，下载电缆采用 PC/PPI 电缆。

（三）系统线路连接

按电气原理图连接生活给水变频监控、热水供应、自动喷淋灭火监控系统的接线。

（1）主回路接线。

（2）220 V 控制回路接线，如图 3-30 所示。

（3）24 V 控制回路接线，如图 3-31 所示。

（4）控制柜总接线图，如图 3-32 所示。

（5）检查安装完成的系统。

（6）通电检查。

（三）设备调试

1. PLC 调试

（1）PLC 工作模式操作方法。

S7-200 系列 CPU 有停止模式和运行模式。CPU 前面板上的 LED 显示了当前的工作模式。在停止模式下，S7-200 不执行程序，用户可以下载程序、数据或进行 CPU 系统设置；在运行模式下，S7-200 运行程序。改变 S7-200 CPU 的工作模式有以下几种方法，见表 3-10。

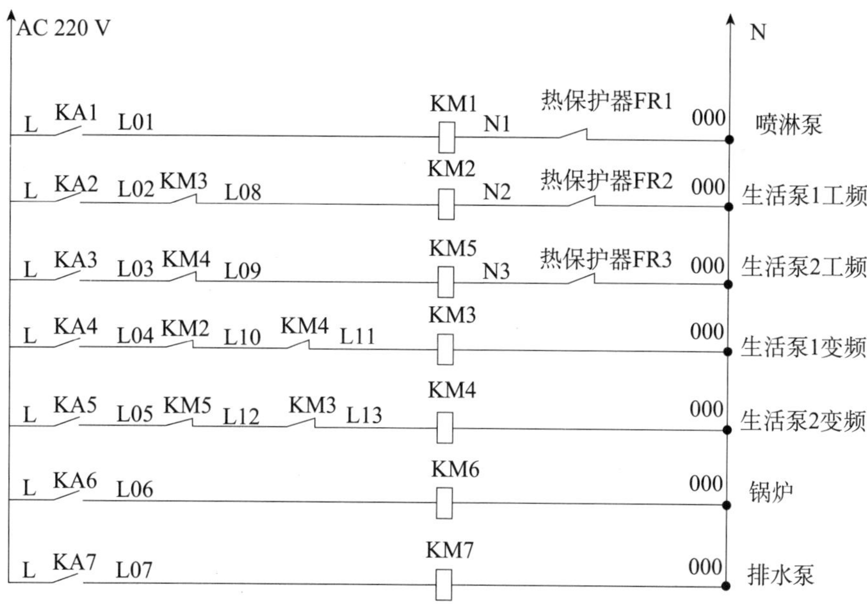

图 3-30　220 V 控制回路接线图

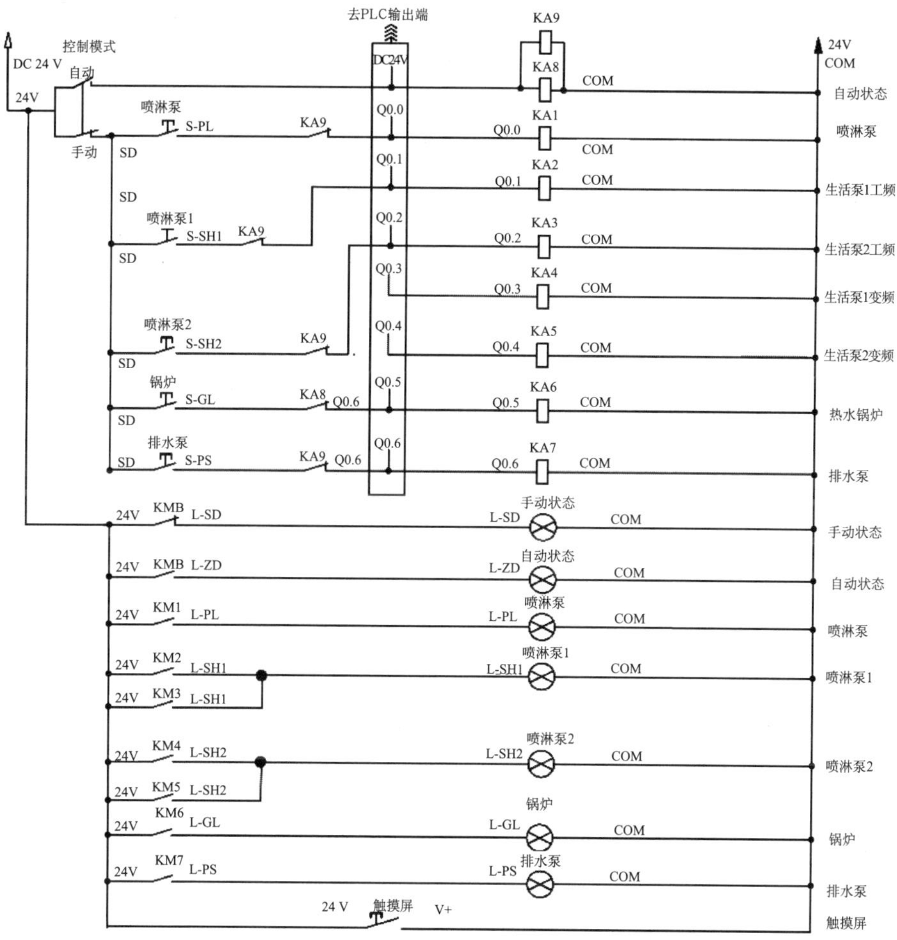

图 3-31　24 V 控制回路接线图

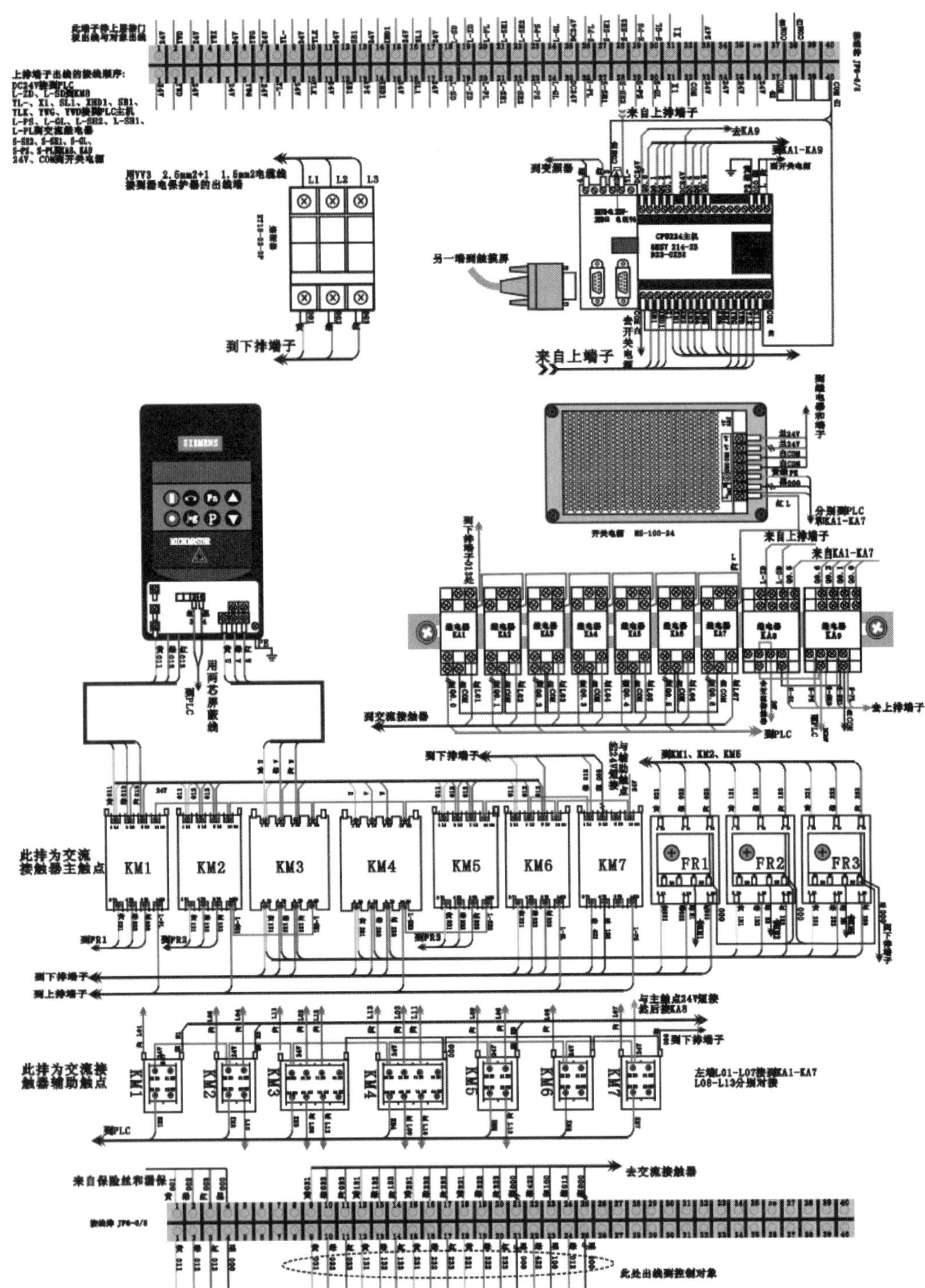

图 3-32　控制柜总接线图

表 3-10　PLC 工作模式操作方法

序号	操　作
1	使用 S7-200 上的模式选择开关：拨到“RUN”位置，CPU 运行；拨到“STOP”位置，CPU 停止。如果需要 CPU 在上电时自动运行，模式选择开关必须在“RUN”位置
2	CPU 的模式选择开关在“RUN”位置时，可以使用 STEP-Micro/Win32 编程软件控制 CPU 的运行和停止。在程序中插入“STOP”指令，可以在条件满足时将 CPU 设置为停止模式

（2）PLC 工作过程及方式。

PLC 工作过程：用户程序通过计算机或编程器下载到 PLC 存储器中，当 PLC 开始运行时，CPU 根据系统监控程序的规定顺序，通过扫描完成各输入点状态数据的采集、各输出点状态的更新、编程器键入响应、显示器更新及 CPU 自检等工作。PLC 采用集中采样、集中输出的工作方式。

（3）程序编译。

S7-200 CPU 提供许多类型的指令，在 S7-200 CPU 中有两类基本指令：SIMATIC 和 IEC 1131-3。并且，基于计算机的 STEP-Micro/Win32 提供不同的编辑器选择，可以利用这些指令创建控制程序。S7-200 指令集和编辑器的组合见表 3-11，一般都采用梯形图编辑器。

表 3-11　S7-200 指令集和编辑器的组合

SIMATIC 指令集	IEC 1131-3 指令集
语句表（STL）编辑器	梯形图（LAD）编辑器
梯形图（LAD）编辑器	功能块图（FBD）编辑器
功能块图（FBD）编辑器	—

（4）PLC 调试步骤：

1）在断电状态下，连接好 PC/PPI 电缆。

2）打开 PLC 的前盖，将运行模式选择开关拨到“STOP”位置，此时 PLC 处于停止状态，或者用鼠标单击工具条的“STOP”按钮，可以进行程序编写。

3）在作为编程器的 PC 机上，运行 STEP-Miceo/Win32 编程软件。

4）用菜单命令“文件”→“新建”生成一个新项目，或者用菜单命令“文件”→“打开”打开一个已有的项目，或者用菜单命令“文件”→“另存为”修改项目的名称。

5）用菜单命令“PLC”→“类型”设置 PLC 的型号。

6）设置通信参数。

7）编写控制程序。用鼠标单击工具条中的“编译”按钮或“全部编译”按钮来编译输入的程序。下载程序文件到 PLC。将运行模式选择开关拨到“RUN”位置，或者用鼠标单击工具条的“RUN”按钮，将 PLC 进入运行方式。

2. 力控组态软件调试

（1）各种组件。

力控各种组件说明见表 3-12。

表 3-12 力控各种组件说明

序号	组件	说 明
1	工程管理器	工程管理器用于工程管理，包括用于创建、删除、备份、恢复、选择工程等
2	开发系统	开发系统是一个集成环境，可以完成创建工程画面，配置各种系统参数、脚本、动画，启动力控等其他程序组件等功能
3	界面运行系统	界面运行系统用来运行由开发系统创建的包括画面、脚本、动画连接等的工程，操作人员通过它来实现实时监控
4	DB 实时数据库	实时数据库是力控软件系统的数据处理核心，构建分布式应用系统的基础，它负责实时数据处理、历史数据存储、统计数据、报警处理、数据服务请求处理等
5	I/O 驱动程序	I/O 驱动程序负责力控与控制设备的通信，它将 I/O 设备寄存器中的数据读出后，传送到力控的实时数据库，最后界面运行系统会在画面上动态显示
6	网络通信程序（NetClient/NetServer）	网络通信程序采用 TCP/IP 通信协议，可利用 Intranet/Internet 实现不同网络节点上力控之间的数据通信，可以实现力控软件的高效率通信
7	远程通信服务程序（CommServer）	该通信程序支持串口、以太网、移动网络等多种通信方式，通过力控在两台计算机之间实现通信，使用 RS-232C 接口，可实现一对一（1∶1 方式）的通信；如果使用 RS-485 总线，还可实现一对多台计算机（1∶*N* 方式）的通信，同时也可以通过电台、Modem、移动网络的方式进行通信
8	Web 服务器程序	Web 服务器程序可为处在世界各地的远程用户实现在台式机或便携机上用标准浏览器实时监控现场生产过程
9	控制策略生成器（StrategyBuilder）	控制策略生成器是面向控制的新一代软逻辑自动化控制软件，采用符合 IEC61131-3 标准的图形化编程方式，提供包括：变量、数学运算、逻辑功能、程序控制、常规功能、控制回路、数字点处理等在内的十几类基本运算块，内置常规 PID、比值控制、开关控制、斜坡控制等丰富的控制算法，同时提供开放的算法接口，可以嵌入用户自己的控制程序，控制策略生成器可以与力控的其他程序组件无缝连接

（2）工程管理。

在建立一个新工程时，首先通过力控的“工程管理器”指定工程的名称和工作的路径，不同的工程一定要放在不同的路径下。具体操作见表 3-13。

表 3-13 工程管理操作程序

序号	功能	操 作
1	进入工程管理	开始→所有程序→力控 eforcecon sd v2.0→力控 eforcecon sd v2.0，启动力控的“工程管理器”，如图所示。

续表

序号	功能	操　作
1	进入工程管理	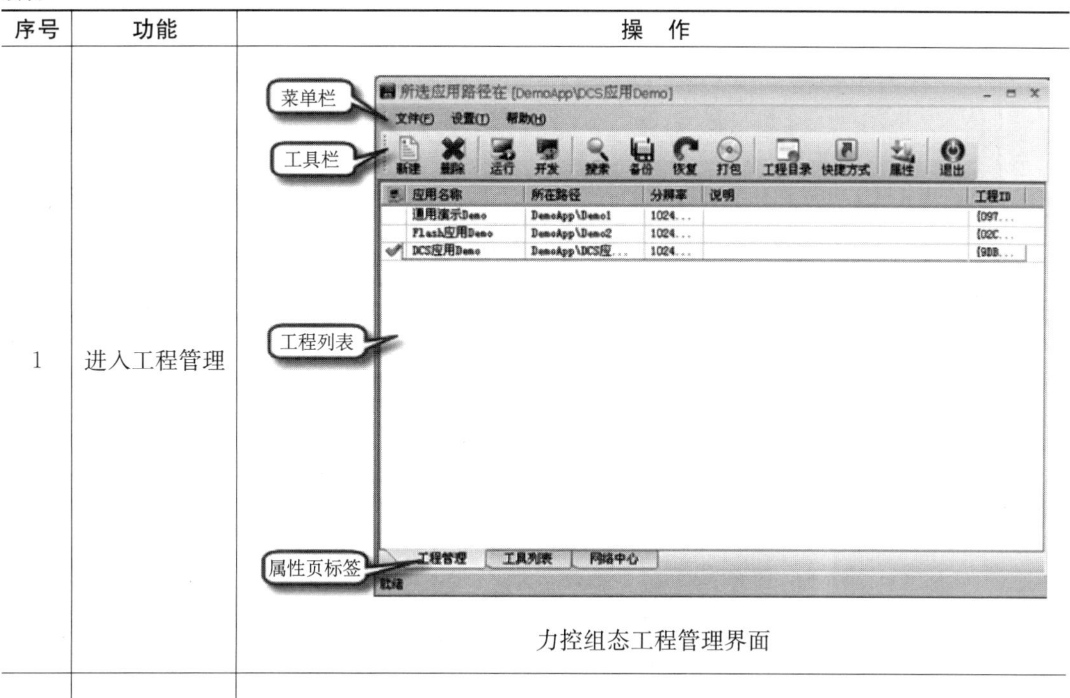 力控组态工程管理界面
2	新建工程应用	新添加一个工程应用： 1. 点击工具栏上的“新建”按钮，出现对话框，如图所示。 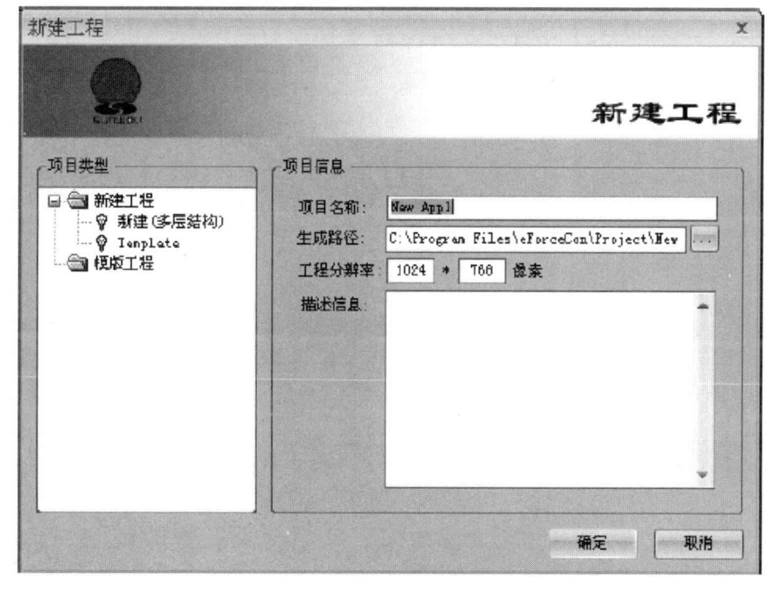 工程应用新建页面 2. 项目类型：包括新建工程和模板工程。新建工程是未经过任何处理的空白工程，需要用户自己从头开发。模板工程已经对工程做了相应的优化，用户可以在生成的模板工程上进行修改、添加后得到自己的工程，从而缩短开发工期。

续表

序号	功能	操　作
2	新建工程应用	3. 项目名称：新建工程的名称。 4. 生成路径：新建工程的路径，默认路径 C：/ProgramFiles/Eforcecon/Project（可以修改）。 5. 描述信息：对新建工程的描述文字。 6. 单击“确定”按钮，此时在工程管理器中可以看到添加了一个名为“New Appl”的工程（可以修改）。 7. 然后再单击“开发系统”按钮，进入力控的组态开发界面
3	工具列表	单击工程管理器窗口上的属性页标签“工具列表”，切换到“工具列表”属性页窗口，如图所示： 工具列表界面 该窗口列出了力控监控组态软件的常用工具，包括：版本检测工具、注册授权工具、加密锁驱动安装、钩子程序安装、加密锁检测工具等

（3）工程组态。

在项目应用中，常常需要将硬件设备上的数据采集到上位机，在上位机对数据进行处理，如绘制曲线、形成报表等，通常我们把这些硬件设备称为数据提供者，数据提供者主要包括：PLC、UPS、变频器、智能仪表、智能模块、板卡、DDEServer、OPCServer 等，这些设备一般通过串口或以太网与上位机交换数据。在力控中，把需要与力控组态软件交换数据的设备或者程序都称为物理 I/O 设备，每个物理 I/O 设备都有其遵循的通信协议，力控根据这些设备的通信协议定制出相应的 I/O 驱动程序，要采集数据须根据设备型号选择正确的 I/O 驱动程序在力控中定义一个逻辑 I/O 设备并使其与物理 I/O 设备对应，力控才能通过数据库变量和这些物理 I/O 设备进行数据交换。工程组态操作说明见表 3-14。

表 3-14　工程组态操作说明

<table>
<tr><th>序号</th><th>操　作</th></tr>
<tr><td>1</td><td>打开开发环境 Draw 的工程项目导航栏如图所示：

开发环境工程栏界面</td></tr>
<tr><td>2</td><td>双击“I/O 设备组态”项出现如下对话框，在展开项目中选择“力控”项并双击使其展开，然后继续选择“仿真驱动”并双击使其展开后，选择项目“Simulator（仿真）”，如图所示：
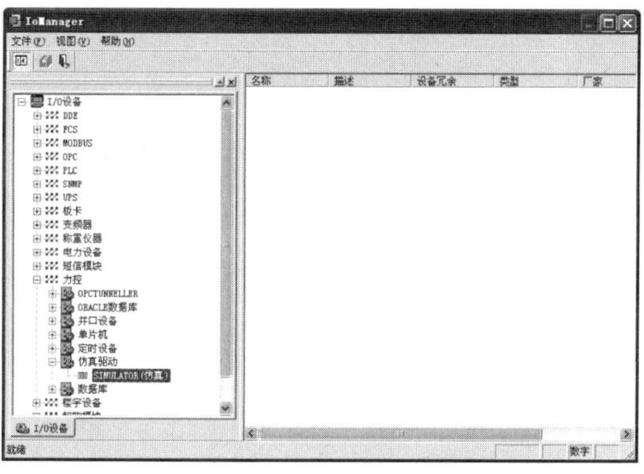

仿真驱动界面</td></tr>
<tr><td>3</td><td>双击“Simulator（仿真）”出现如图所示的“设备配置-第一步”对话框，在“设备名称”输入框内键入一个自定义的名称，这里输入“dev”（大小写都可以）。接下来要设置 dev 的采集参数，即“数据更新周期”和“超时时间”。在“数据更新周期”输入框内键入“1000”毫秒
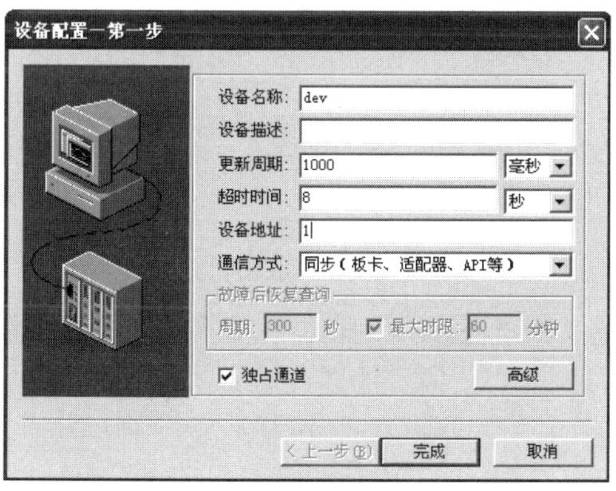

设备配置界面</td></tr>
</table>

续表

<table>
<tr><th>序号</th><th>操　作</th></tr>
<tr><td>3</td><td>注意事项：一个 I/O 驱动程序可以连接多个同类型的 I/O 设备。每个 I/O 设备中有很多数据项可以与监控系统建立连接，如果对同一个 I/O 设备中的数据要求不同采集周期，也可以为同一个地址的 I/O 设备定义多个不同的设备名称，使其具有不同的采集周期</td></tr>
<tr><td>4</td><td>创建数据库点的步骤如下。
1. 在工程项目导航栏中双击“数据库组态”启动组态程序 DBMANAGER（如果没有看到导航栏窗口，激活 Draw 菜单命令“查看/工程项目导航栏”）。
2. 启动 DBManager 后出现 DBManager 主窗口。
3. 单击菜单条的“点”选项选择新建或双击单元格，出现“请指定区域、点类型”向导对话框，如图所示：
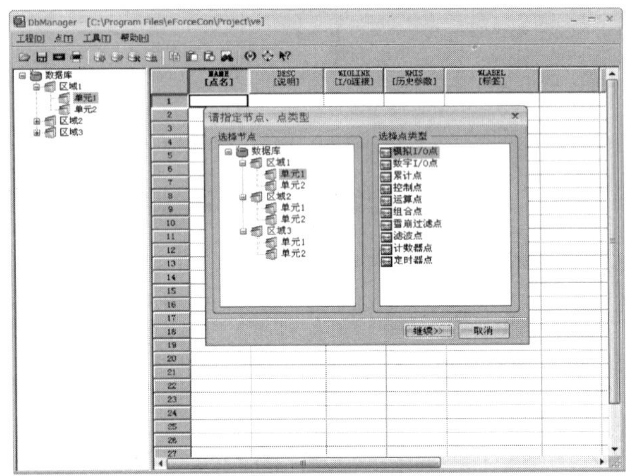
数据库组态界面</td></tr>
<tr><td>5</td><td>选择“模拟 I/O 点”，然后双击该点类型，出现如图所示的对话框，在“点名（NAME）”输入框内键入点名“AI1”。
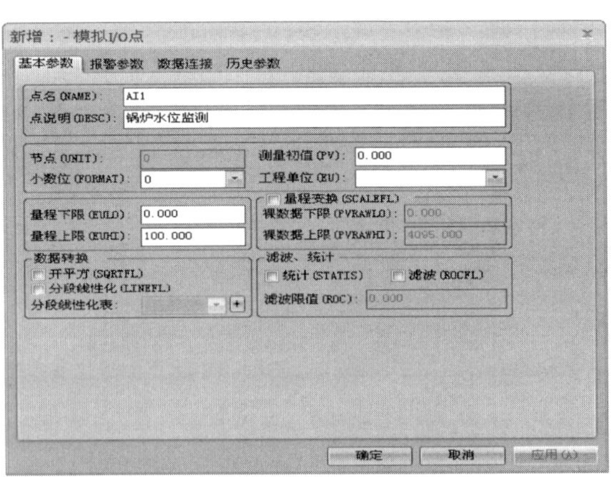

模拟输入点界面
其他参数如量程、报警参数等可以采用系统提供的缺省值。单击“确定”按钮返回，在点名单元格中增加了一个点名“AI1”</td></tr>
</table>

续表

<table>
<tr><th>序号</th><th>操　作</th></tr>
<tr><td>6</td><td>
创建数据连接项如下。
1. 在前面创建了一个名为“dev”的I/O设备，现在的问题是如何将已经创建的5个数据库点与dev设备中的数据项联系起来，以使这5个点的PV参数值能显示当前的数据值，这个过程就是建立数据连接项的过程。由于数据库可以与多个I/O设备进行数据交换，所以必须指定哪些点与哪个I/O的哪个数据项设备建立数据连接。
2. 双击数据库中点AI1的单元格，选择“数据连接”选项或双击AI1所对的“数据连接”选项，然后在“设备”里选择dev，单击“增加”按钮。见下图。

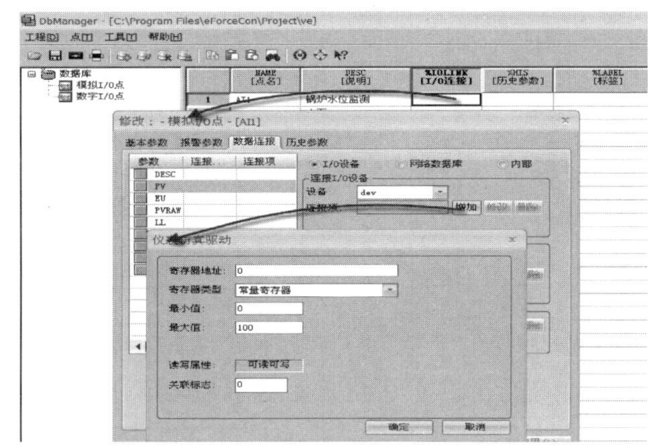

数据连接界面
寄存器地址：寄存器地址有唯一性，不能与其他同类型寄存器数据的地址重复。
最大值和最小值的设置根据水位信号的量程来设置，例子里水位的量程是0～100。
配置完以上数据就可以单击“确定”按钮完成设置
</td></tr>
</table>

注：其他具体操作见力控组态软件说明。

3. 变频器调试

变频器快速调试流程如图3-33所示。

本工作任务变频器参数设置如下：

P0003=2，P0004=0，P0010=1，P0100=0，P0304=380，P0305=1.5，P0307=0.37，P0310=50，P0311=2800，P0700=1（变频器运行时，按BOP面板上的启动键），P1000=2，P1080=0，P1082=50，P1120=10，P1121=10，P3900=1。

4. 给排水自动监控系统操作步骤

(1) 检查系统接线及各电气元件状态，检查管路及阀门状态。应将生活给水系统阀门全部打开。

(2) 将控制柜电源插入电源插座（三相四线，带接地线，电流20A以上）。打开控制柜上的空气开关，将系统置为手动状态，通过开关，启动生活给水水泵1和生活给水水泵2，观察水泵运转状态，确保水泵正转。观察管路情况，确保无漏水或异常情况，停止生活给水水泵1和生活给水水泵2，将系统置为自动状态。

(3) 打开计算机，用PC/PPI电缆将S7-200主机连接到计算机的串口上，打开S7-200编程软件（Micro/win），将程序下载到S7-200主机上并运行。

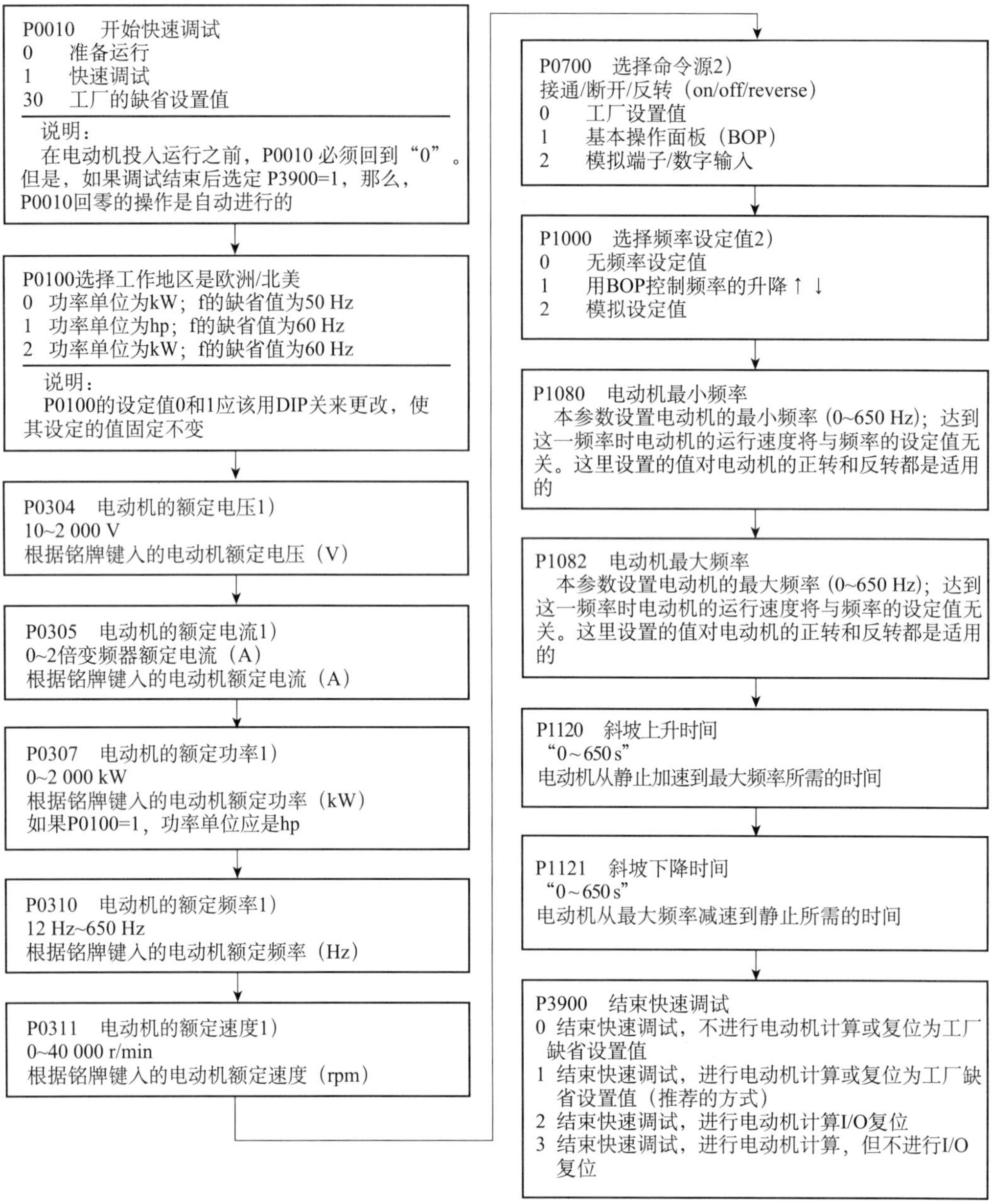

P0010 开始快速调试
0 准备运行
1 快速调试
30 工厂的缺省设置值

说明：
在电动机投入运行之前，P0010 必须回到“0”。但是，如果调试结束后选定 P3900=1，那么，P0010回零的操作是自动进行的

↓

P0100选择工作地区是欧洲/北美
0 功率单位为kW；f的缺省值为50 Hz
1 功率单位为hp；f的缺省值为60 Hz
2 功率单位为kW；f的缺省值为60 Hz

说明：
P0100的设定值0和1应该用DIP关来更改，使其设定的值固定不变

↓

P0304 电动机的额定电压1)
10~2 000 V
根据铭牌键入的电动机额定电压（V）

↓

P0305 电动机的额定电流1)
0~2倍变频器额定电流（A）
根据铭牌键入的电动机额定电流（A）

↓

P0307 电动机的额定功率1)
0~2 000 kW
根据铭牌键入的电动机额定功率（kW）
如果P0100=1，功率单位应是hp

↓

P0310 电动机的额定频率1)
12 Hz~650 Hz
根据铭牌键入的电动机额定频率（Hz）

↓

P0311 电动机的额定速度1)
0~40 000 r/min
根据铭牌键入的电动机额定速度（rpm）

↓

P0700 选择命令源2)
接通/断开/反转（on/off/reverse）
0 工厂设置值
1 基本操作面板（BOP）
2 模拟端子/数字输入

↓

P1000 选择频率设定值2)
0 无频率设定值
1 用BOP控制频率的升降↑↓
2 模拟设定值

↓

P1080 电动机最小频率
本参数设置电动机的最小频率（0~650 Hz）；达到这一频率时电动机的运行速度将与频率的设定值无关。这里设置的值对电动机的正转和反转都是适用的

↓

P1082 电动机最大频率
本参数设置电动机的最大频率（0~650 Hz）；达到这一频率时电动机的运行速度将与频率的设定值无关。这里设置的值对电动机的正转和反转都是适用的

↓

P1120 斜坡上升时间
“0~650 s”
电动机从静止加速到最大频率所需的时间

↓

P1121 斜坡下降时间
“0~650 s”
电动机从最大频率减速到静止所需的时间

↓

P3900 结束快速调试
0 结束快速调试，不进行电动机计算或复位为工厂缺省设置值
1 结束快速调试，进行电动机计算或复位为工厂缺省设置值（推荐的方式）
2 结束快速调试，进行电动机计算I/O复位
3 结束快速调试，进行电动机计算，但不进行I/O复位

图 3-33 西门子变频器快速调试流程图

（4）打开力控组态画面，运行组态工程，单击“进入监控”按钮，打开主界面，按照要求输入给水管道压力设定值、PID 参数（推荐参数，比例系数 1，积分时间 5 分钟，设定压力值 50～120 kPa），通过趋势窗口观测控制曲线。

（5）调节台盆出水阀门和沐浴阀门，观测控制曲线。观察水表数据的变化以及水表脉冲。

（6）打开触摸屏电源开关，按照触摸屏程序的下载说明下载触摸屏程序。调试触摸屏，观察触摸屏上的信号变化。

四、给排水监控系统的管理

1. 给排水监控系统运行检查

给排水监控系统运行检查项目见表 3－15。

表 3－15　给排水监控系统运行检查项目

序号	检查项目	周　期
1	给排水监控系统功能是否正常	每天一次
2	检查有无设备及软件异常	每天一次
3	进行变频恒压供水试验	每天一次
4	清洁控制主机及周边设备	每天一次
5	线缆、线管是否有破坏、裸露	每季度一次
6	传感器安装是否牢固	每季度一次
7	对所有压力变送器、信号蝶阀、水流指示器、压力开关、脉冲水表等进行一次实效模拟实验，有失效元件应及时更换	每半年一次
8	对电缆、接线盒、设备进行直观检查、清理尘埃	每半年一次

2. 给排水监控系统维修养护流程

给排水监控系统维修养护流程如图 3－34 所示。

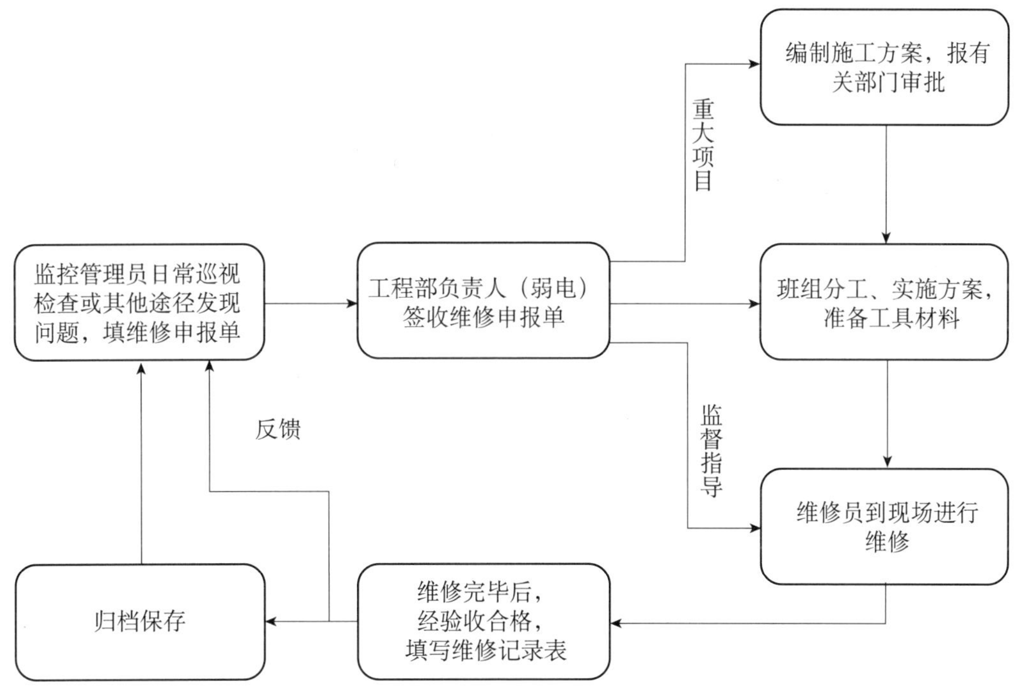

图 3－34　给排水监控系统维修养护流程

任务实施

1. 实施流程

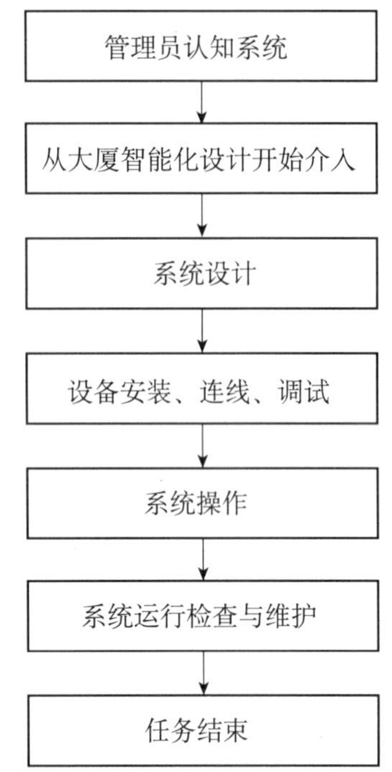

2. 实施步骤

（1）熟悉给排水自动监控系统及相关设备知识。

（2）按大厦给排水自动监控系统的需求，设计设备端口定义、各电气系统的自动监控功能要求。

（3）绘制水表抄表系统、消防喷淋灭火监控系统和生活给水变频监控系统的电气原理图。

（4）安装设备、系统线路连接及设备调试，填写调试记录。

（5）给排水自动监控系统操作，实现系统功能，做好运行记录。

（6）给排水自动监控系统的运行检查及维修养护，并做好相关记录。

任务四　楼宇设备自动化系统的常见故障及维修

任务导入

某物业公司接管了一座智能大厦，大厦的楼宇设备自动化系统包括空调、供配电、照明及给排水监控系统。物业公司工程部管理人员小赵要对系统进行维护，在维护过程中，发现有些设备经常出现故障，他应如何进行处理？

任务分析：

物业工程管理员小赵要了解系统的组成，掌握系统的管理标准，能够进行故障的分析与检修。

知识探究

一、楼宇设备自动化系统常见故障

（一）供配电监控系统常见故障

供配电监控系统常见故障分析见表3-16。

表3-16　供配电监控系统常见故障分析

故障现象	故障原因
无法监测电源供电情况	1. 电量变送器故障； 2. 监控软件故障
设备或部件故障	1. 线路或与设备相接的线路处理不好，产生断路、短路、线间绝缘不良、误接线； 2. 设备或部件本身的质量问题
系统不能正常工作	1. 设备（或部件）与设备（或部件）之间阻抗不匹配； 2. 通信接口或通信方式不对应； 3. 驱动能力不够或超出规定的设备连接数量
监控软件不能与设备进行通信	1. 线路故障； 2. 设备故障； 3. 软件通信设置不正确
软件不显示监测信息	软件故障

（二）给排水监控系统常见故障

给排水监控系统常见故障及维修方法见表3-17。

表3-17　给排水监控系统常见故障及维修

故障现象	故障原因	修理方法
电源不正确，系统不能正常工作	1. 供电线路或供电电压不正确、功率不够； 2. 供电系统的传输线路出现短路、断路、瞬间过压	检查系统的供电电压
设备或部件故障	1. 线路或与设备相接的线路处理不好，产生断路、短路、线间绝缘不良、误接线； 2. 设备或部件本身的质量问题	根据故障现象进行分析，判断在若干条线路中哪些线路的连接有问题

续表

故障现象	故障原因	修理方法
喷淋灭火系统不能正常工作	1. 主回路或控制回路接线错误； 2. 程序设计错误； 3. 相关器件工作失常	1. 检查接线； 2. 检查程序； 3. 更换器件
锅炉控制不能正常启停	1. 锅炉质量问题； 2. 程序设计错误； 3. 接线错误	1. 检查接线； 2. 检查程序； 3. 更换器件
变频恒压供水系统不能正常工作	1. 接线错误； 2. 程序设计错误； 3. 器件损坏	1. 检查接线； 2. 检查程序； 3. 更换器件
组态监控系统不能正常工作	程序设计错误	重新检查和设计程序

二、楼宇自动化控制系统运行管理

（1）楼宇自动化中控室管理人员负责监视设备的 24 小时运行操作、监控、记录。

（2）当故障发生时，及时通知弱电工进行维修。

（3）将每班运行情况记录于值班记录表。

（4）每日对中控室设备外表及环境进行清洁，保持设备无积尘、水渍、油渍，中控室环境整洁、明亮。

（5）弱电工每日对楼宇自动化控制系统设备运行情况进行检查。

（6）按照《楼宇自动化控制系统设备检查保养计划表》的要求，按时进行系统设备的维修保养并填写《设备检查保养记录表》。

（7）非值班人员严禁操作。

（8）各控制柜、显示屏、信号灯、控制线路等动作应始终处于良好状态，各类操作按钮手柄应在自动位置。

任务实施

1. 设备维修工作流程

（1）故障发生后，弱电主管应根据故障现象决定处理工作步骤。

（2）维修人员应做好检修前的准备工作，其中包括：工具、专用工具、仪器仪表、照明灯具、材料、专业协调工作等。

（3）弱电主管派人到现场进行控制，包括：设置现场照明、清理障碍物、断开故障设备电源、保证非故障设备正常运行、安全施工等。

（4）根据现场设备故障情况判断故障类型，采取相应的处理方法。

（5）根据设备故障类型、程度判断能否通过更换备件、备品自行处理及时排除故障。

（6）如果不能自行处理，由弱电主管及时报告工程部经理，由工程部经理请示上级领导后，及时联系专业厂家或维保单位到现场进行修理，设备检修过程由弱电主管进行监督、检查并确认。

（7）设备故障排除后，必须对该设备进行运行测试，以保证故障处理后的设备能够正常使用。

（8）经测试设备正常，恢复其正常运行状态，清理现场的施工废料、工具仪器，人员撤离现场。

（9）弱电主管填写检修记录或表格，检修记录或表格应建档留存。

（10）检修工作流程如下：

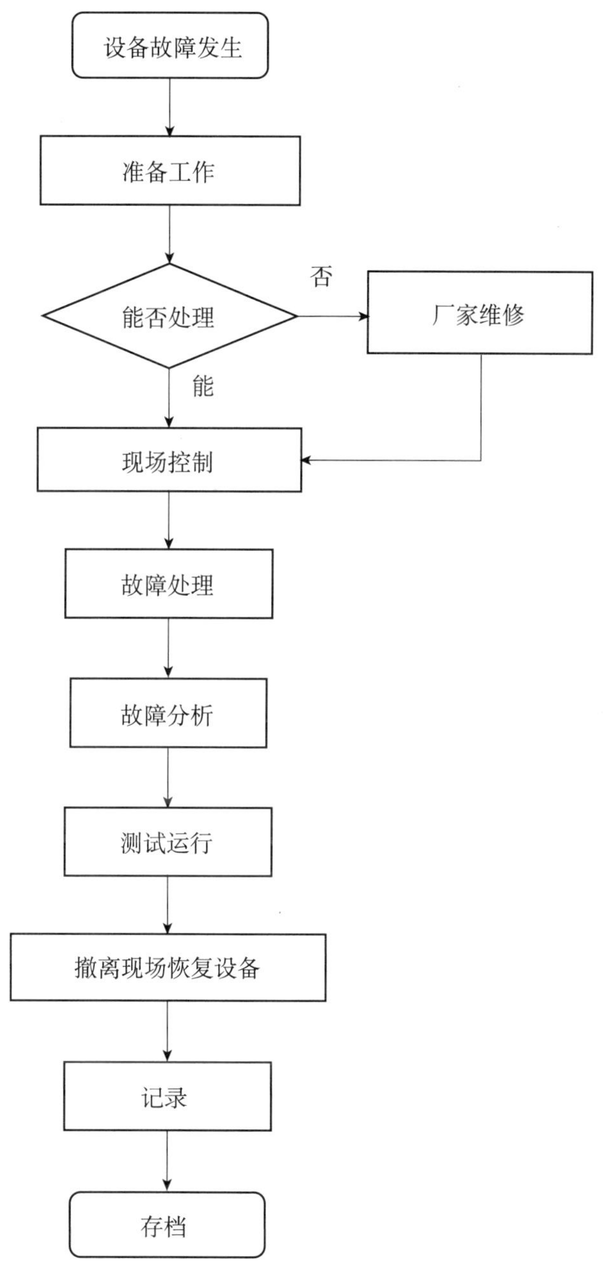

2. 巡视检查需填写的表格（见表 3－18）

表 3－18　巡视检查记录单

巡视检查内容	系统启动	系统正常运行	故障报修	检查人

单位：　　　　　　　　　　　　年　　月　　日

3. 发现故障，进行故障报修，填写报修单（见表 3－19）

表 3－19　楼宇自动控制系统故障报修单

故障报修单
部位：
内容
报告班组：　　　　报告人： 时间：　年　月　日
接收报告人及时间：

4. 维修

分析故障产生原因，进行故障维修。

5. **填写设备维修记录单（见表 3－20）**

表 3－20　楼宇自动控制系统维修记录单

设备名称	设备编号	开始时间	结束时间	维修人员
设备故障原因：				
维修处理（外委、自修）：				
维修过程及安全措施： 维修人： 维修班长：				
维修检定结论（含技术参数功能）： 检定人：　　时间：　年　月　日				
备注：				

项目小结

本项目主要介绍了楼宇设备自动控制系统中的空调监控系统、变配电及照明监控系统、给排水监控系统三个子系统的维护与管理以及楼宇设备自动控制系统的常见故障及处理方法。通过本项目的学习，学生掌握了楼宇设备自动控制系统各子系统的基本组成、管理方法及标准，并对系统故障处理有了一定认识，为今后的工作打下了基础。

实训练习

一、理论题

1. 空调监控系统由哪几部分组成？
2. 试描述入侵报警系统中各个探测器的工作原理及报警主机的基本功能。
3. 如何对新风机空调机组进行启停控制？
4. 空调监控系统的维护管理要求有哪些？
5. 变配电监控系统的监控要求有哪些？
6. 照明监控系统的组成有哪些？
7. 给排水监控系统监控哪些部位？

8. 变配电监控系统常见故障有哪些？

9. 给排水监控系统常见故障有哪些？

二、综合案例分析题

［楼宇自动控制系统维护］ 工作任务页

<table>
<tr><td>学习小组</td><td></td><td>指导教师</td><td></td></tr>
<tr><td>姓名</td><td></td><td>学号</td><td></td></tr>
<tr><td colspan="4">工作任务描述</td></tr>
<tr><td colspan="4">合和大厦供配电监控系统突然出现不能进行监测故障，由于设备的维护委托给专业公司，作为监控管理员的小赵，应该如何正确处理这种情况。</td></tr>
<tr><td colspan="4">任务基本信息确认</td></tr>
<tr><td>任务组长</td><td>任务是否清楚</td><td>工具准备</td><td>资料准备</td></tr>
<tr><td></td><td></td><td></td><td></td></tr>
<tr><td colspan="4">工作流程</td></tr>
<tr><td>流程</td><td colspan="2">描述</td><td>资源/时间</td></tr>
<tr><td>流程 1</td><td colspan="2"></td><td></td></tr>
<tr><td>流程 2</td><td colspan="2"></td><td></td></tr>
<tr><td>流程 3</td><td colspan="2"></td><td></td></tr>
<tr><td>流程 4</td><td colspan="2"></td><td></td></tr>
<tr><td>⋮</td><td colspan="2"></td><td></td></tr>
<tr><td colspan="4">资讯提供（资讯）</td></tr>
<tr><td colspan="4">1. 供配电监控系统的日常养护规程是什么？

2. 如何进行供配电监控系统的维护？

3. 维修所需的工具有哪些？

4. 填写维修报告单。</td></tr>
</table>

分组讨论（计划、决策）

实施记录

检　查					
检查项目	评价标准	分值	自查	互查	备注
准备阶段	理解供配电监控系统常见故障				
巡视阶段	能够制订巡视内容并正确进行巡视				
维修阶段	能够正确分析故障产生的原因 能进行故障的维修				
总结阶段	能正确填写维修报告单				

教师评价					
学生整体表现：		□未达要求		□已达要求	
考核项目	表现要求		表现		备注
			√	×	
专业能力（60 分）	能正确进行系统巡视（15 分）				
	能够进行系统的维护（30 分）	能正确填写故障报修单			
		能正确分析故障产生的原因			
		能进行故障的维修			
	能正确填写维修报告单（15 分）				
学习能力（20 分）	积极主动，勤学好问，能够理论联系实际（10 分）				
	与组员的沟通协调能力及学习能力（5 分）				
	反应能力、团队意识等综合素质（5 分）				
方法能力（20 分）	明确学习目标和任务目标（5 分）				
	能够掌握故障的维修方法（5 分）				
	能够制订完成工作任务方案并实施（10 分）				

<table>
<tr><td>指导教师评语：

指导教师签字：
年　　月　　日</td></tr>
<tr><td>实训体会：

学生签字：
年　　月　　日</td></tr>
</table>

智能建筑消防系统

项目描述

某智能建筑根据国家规范要求安装了消防系统，并聘请小王作为消防管理员进行系统的操作与管理，他应该如何对火灾自动报警及灭火系统进行维护与管理？

任务导读

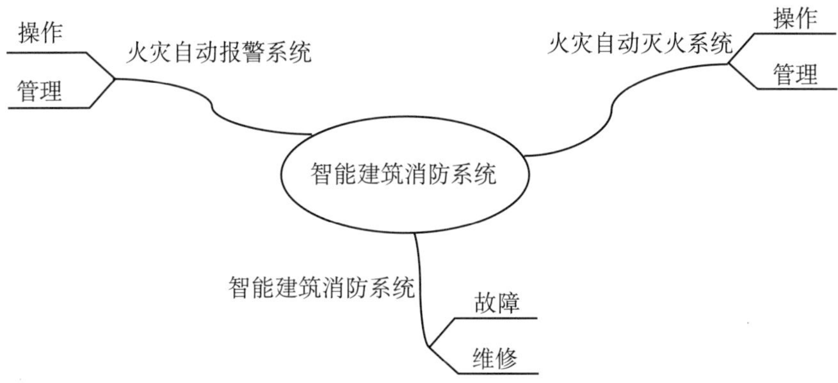

学习目标

知识目标： 1. 熟悉火灾自动报警及灭火系统组成。

2. 了解系统各设备的作用。

能力目标： 1. 能够正确操作系统。

2. 能够对系统进行日常管理。

3. 能够对系统的常见故障进行分析并维修。

任务一　火灾自动报警系统的操作与管理

任务导入

小王是某智能大厦消防中控室的值班员，每天负责火灾自动报警系统的操作与管理，并与另外两名值班员进行24小时轮班，小王应该如何完成每天的日常工作？

任务分析：

消防中控室值班员小王要了解系统的组成，掌握火灾自动报警系统的操作方法及管理标准，能够进行系统的操作与管理。

知识探究

火灾自动报警系统是人们为了及早发现和通报火灾，并及时采取有效措施控制和扑灭火灾而设置在建筑物内或其他场所的一种自动报警系统，它是一种应用相当广泛的现代消防设施，是人们同火灾作斗争的一种有力工具。

一、火灾自动报警系统的组成

火灾自动报警系统一般由触发器件、火灾报警装置、火灾警报装置以及具有其他辅助功能的装置组成。火灾自动报警系统可以在火灾初期将燃烧产生的烟雾、热量和光辐射等物理量通过感温、感烟和感光等火灾探测器接收到的信号转变成电信号输入火灾报警控制器，报警控制器立即以声光信号向人们发出警报，同时指示火灾发生的部位，并记录下火灾发生的时间。火灾自动报警系统还可以与自动灭火系统、防排烟系统、通风系统、空调系统及防火卷帘门等防火系统设备联动，自动或手动发出指令，启动相应的灭火装置。

（一）火灾自动报警系统形式

火灾自动报警系统有三种基本形式，它们是区域报警系统、集中报警系统和控制中心报警系统。

（1）区域报警系统由区域火灾报警控制器和火灾探测器等组成，属于功能简单的火灾自动报警系统。

（2）集中报警系统由集中火灾报警控制器、区域火灾报警控制器和火灾探测器组成，或由火灾报警控制器、区域显示器和火灾探测器等组成，是功能较复杂的火灾自动报警系统。

（3）控制中心报警系统由消防控制室的消防控制设备、集中火灾报警控制器、区域火灾报警控制器和火灾探测器等组成，或由消防控制室的消防控制设备、火灾报警控制器、区域显示器和火灾探测器组成，是功能复杂的火灾自动报警系统。

控制中心报警系统如图 4-1 所示。

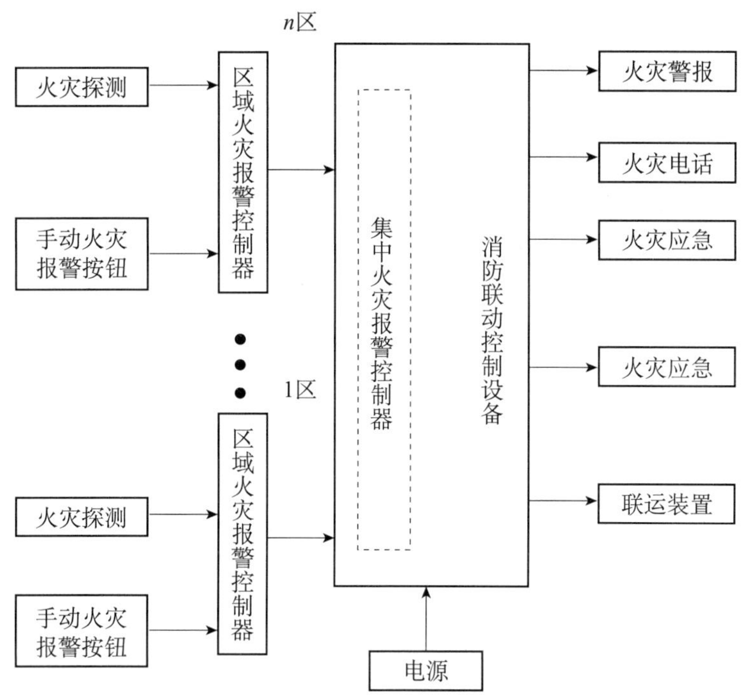

图 4-1　控制中心报警系统图

（二）触发器件

火灾自动报警系统中，触发器件是指能够自动或手动产生报警信号的器件。主要包括火灾探测器和手动报警按钮。火灾探测器是指能够对火灾参数（如烟、温、光、火焰辐射、气体浓度等）响应并自动产生火灾报警信号的器件。它是自动报警系统的一个组成部分，能连续不断地或以一定的时间间隔进行监视至少一种关于火灾相关联动、适当的物理或化学现象，并且还能向控制和显示设备发出至少一种联系信号。探测器还可以向火灾报警器和控制中心发出火警信号。

（三）火灾报警装置

在火灾自动报警系统中，将用以接收、显示和传递火灾报警信号，并能发出控制信号和具有其他辅助功能的控制指示设备称为火灾报警装置。火灾报警装置是火灾报警系统中的核心组成部分，担负着为火灾探测器提供稳定的工作电源，监视探测器及系统自身的工作状态，接收、转换、处理火灾探测器输出的报警信号，进行声光报警，指示报警具体部位及时间，同时执行相应辅助控制等诸多任务。

（四）火灾警报装置

在火灾自动报警系统中，用以发出区别于环境声、光的火灾警报信号的装置称为火灾警报装置。常用的警报装置如声光报警器、警铃、警笛、火警电铃等，如图 4－2 所示。这些警报装置一般设置在走廊、楼梯等公共场所。

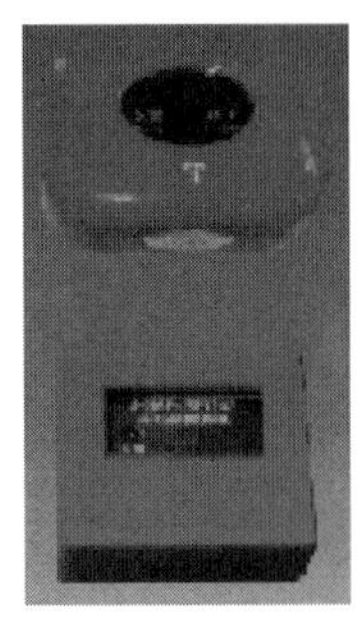

手动报警按钮

声光报警器

警铃

图 4－2　常用的火灾警报装置

火灾警报装置还包括火灾事故广播、紧急电话系统等。火灾事故广播的扬声器宜按防火区设置和分路，每个防火区中的任何部位到最近一个扬声器的水平距离不大于 25 m，在公共场所或走廊内每个扬声器的功率不小于 3 W。火灾事故紧急电话是与普通电话分开的独立系统，是用于消防中心控制室与火灾报警器设置点及消防设备机房等处的紧急电话。

（五）其他辅助功能的装置（消防控制设备）

在火灾自动报警系统中，将在接收到来自触发器件的报警信号后能自动或手动启动相关消防设备并显示其状态的设备，称为消防控制设备。

二、火灾探测器

（一）感烟火灾探测器

感烟火灾探测器是一种响应燃烧或热解产生的固体或液体微粒（即烟雾粒子）的火灾探测器。其主要用来探测可见或不可见的燃烧产物，尤其对处于引燃阶段、产生大量的烟和少量的热、很少或没有火焰辐射的初期火灾比较敏感。它具有发现早、灵敏度高、响应速度快、使用面较广等特点。常用感烟火灾探测器见表 4－1。

表 4－1　常用感烟火灾探测器

类型	作　用	图　例
离子感烟探测器	它是根据烟雾粒子能够改变电离室的电流的原理而设计的。离子感烟火灾探测器就是根据烟雾粒子的吸附作用能够改变电离室电流的特性进行火灾探测的	离子感烟探测器

续表

类型	作　用	图　例
散光型光电感烟探测器	当烟雾粒子进入安装有光电感烟火灾探测器的房间时，探测器内的光源发出的光线就被烟雾粒子散射，其散射光使处于光路一侧的光敏元件感应，光敏元件响应的强弱与散射光的大小有关，且由烟雾粒子的浓度决定。若探测器感受到的烟浓度超过一定限量时，光敏元件接收到的散射光的能量足以引起探测器动作，从而发送火灾信号	散光型光电感烟探测器
遮光型光电感烟探测器	此种火灾探测器的检测室内装有发光元件和受光元件。在正常情况下，受光元件接收到发光元件发出的一定光量。而在火灾发生时，探测器的检测室内进入了大量烟雾，由于烟雾粒子对光源发出的光产生散射和吸收作用，使受光元件接收到的光量减少，光电流降低，当烟雾粒子浓度上升到某一预定值时，探测器则发送火灾信号	遮光型光电感烟探测器
红外光束型感烟探测器	这种火灾探测器主要包括一个光源、一套光线照相装置和一个接收装置，它是应用烟雾粒子吸收或散射红外光束的特性而工作的，一般用于保护大面积开阔的区域	红外光束型感烟探测器

（二）感温火灾探测器

感温火灾探测器是一种利用热敏元件来探测火灾发生的装置。感温火灾探测器可分为定温式、差温式及差定温组合式三类，见表 4-2。

表 4-2　常用感温火灾探测器

类型	作　用	图　例
定温式感温探测器	它是在温度达到或超过预定值时即能响应的火灾探测器。根据其工作原理可分为：双金属定温火灾探测器、易熔合金定温火灾探测器、热敏电阻定温火灾探测器、玻璃球定温火灾探测器、缆式线性感温火灾探测器	定温式感温探测器
差温式感温探测器	它是升温速率超过预定值时就能响应的火灾探测器。根据其工作原理可分为：双金属差温火灾探测器、热敏电阻差温火灾探测器、膜盒差温火灾探测器、半导体差温火灾探测器、空气线管型差温火灾探测器	差温式感温探测器

续表

类型	作 用	图 例
差定温组合式感温探测器	这种探测器兼有定温探测器和差温探测器的两种功能。根据其工作原理可分为：膜盒差定温组合式火灾探测器、热敏电阻差定温组合式火灾探测器、双金属差定温组合式火灾探测器。其中膜盒差定温组合式火灾探测器最为常用	差定温组合式感温探测器

（三）感光火灾探测器

感光火灾探测器是响应火焰辐射出的红外、紫外及可见光的火灾探测器，如图 4－3 所示。

（四）可燃气体探测器

可燃气体探测器是利用测试环境的可燃性气体对气敏元件造成影响的原理制成的火灾探测器。它主要用于易燃易爆场合可燃气体的检测，如图 4－4 所示。

图 4－3 红外火焰探测器

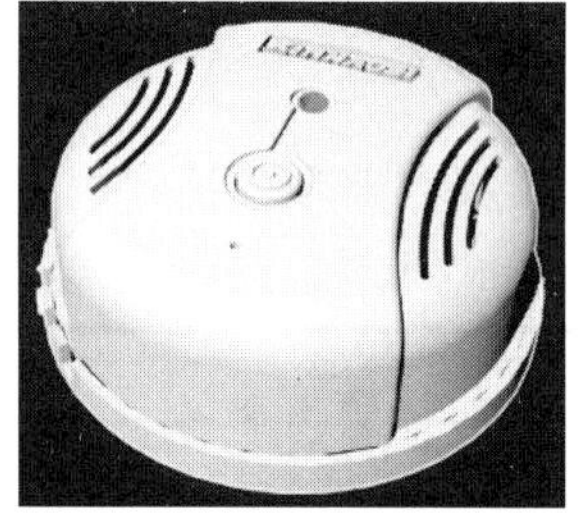

图 4－4 可燃气体探测器

三、火灾报警控制器

（一）区域火灾报警控制器

区域火灾报警控制器是一种由电子电路组成的自动报警和监视装置，如图 4－5 所示。它将一个区域的火灾探测器连接起来，能准确、及时地进行火灾报警。它主要有以下几种功能。

1. 供电功能

供给火灾探测器稳定的直流电源，一般为 DC 24 V 或 DC 12 V，以保证火灾探测器稳定可靠地工作。系统设置主备电源，主电源是 AC 220 V 市电，备用电源一般为蓄电池，

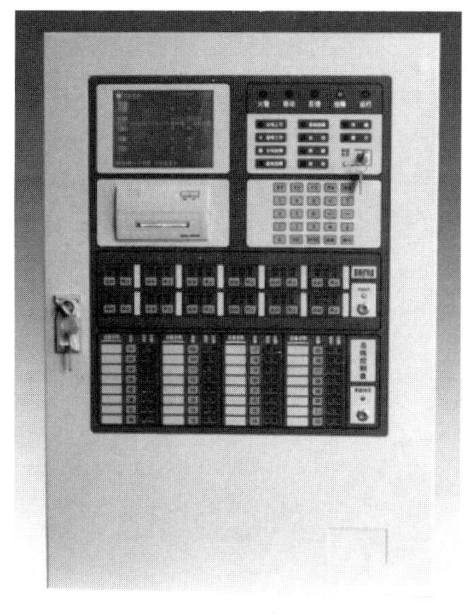
图 4-5　壁挂式火灾报警控制器

主、备电源可以自动监控切换。

2. 火灾记忆功能

火灾报警控制器对火灾探测器探测到火灾参数后发来的火灾报警信号能够迅速、准确地进行转换处理，以声、光形式报警，并指出火灾发生的具体部位，同时具有以下功能：可对接收到的火灾探测器发送的火灾报警信号予以保存，不会随信号源的消失而消失；在火灾探测器的供电电源线被烧短路时，不会失去已有的火灾信息，并能继续接收其他回路的手动按钮或火灾探测器送来的火灾报警信号。

3. 消声后再声响功能

火灾报警控制器在接收到某一回路火灾探测器发来的声、光形式的火灾报警信号后，可通过其消声键人为消声。如果此时控制器又接收到其他回路火灾探测器发来的火灾报警信号时，仍能发出声、光报警，以及时引起值班人员的注意。

4. 输出控制功能

火灾报警控制器具有一对以上的输出控制接点，供火警时切断空调、通信设备的电源，关闭防火门，启动消防施救设备，阻止火势进一步蔓延。

5. 故障报警功能

火灾报警控制器能监视系统故障，一旦发生线路断线、短路以及探测器人为或意外脱落、内部损坏等自身故障，立即以区别于火警的声、光形式发出故障报警信号，指出具体故障部位，以便修复。故障报警信号一般采用黄色指示灯。

6. 火警优先功能

火灾报警控制器接收到火灾报警控制信号后，如果存在其他故障报警信号，则只进行火灾报警，以免引起值班人员的混淆。只有当火情排除后，人为将控制器复位，若故障仍存在会再次发出故障报警信号。

7. 手动检查功能

由于火灾报警控制器对火警及各类故障均能进行自动监控，且平时处于监视状态，无火警无故障时，使用人员无法知道自动监控系统是否完好，所以在火灾报警控制器上设置了手动检测装置（自检），可供随时或定期检查系统各部分、各环节的电路和元器件是否完好无损，系统各种自动监控功能是否正常，以保证火灾自动报警系统始终处于正常工作状态。手动检查试验后可自动或手动复位。

（二）集中报警控制器

集中报警控制器的功能是把若干区域报警器连接起来组成一个系统。它可以巡检相连接的各区域报警器有无火灾信号或故障信号，并能及时指示火灾区域、部位和故障区域，同时发出声、光报警信号。它主要由光报警单元、声报警单元、巡回检测单元、电源等组成，还附有火警电话。集中报警控制器外形如图 4-6 所示。

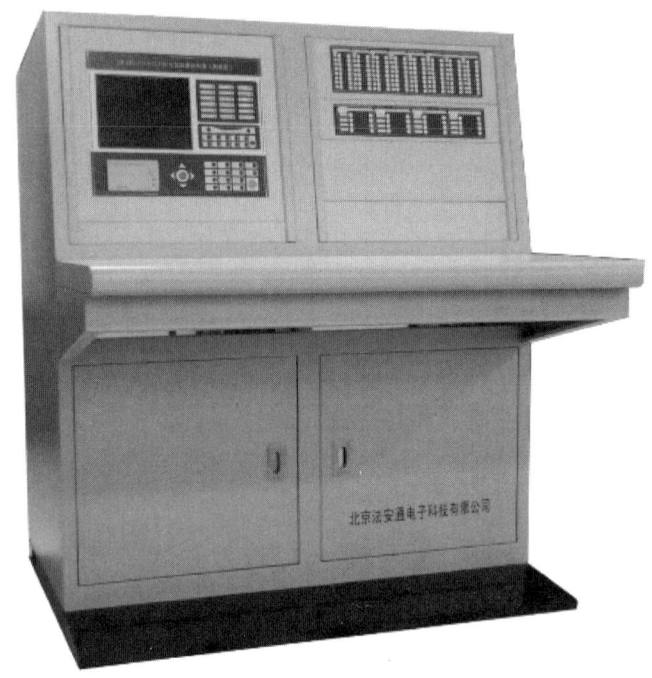

图 4－6 集中报警控制器

四、火灾自动报警系统的维护与管理

（一）根据国家标准《火灾自动报警系统施工及验收规范》（以下简称《规范》）而做出的相关规定

（1）火灾自动报警系统的使用单位应由经过专门培训的人员负责系统的管理操作和维护。

（2）火灾自动报警系统正式启用时，应具有下列文件资料：

1）系统竣工图及设备的技术资料；

2）公安消防机构出具的有关法律文书；

3）系统的操作规程及维护保养管理制度；

4）系统操作员名册及相应的工作职责；

5）值班记录和使用图表。

（3）火灾自动报警系统的使用单位应建立包括上述规定的技术档案，并应有电子备份档案。

（4）火灾自动报警系统应保持连续正常运行，不得随意中断。

（5）每日应检查火灾报警控制器的功能，并按表 4－3 的要求填写相应的记录。

（6）每季度应检查和试验火灾自动报警系统的下列功能，并按表 4－4 的要求填写相应的记录。

1）采用专用测验仪器分期分批次试验探测器的动作及确认灯显示；

2）试验火灾报警装置的声光显示；

3）试验水流指示器、压力开关等报警功能、信号显示；

4）对主电源和备用电源进行1～3次自动切换试验；

5）用自动或手动检查各消防控制设备的控制显示功能；

6）检查消防电梯的迫降功能；

7）应抽取不少于总数25%的消防电话和电话插孔，在消防控制室进行对讲通话试验。

（7）每年应检查和试验火灾自动报警的下列功能，并按表4-4的要求填写相应的记录。

1）采用专用测验仪器对所安装的全部探测器和手动报警装置试验至少1次；

2）自动和手动打开排烟阀，关闭电动防火阀和空调系统；

3）对全部电动防火门、防火卷帘门的试验至少1次；

4）强制切断非消防电源功能试验；

5）对其他有关的消防控制装置进行功能试验。

（8）点型感烟火灾探测器投入运行两年后，应每隔三年至少全部清洗一遍。通过采样管采样的吸气式感烟火灾探测器根据使用环境的不同，需要对采样管道进行定期吹洗，最长的时间间隔不应超过一年。探测器的清洗应由有相关资质的机构根据产品生产企业的要求进行。探测器清洗后应做相应阈值及其他必要的功能试验，合格者方可继续使用；不合格的探测器严禁重新安装使用，并应将该不合格品返回产品生产企业集中处理，严禁将离子感烟探测器随意丢弃。可燃气体探测器的气敏元件超过生产企业规定的寿命年限的应及时更换，气敏元件的更换应由有相关资质的机构根据产品生产企业的要求进行。

（9）不同类型的探测器应有总数的10%但不少于50只的备品。

（二）火灾自动报警系统日常检查

值班人员每日在交接班时应按下列要求检查火灾报警控制器的功能，并按要求填写相应的记录。

（1）控制器报警自检功能：按下报警控制器自检键，控制器应完成系统自检。火灾报警控制器应有本机自检功能，自检期间，如非自检回路有火灾报警信号输入，火灾报警控制器应能发出声、光报警信号。

（2）消音、复位功能：当报警控制器接到报警信号后，按下消音键，观察能否消除声信号；光报警信号能否保持；按下复位键看能否手动复位。火灾报警控制器处于报警状态时，声报警信号应能手动消除，光报警信号在控制器复位前不能手动消除；同时应具有手动复位功能。

（3）故障报警功能：卸下系统回路中的任一探测器或将连接线路断线，观察报警控制器能否在100 s内发出与火灾报警信号有明显区别的声、光报警信号。用秒表记录故障报警时间。当火灾报警控制器内部、火灾报警控制器与探测器、火灾报警控制器与传输火灾报警信号的部件间发生故障时，报警控制器应在100 s内发出与火灾报警信号有明显区别的声、光报警信号。

（4）火灾优先功能：在故障状态下，给感烟探测器加烟或按下手动火灾报警按钮，观察火灾报警信号能否优先输入报警控制器，发出声、光火灾报警信号。当火灾和故障同时发生时，火灾报警信号应优先输入火灾报警控制器，发出声、光火灾报警信号。

（5）报警记忆功能：查看报警控制器报警计时装置情况，如使用打印机记录火灾报警时间的，要查看能否打印出月、日、时、分等信息，打印机能否正常工作。火灾报警控制器应具有显示或记录火灾报警时间的计时装置。

（6）电源自动转换功能：接通电源，观察火灾报警控制器是否处于正常工作状态；关闭主电源开关，查看备用电源能否正常工作；恢复主电源，查看主电工作情况；观察主、备电源的工作状态显示情况。火灾报警控制器应具有电源转换装置，当主电源断电时，能自动转换到备用电源；当主电源恢复时，能自动转换到主电源；主、备电源的工作状态应有指示。

（7）屏蔽、隔离设备情况：查看报警控制器屏蔽或隔离部件的状况，询问屏蔽、隔离的时间和原因。系统中的火灾探测器、手动火灾报警按钮、水流指示器、压力开关，输出、输入控制模块等部件被屏蔽、隔离后，应尽快恢复。

（三）系统的具体检查内容

对火灾自动报警系统的各项功能检查养护完毕后，应按照要求填写检查养护检测记录。表 4-4 是物业服务企业使用的《火灾自动报警系统维修养护检测记录》的表格。

任务实施

工作过程中需要填写的表格

表 4-3 火灾自动报警系统日常维护检查记录

使用单位：				
维护检查执行的规范名称及编号				
检查类别（日检、季检、年检）				
检查日期	检查项目	检查结论	处理结果	检查人员签字

表 4-4 火灾自动报警系统维保检测记录

用户名称：	设备名称：	套
值班电话：	设备地址：	
检测项目	检测情况	检测结果
消防控制室环境		

火灾报警控制状态及其清洁程度		
检查现场手动火灾报警按钮情况		
检查现场模块状况		
检查现场电话插孔及固定情况		
检查现场广播系统情况		
手动按钮模拟火警	应测 8%	
	实测　%	
对探测器模拟火警	应测 8%	
	实测　%	
联动功能测试启动回答		
火灾报警主机主备电切换		
火灾报警主机打印功能		
火灾报警主机故障报警功能		
防火分区情况		
测试消防电话通信功能		
消防广播功能测试		
火灾自动报警手动/自动切换		
备注：		
使用单位： 安全主管：	维护单位： 监督电话：	维护人员： 检查日期：

任务二　火灾自动灭火系统的操作与管理

任务导入

小李是某智能大厦消防系统维护管理员，主要负责火灾自动化系统的操作与管理，日常需要对消防自动化系统中火灾自动灭火系统进行操作管理，小李应该如何完成每天的日常工作？

任务分析：

消防中控室值班员小李要了解系统的组成，掌握火灾自动灭火系统的操作方法及管理标准，能够进行系统的操作与管理。

知识探究

火灾自动灭火系统是指固定安装于被保护场所的，用于扑灭现场火灾的自动或半自动设施系统。常见的主要有水灭火系统和气体灭火系统。

一、水灭火系统

水灭火系统是指以水为灭火剂的灭火设施系统，主要包括消防给水系统、自动喷水灭火系统、水幕系统等。

水不是易燃液体，它是一种天然灭火剂，在灭火中应用最广。其灭火的原理为对火的冷却作用、对氧的稀释作用、对水溶性可燃液体的稀释作用及水力的冲击作用。

用水灭火时应注意以下问题。

（1）如遇水能够发生化学反应的物质着火，不能用水扑救。

（2）非水溶性可燃液体的火灾，原则上不能用水扑救，但原油、重油可以用雾状水流扑救。

（3）直流水不能扑救可燃粉尘聚集处的火灾，也不能扑救高温设备火灾。

（4）存储大量浓硫酸、浓盐酸等浓酸化学物质的场所发生的火灾，不能用直流水扑救，以免引起酸液飞溅，必要时可用雾状水扑救。

（5）贵重设备、精密仪器、图书、档案火灾不能用水扑救，以免产生水渍污染，损坏设备。

（一）消防给水系统

消防给水系统是指将用于灭火的水输送到消火栓的给水设施系统，主要包括消防水源、消防水泵、消火栓及其给水管道等用于水灭火系统的给水设施及水源地等。

1. 室外消防给水管道

室外消防给水管道是指室外消防水源（水井、水泵）连接室外消火栓或室内消防泵的，用于供给消防用水的室外部分的给水管道。

2. 室内消防给水管道

室内消防给水管道是指室内消火栓或消防水喉连接室外消火栓或消防泵的，用于供给室内消防用水的管道。

3. 消火栓

消火栓是能够有效扑灭火灾的重要设施，分室内消火栓和室外消火栓两种，如图 4－7 和图 4－8 所示。

4. 消防水箱与消防卷盘

消防水箱是一种专门用来容纳一定消防用水的箱体设施，宜与生活水箱合用，保持水质。消防卷盘是装在消防竖管上，带水枪及消防胶管卷盘的灭火设备。

5. 消防水泵站

消防水泵站是指负责供应消防用水任务的水泵站。高层建筑中，为满足消防用水量和水压，常设置消防加压水泵站。

6. 消防水池

消防水池是指储存消防用水的水池。它是室外给水管道和天然水源在能够满足消防用水量的情况下设置的蓄水设施，可与生产、生活用水设施合用，也可独立设置。

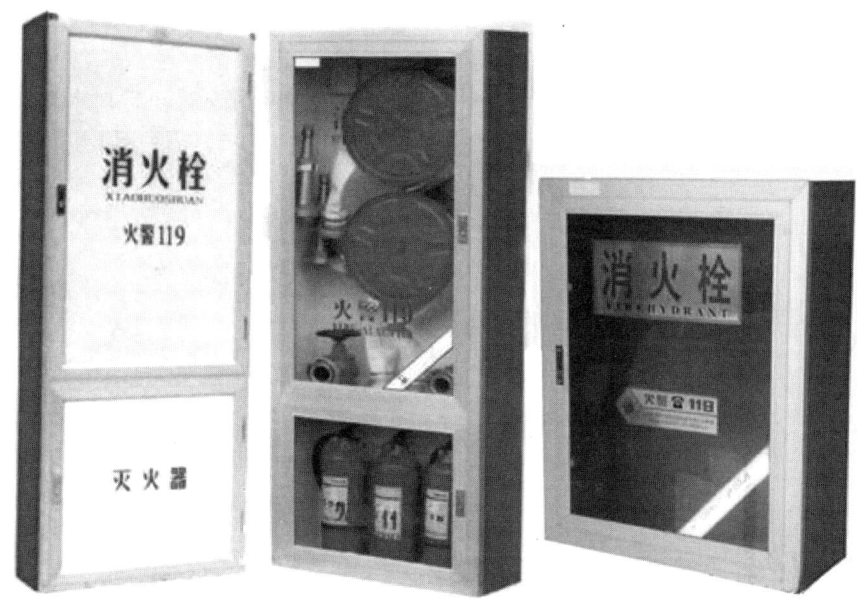

图 4－7　室内消火栓

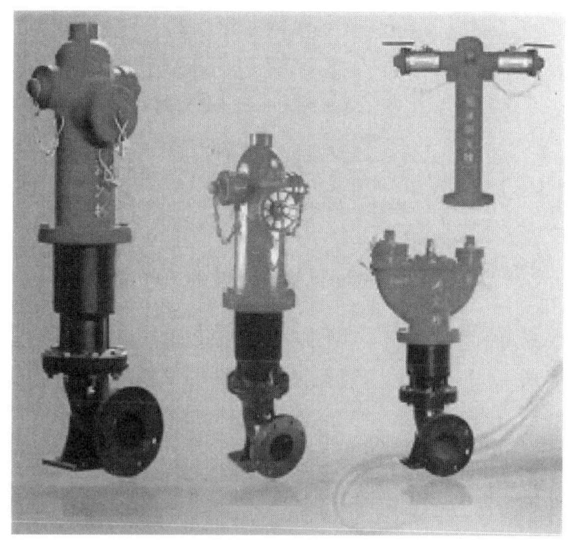

图 4－8　室外消火栓

（二）自动喷水灭火系统

自动喷水灭火系统是普遍使用的一种固定式灭火设施，具有安全可靠、控火灭火成功率高、经济实用、适应范围广、试用期长等优点，因而广泛应用于一切可以用水灭火的场所。

常见的自动喷水灭火系统主要包括：湿式自动喷水灭火系统、干式自动喷水灭火系统、预作用式自动喷水灭火系统、雨淋灭火系统、水喷雾灭火系统和水幕灭火系统等。

1. 湿式自动喷水灭火系统

湿式自动喷水灭火系统由闭式洒水喷头、水流指示器、湿式报警阀组、管道及供水设施组成，主要特点是管道内始终充满有压力水并保持一定压力。

湿式自动喷水灭火系统的工作原理是当火灾发生时由闭式洒水喷头探测火情，当温度上升时，洒水喷头内的玻璃管破裂，喷出压力水。湿式报警阀阀瓣开启，水流指示器动作向控制中心传送报警信号，同时水力警铃发出警报，压力开关动作输出并启动消防水泵信号，完成系统的启动。

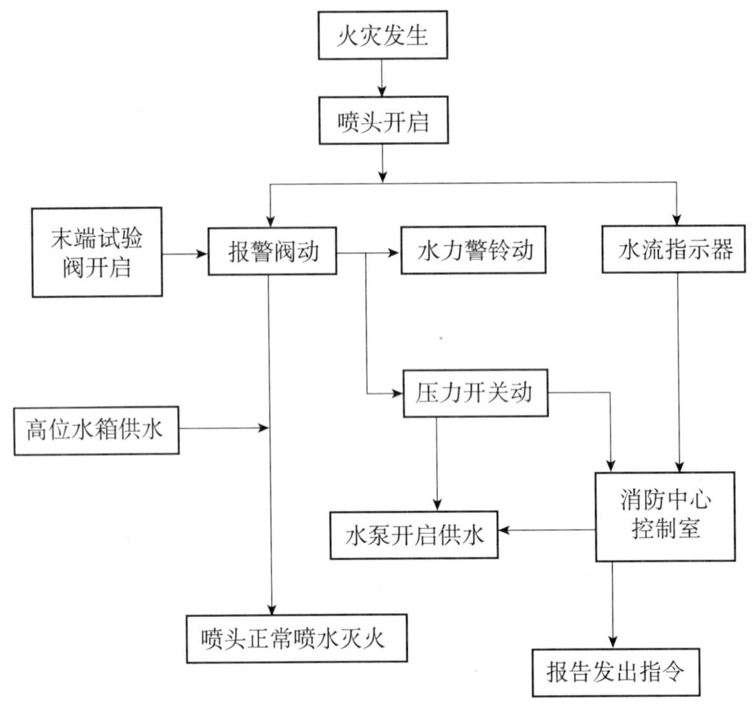

图 4-9　湿式自动灭火系统的工作过程图

湿式自动喷水灭火系统与其他自动喷水灭火系统相比，具有结构相对简单、灭火成功率高、成本低、维护简单等优点。由于系统在处于警戒状态时管道内始终充满压力水，所以它只适合在温度不低于 4 ℃且不高于 70 ℃的环境中使用，因为经常低于 4 ℃的场所管内压力水易冷冻结冰，高于 70 ℃的场所管内充水汽化易使管道破裂。因此，湿式自动喷水灭火系统在常温场所有广泛应用。

湿式自动喷水灭火系统的主要设备及工作原理见表 4-5。

表 4-5　湿式自动喷水灭火系统主要设备

设备名称	工作原理	图　例
闭式洒水喷头	布置在房间顶棚下边，与支管相连。正常情况下，喷头处于封闭状态；火灾时，感温部件（充液玻璃球）达到动作温度时，液体膨胀，内部压力增大，玻璃球炸裂，密封垫脱开，喷出压力水	闭式洒水喷头

续表

设备名称	工作原理	图　例
湿式报警阀	湿式报警阀是湿式喷水灭火系统的重要部件，它安装在供水立管上，是一种直立式单向阀。如管网即使有一个喷头喷水，也能破坏阀门上下的静止平衡压力，此时必须立即开启	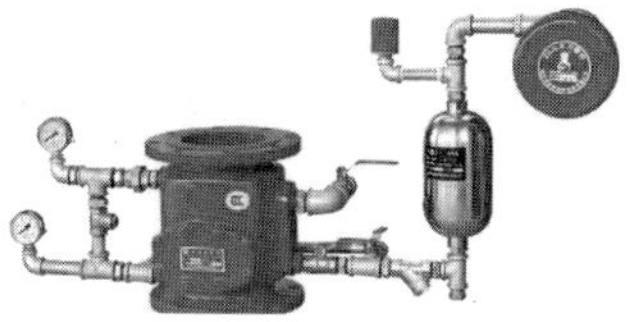 湿式报警阀
水流指示器	水流指示器是把水的流动转化为用以报警的电信号的部件。其电触点既可直接启动消防水泵，也可接通电警铃报警	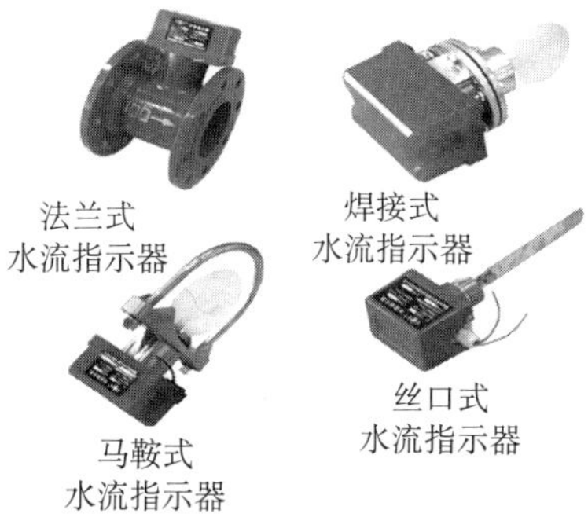 法兰式水流指示器 焊接式水流指示器 马鞍式水流指示器 丝口式水流指示器 水流指示器
压力开关	当湿式报警阀阀瓣开启后，其触电动作并发出电信号至报警控制箱，从而启动消防水泵。压力开关一般应装在延迟器之后	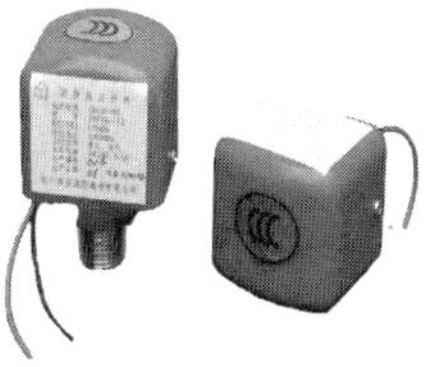 压力开关
水力警铃	水力警铃用于火灾报警，宜安装在报警阀附近，保证驱动水力警铃的水流有一定的压力	 水力警铃
末端试水装置	末端试水装置是检测自动喷水灭火系统在使用中总功能的一种简易的试验装置，一般由连接管、压力表、控制阀及排水管组成，有条件的也可采用远传压力。测试的内容主要包括水流指示器、报警阀、压力开关、水力警铃的动作是否正常，配水管道是否畅通以及最不利点处的喷头工作压力等	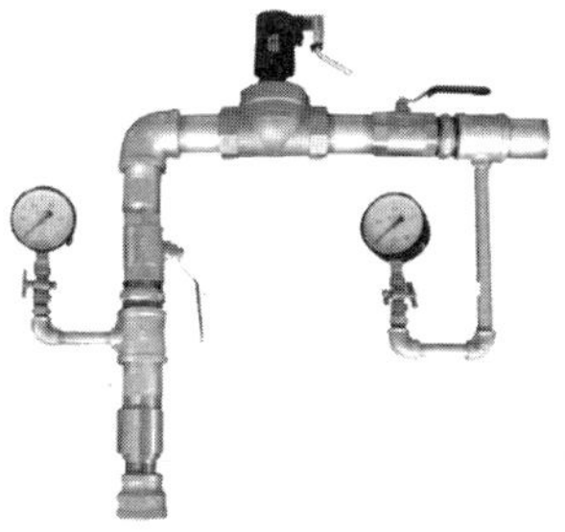 末端试水装置

2. 干式自动喷水灭火系统

干式自动喷水灭火系统是指水管网系统平时无水，而在报警阀上部的管路中充以有压气体的自动喷水灭火系统。其工作原理是当火灾发生时，喷头动作首先喷出气体，当管网中气压压降至某一限值时，报警阀自动打开，压力水将剩余的气体从打开的喷头处驱赶出去，然后喷水灭火；同时另一股压力水推动水力警铃和压力开关进行报警，并启动水泵加压供水。

干式自动喷水灭火系统主要由干式报警装置、喷头、管路和充气设备等组成，供水管网、喷头的布置和湿式的系统完全相同。由于系统内的压缩空气通过报警阀把水阻止在环境温度低于 0 ℃或高于 70 ℃的管网之外，故该系统可以在环境温度低于 4 ℃或高于 70 ℃的场所安装使用。不过，干式报警阀比较复杂，而且还要设置空气压缩机和附属设备，对管网的气密性能要求高，投资大，维护管理也较复杂。

3. 预作用式自动喷水灭火系统

预作用式自动喷水灭火系统是在装有闭式喷头的干式自动喷水灭火系统上附加了一套报警装置，形成了兼有双重控制的新系统。系统平时处于干式状态，在火灾发生时能实现初期报警，并迅速使管网充水，将系统转变为湿式，再进行喷水灭火。由于系统的这种转变过程包含着预备动作的功能，故称预作用式喷水灭火系统。

预作用式喷水灭火系统主要由火灾探测系统、闭式喷头和预作用阀等组成。其作用原理是在火灾初期，与喷头一起安装在现场的火灾探测器探测火情并发出报警信号，火灾报警控制器以声光形式显示报警信号，同时通过电磁阀自动打开报警阀，压力水很快进入充满低压空气的管网，这时就由原来的干式系统转变为湿式系统，当火灾发展到使闭式喷头动作时，系统便立即喷水灭火，如图 4－10 所示。火灾发生时，火灾探测器首先动作报

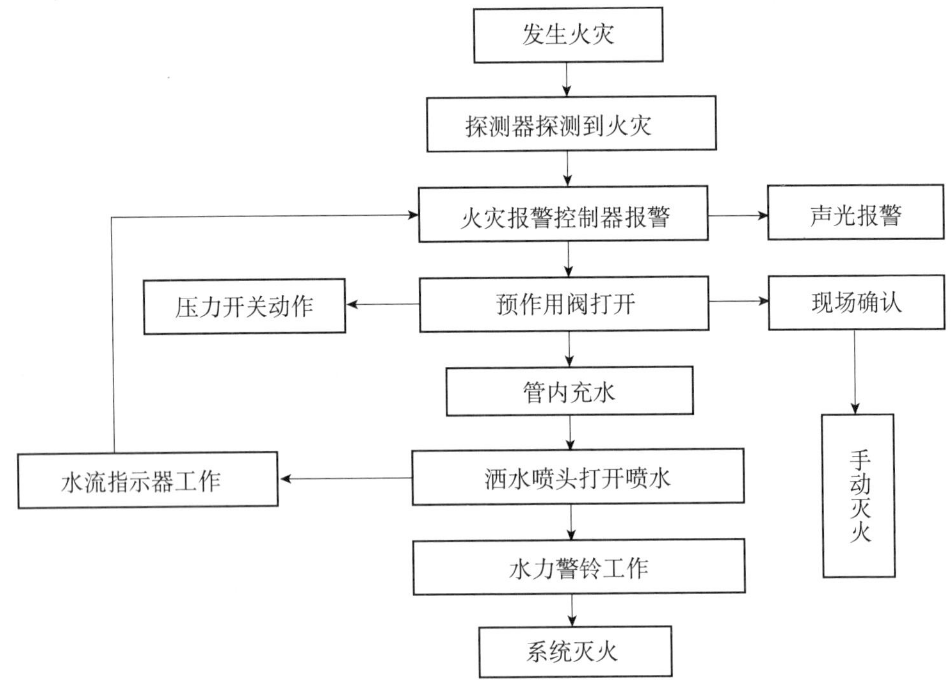

图 4－10　预作用式自动喷水灭火系统工作过程图

警，并打开报警阀使管网充满水，安全规范规定：配水管道冲水时间不应大于 1 min，当火灾现场的温度继续上升并达到喷头的动作温度时才开始喷水。

4. 雨淋喷水灭火系统

该系统的喷头在工作时像雨淋般喷水，故称之为雨淋喷水灭火系统，可用来扑灭火势凶猛、蔓延迅速的固体火灾。其特点是出水迅速、喷水量大，冷却降温和灭火效果显著。

雨淋喷水灭火系统主要由火灾探测系统、开式喷头和雨淋阀等组成，其中雨淋阀是主要部件。雨淋阀主要有自动或手动对主干管水流进行切断和打开，启动水力警铃和压力开关，从而进行报警的作用。发生火灾时，火灾探测器向报警器传输火灾信号，报警器将以声光形式显示火灾信号并输出电信号以打开雨淋阀上的电磁阀向管网送水，此时喷头对保护区域进行大面积洒水，安全规范规定：雨淋系统的配水管道充水时间不宜大于2 min，同时水力警铃和压力开关分别发出报警。

5. 水喷雾灭火系统

水喷雾灭火系统是利用水雾的冷却作用，水雾挥发的水蒸气的窒息作用，水雾的冲击作用以及水雾在燃烧物表面形成的水膜来进行灭火的设备。除具有以上作用外，还具有覆盖作用和冲击乳化作用，所以，它常用于保护油储罐、气储罐以及油浸电力变压器等。水喷雾灭火系统主要由喷雾喷头、管网、控制阀、过滤器和报警器组成。

6. 水幕灭火系统

水幕灭火系统主要由水幕喷头、管网和控制阀等组成。发生火灾时，它将水喷洒成水帘幕状，用以冷却简易防火分隔物，提高耐火性能；或造成防火水帘，阻止火焰穿过开口部位，防止火势扩大和火灾蔓延。

二、气体灭火系统

气体灭火系统是指固定安装于被保护场所的灭火剂为气体状态的灭火系统。

气体灭火系统通常由火灾自动报警系统、灭火控制系统和灭火系统三部分组成，其中灭火系统通常由灭火剂存储装置与管网系统两部分组成，而管网系统又可分为组合分配系统和单元独立系统等。

气体灭火系统适用于扑救电气火灾、固体表面火灾、液体火灾和灭火前能切断气源的气体火灾；不适用于扑救硝化纤维、硝酸钠等氧化剂或含氧化剂等化学制品的火灾和活泼金属火灾、金属氢化物火灾、过氧化氢等自行分解的化学物质火灾及可燃固体物质的深位火灾。

三、火灾自动灭火系统的维护与管理

（一）水灭火系统的维护与管理

消防设施设备维修养护专业企业，每年应根据维修养护标准及要求制订具体的日常维修养护计划和全年维修养护计划，并提交给物业服务企业主管部门审核。

1. 消防给水系统的检查与维护管理

（1）室外消火栓的检查和维护管理。

室外消火栓由于处在室外，经常受到自然和人为的损害，所以要经常维护并做好记录，表4-7是物业服务企业中使用的《消火栓维修养护检测记录》记录表格。

具体检查维护内容如下：

1）清除阀塞启闭杆端部周围杂物，将专用扳手套于杆头，检查是否合适，转动启闭杆，加注润滑油；

2）用油沙头擦洗出水口螺纹上的锈渍，检查闷盖内橡胶圈是否完好；

3）打开消火栓，检查供水情况，在放净锈水后再关闭，并观察有无漏水现象；

4）外表油漆剥落后应及时修补；

5）清除消火栓附近的障碍物；对地下消火栓，清除井内积聚的垃圾、沙土等杂物。

（2）室内消火栓的检查和维护管理。

室内消火栓给水系统，至少每半年要进行一次全面的检查。检查内容如下：

1）室内消火栓、水枪、水带、消防卷盘是否齐全完好，有无生锈、漏水情况，接口垫圈是否完整无缺；

2）消防水泵在火警后能否在安全规范所规定的时间内正常供水；

3）报警按钮、指示灯及报警控制线路功能是否正常，有无故障；

4）检查消火栓箱及箱内装配的消防部件外观有无损坏，涂层是否脱落，箱门玻璃是否完好无缺。

（3）消防水泵的检查和维护管理。

1）消防水泵是消防给水系统的心脏，因此应每月启动运转一次，检查水泵运行是否正常，出水压力是否达到设计规定值；

2）在安全规范规定的周期内应对水灭火系统进行一次模拟火警联动试验，以检验火灾的发生时水消防系统能否迅速开通并投入灭火作业；

3）检查消防水泵机组是否处于良好的准备工作状态。

2. 自动喷水灭火系统的检查和维护管理

每一个自动喷水灭火系统必须始终处于正常的警戒状态，从使用方面应确立一套定期检查制度并填写好维修养护检测记录。表4-8是物业服务企业使用的《自动喷水灭火系统维修养护检测记录》记录表格。

自动喷水灭火系统的维护管理工作具体内容及工作周期见表4-6。

表4-6 自动喷水灭火系统维护管理工作内容及工作周期

部 位	工作内容	周期
水源控制阀、报警控制装置	目测巡检完好状况及开闭状态	每日
电源	接通状态，电压	每日
内燃机驱动消防水泵	启动试运转	每月

续表

部 位	工作内容	周期
喷头	检查是否完好，清除异物、备用量	每月
系统所有控制阀门	检查铅封、锁链是否完好	每月
电动消防水泵	启动试运转	每月
消防气压给水设备	检测气压和水位	每月
蓄水池、高位水箱	检测水位及消防储备水不被他用	每月
电磁阀	启动试验	每月
水泵接合器	检查是否完好	每月
水流指示器	试验报警	每季
室外阀门井中控制阀门	检查开启状况	每季
报警阀、试水阀	放水试验，启动，测试其性能	每季
水源	测试供水能力	每年
水泵接合器	通水试验	每年
过滤器	排除异物、检查是否完好	每年
出水设备	检查结构材料	每年
系统联动试验	检查系统运行功能	每年
设置储水设备的房间	检查室温	每天（寒冷季节）

（二）气体灭火系统的维护与管理

要想使整个灭火系统在发生火灾的紧急情况下保证性能良好，能够迅速有效地扑灭火灾，就必须对其进行定期检查和养护，维修养护检测内容应填好记录表。表 4－9 是物业服务企业使用的《气体灭火系统维修养护检测记录》记录表格。

（1）消防系统维护人员应每星期进行一次巡视检查，检查设备有无泄漏、管道系统有无损坏、全部控制开关调定位置是否妥当、所有元件是否完好无损等。

（2）物业服务企业与消防设施设备维修养护专业企业应签订定期检查维修养护合同。灭火系统按照规范所规定的周期进行检修，自动报警系统、自动联动操作系统每年按照规范要求进行检测，检测报告由物业服务企业存档。

任务实施

工作过程中需要填写的表格

（1）消火栓维修养护检测记录，见表 4－7。

表 4-7　消火栓维修养护检测记录

用户名称：	设备名称：		套
值班电话：	设备地址：		
检测（检查）项目	检测情况	数量	检测结果
消防泵工作环境			
消火栓水泵状态			
消防水泵控制柜			
消火栓管道网			
消火栓水压水质			
室内/室外消火栓			
消火栓水泵接合器			
室内消火栓状态			
室外消火栓状态			
手动启泵功能测试			
自动启泵功能测试			
主/备用泵自动切换			
联动信号反馈功能			
消防水池水量			
屋顶稳压水箱水量			
备注：			
安全主管：	监督电话：		检查日期：

（2）自动喷水灭火系统维修养护检测记录，见表 4-8。

表 4-8　自动喷水灭火系统维修养护检测记录

用户名称：	设备名称：		套
值班电话：	设备地址：		
检测（检查）项目	检测情况	检测结果	
消防泵环节			
喷淋水泵状态			
消防喷淋管网			
喷淋管网水流指示器			
喷淋系统末端试水			
水泵接合器			
手动/自动启泵试验			
主/备泵自动切换			

湿式报警阀测试			
水力警铃、压力开关			
水流指示反馈信号			
屋顶稳压水箱水量			
消防水池水量			
备注：			
使用单位： 安全主管：	维护单位： 监督电话：		维护人员： 检查日期：

（3）气体灭火系统维修养护检查记录，见表 4-9。

表 4-9　气体灭火系统维修养护检测记录

用户名称：	设备名称：		套
值班电话：	设备地址：		
检测（检查）项目	检测情况	检测结果	
储瓶室环境			
防护区环境			
储瓶外观压力及灭火剂			
启动瓶外观压力			
CO_2储瓶称重装置			
选择阀			
模拟火警电磁阀			
压力开关			
电磁阀驱动器			
集流管			
高压软管			
控制气管			
瓶组支架及柜子			
气体单向阀			
液体单向阀			
机械应急按钮			
管网、喷头及柜式周围环境			
气体灭火盘工作状态			
紧急启停按钮			
紧急启动测试阀			
紧急停止功能			
备注：			
使用单位： 安全主管：	维护单位： 监督电话：		维护人员： 检查日期：

资料链接

消防设备及其联动要求见表 4－10。

表 4－10 消防设备及其联动要求

消防设备	控制地点	联动要求
火灾警报装置 应急广播	消防控制室	1. 如二层或以上某楼层起火，应先接通着火层及相邻上下层； 2. 如首层起火，应先接通本层，然后接通二层及全部楼层； 3. 如地下室起火，应先接通地下各层及首层； 4. 含多个防火分区的单层建筑，应先接通着火的防火分区
非消防电源箱	消防控制室	有关部位全部切断
应急照明 疏散标志	消防控制室 就地控制箱	有关部位全部点亮
室内消火栓系统 水喷淋系统	各层消火栓 消防控制室 水泵房控制室	1. 控制系统启停； 2. 显示消防水泵的工作状态； 3. 显示消火栓按钮的位置； 4. 显示水流指示器、报警阀、安全信号阀的工作状态
管网气体灭火系统	消防控制室 就地控制箱	1. 显示系统的自动/手动工作状态； 2. 在报警、喷射各阶段发出相应声光报警并显示防护区的报警状态； 3. 在延时阶段，自动关闭本部位防火门窗及防火阀，停止通风空调系统并显示工作状态
泡沫灭火系统 干粉灭火系统	消防控制室 就地控制箱	1. 控制系统启停； 2. 显示系统工作状态
常开防火门	消防控制室 就地控制箱	门任一侧火灾探测器报警后，防火门自动关闭且关门信号反馈回消防控制室
防火卷帘 （疏散通道）	消防控制室 就地控制钮	1. 烟感报警，卷帘下降至楼面 1.8 m 处； 2. 温感报警，卷帘下降到底
防火卷帘 （防火分隔）	消防控制室 就地控制钮	探测器报警后卷帘下降到底
防排烟设施 空调通风设施	消防控制室 就地控制钮	1. 停止有关部位空调送风，关闭防火阀并接受其反馈信号； 2. 启动有关部位的放烟风机、排烟阀等，并接受其反馈信号； 3. 控制挡烟垂壁等防烟设施
电梯	消防控制室 机房控制箱 首层控制钮	确认火灾后，电梯全部停于首层；除消防电梯外，全部停运

任务三 智能建筑消防系统的常见故障及维修

任务导入

小李是某智能大厦消防中控室的值班员，某天值班时火灾报警控制器不断报警，他应该如何处理？如果在消防系统中遇到类似故障他又应该如何应对？

任务分析：

消防中控室值班员小李要了解智能建筑消防系统的常见故障，掌握故障的排查方法及处理方法。

知识探究

一、故障线路的测试和修复

系统中各种线路在发生断路、短路、接地时，在控制中心或火灾报警控制器上应有声光显示，声音可以通过消音键消音，但显示屏上的显示将一直保留到故障解除。

1. 线路故障点的进一步测试

当出现信号回顾部分丢失，控制总线失电，直启、广播、电话不能如期接通等问题时，首先要考虑是否线路故障。线路故障测试内容包含线路短路、线路断路、线路接地三部分。

（1）线路短路。用万用表测量信号回路线正负极、回路线与回路线、回路线与 24 V 线或 24 V 线正负极之间的电阻值，若阻值过小或相通，则为线路短路故障。

（2）线路断路。将回路线正负极或 24 V 线一端的线短路，用万用表在另一端测量电阻值，若阻值很大或无穷大，则为线路短路的故障。

（3）线路接地。用 250 V 接地摇表测量信号回路线正负极之间、24 V 线和机壳之间的绝缘电阻值，按规范要求，摇测绝缘电阻值应在 20 MΩ 以上。若阻值过小或相通，则为线路接地故障。注意在用接地摇表测量时，是在各探测器、模块等不与线路连接的情况下进行，以免损坏元件。

对以上三种情况，一般可按照分段检测法进行分析处理，即二分法，就是在测某段线路时将此段线路分为前后两部分，分别对其进行检测，然后对有问题的一段再用分段法进行检测，直到查出出现问题的位置。

2. 线路修复与敷设

（1）线路修复。查找出故障点后，进行换线或将虚接点焊实。

消防线路多采用多股软线，软线与设备端子的连接、软线与硬线的连接均应采用涮锡工艺。线路故障点修复的具体步骤为：剥去绝缘层，用细砂纸去掉氧化层，拧实多股线芯，涂上助焊剂，在已熔化好的锡锅内涮锡，再用电烙铁将故障点焊实。若采用压接的方法则一定要接牢并有防松措施。

（2）线路敷设。火灾自动报警系统不应与其他系统合用线槽和管路。

暗敷时，宜敷设在非燃烧体结构内，其保护层厚度不应小于 30 mm。必须明敷时，应采取在金属管或线槽上喷防火涂料等保护措施。采用的绝缘材料和护套为非延燃性材料的电缆时，可不穿金属管保护，但应敷设在电缆井内。

（3）被修复的线路规格、颜色应与原来线路的相同且全楼一致。

二、火灾探测器检测及故障分析

（一）火灾探测器的检测

常用的检测方法是利用报警控制器对设备进行测试，给报警控制器接出一个报警回路，接上探测器底座，然后利用报警控制器的报警、自检等功能，对探测器进行单体试验。

检测方法：

（1）用电子编码器进行读码、写码，若能正常读码、写码，说明探测器工作正常；

（2）通过加温、加烟、气体测试等方法触发对应火灾探测器，火警灯（红色）常亮，说明探测器工作正常。

通过检测，若探测器不能正常工作，则需对其进行故障分析并及时处理。

（二）火灾探测器的故障分析

火灾探测器故障分析见表 4－11。

表 4－11　火灾探测器故障分析

序号	故障现象	原因分析	处理措施
1	探测器不响应	探测器自身故障或者线路与探测器的连接点断线或虚接	更换探测器；检查接点是否有虚接，检查是否有电压
2	回路部分丢失	两点以上探测器不响应，报警显示回路部分丢失，可能是探测器自身故障或线路断路	在故障段始端，检查接点是否虚接，是否有电压，修复线路
3	某一探测器误报	可能是探测器自身故障，或因建筑物漏水而受潮，或受电气干扰；也可能是存在影响火灾探测器正常工作的环境干扰	更换探测器；检查周围环境是否有干扰并排除干扰因素
4	某一回路上连续几个探测器误报	可能是电气干扰，也可能是影响火灾探测器正常工作的环境干扰	检查周围环境是否有强电干扰并排除干扰因素

三、消防报警控制中心常见故障的排查

消防系统故障分为电源故障、本机故障和联动设备故障。其常见故障的识别和排查方法见表 4－12。

表 4-12 消防报警控制中心常见故障的识别和排查方法

序号	故障类别与现象		故障识别和排查
1	电源及本机故障	交流电源故障 显示主电故障并报警	交流电源正常，接通信号灯；若 220 V AC 故障，报故障声，且黄灯亮，显示主电源故障。检查交流电源开关是否跳闸
		直流电源故障 显示备电故障并报警	正常情况下，交流电源运行，直流电源处于充电状态。一旦交流电源失电，直流电源应立即投入运行。直流电源接通时信号灯亮。若备电故障，报故障声，且黄色灯亮，显示备电故障。检查直流电源开关是否未接；若直流电源使用太久，检查是否充不进电
		消防报警系统 本机故障报警	主机接地时，屏幕上显示主机接地，报故障声，可能是回路卡接地或外部线路接地
2	联动设备故障	输入模块无响应	1. 本身的地址码未被主机确认：可能是模块问题或线路断路 2. 接收信号不能传递到主机：可能是被监视设备的问题或线路断路
		信号总线短路	信号总线短路时，系统报某一回路短路故障或报某一回路接地故障
		输出控制命令 拒动故障	1. 被控外部设备本身故障：模块动作正常，但未显示 2. 模块故障：显示模块无响应，可能是信号线或电源线故障

四、火灾自动报警系统与联动系统常见故障

火灾自动报警系统与联动系统常见故障见表 4-13。

表 4-13 火灾自动报警系统与联动系统常见故障

故障部位	故障现象	故障原因	处理办法
火灾自动报警系统	探测器误报警，探测器故障报警	探测器灵敏度选择不合理，环境湿度过大，风速过大，粉尘过多，机械振动，探测器使用时间过长，器件参数下降等	根据安装环境选择适当灵敏度的探测器，安装时应避开风口及风速较大的通道，定期检查，根据情况清洗或更换探测器
	手动报警按钮报警，手动报警按钮故障报警	按钮使用时间过长，参数下降或按钮被人为损坏	定期检查，损坏的按钮及时更换，以免影响系统运行
	报警控制器故障	机械本身器件损坏报故障或外接探测器、手动按钮问题引起报警控制器报故障、报火警	用万用表或自身诊断程序检查机器本身，排除故障，或按相关处理方法，检查故障是否由外界因素引起
	线路故障	绝缘层损坏，接头松动，环境湿度过大，造成绝缘下降	用万用表检查绝缘程度，检查接头情况，接线时采用焊接、塑封等工艺

续表

故障部位	故障现象	故障原因	处理办法
自动喷水灭火系统	稳压装置频繁启动	主要为湿式报警装置前端有泄漏；还会有水暖件或连接处泄漏；闭式喷头泄漏；末端泄放装置没有关好	检查各水暖件、喷头和末端泄放装置，找出泄漏点并进行处理
	水流指示器在水流动作后不报信号	除电气线路及端子压线问题外，主要是水流指示器本身的问题，包括桨片不动，桨片损坏，微动开关损坏，干簧点触点烧毁，永久性磁铁不起作用等	检查桨片是否损坏或塞死不动，检查永久性磁铁、干簧管等器件
	喷头动作后或末端泄放装置打开，联动泵后管道前端无水	主要为湿式报警装置的蝶阀不动作，湿式报警装置不能将水送到前端管道	检查湿式报警装置（主要是蝶阀）是否灵活翻转，再检查湿式装置的其他部件
	联动信号发出，喷淋泵不动作	可能是控制装置及消防泵启动柜连线松动或器件失灵；也可能是喷淋泵本身机械故障	检查各连线及水泵本身
防排烟系统	排烟阀打不开	排烟阀控制机械失灵。电磁铁不动作或机械锈蚀引起排烟阀打不开	经常检查操作机构是否锈蚀以及是否有卡住的现象，检查电磁铁是否工作正常
	排烟阀手动打不开	手动控制装置卡死或拉筋线松动	检查手动操作机构
	排烟机不启动	排烟机控制系统器件失灵或连线松动；机械故障	检查机械系统及控制部分各器件系统的连线等
防火卷帘门系统	防火卷帘门不能上升下降	可能为电源故障、电机故障或门本身卡住	检查主电、控制电源及电机，检查门本身
	防火卷帘门有上升无下降或有下降无上升	下降或上升按钮问题；接触器触点及线圈问题；限位开关问题；接触器联锁常闭触点问题	检查下降或上升按钮；下降或上升接触器触点开关及线圈；查限位开关；查下降或上升接触器联锁常闭触点
	在控制中心无法联动防火卷帘门	控制中心控制装置本身故障；控制模块故障，联动传输线路故障	检查控制中心控制装置本身；检查控制模块；检查传输线路
消防事故广播及对讲系统	广播无声	一般为扩音机无输出	检查扩音机本身
	个别部位广播无声	扬声器有损坏或连线松动	检查扬声器及其接线
	不能强制切换到事故广播	一般由于切换模块的继电器不动作引起	检查继电器线圈及触点
	无法实现分层广播	分层广播切换装置故障	检查切换装置及其接线
	对讲电话不能正常通话	对讲电话本身故障，对讲电话插孔接线松动或线路损坏	检查对讲电话及插孔本身，检查线路

任务实施

工作过程中需要填写的表格

（1）消防控制室运行值班记录表。

表 4-14　消防控制室运行值班记录表

班次	记录
早班记录	值班机房空调：　□主机　□消防广播　□联动控制台 环境卫生：　□工具　□电梯　UPS　□钥匙 值班情况和交接事项： 交班人：　接班人：　交接班时间：
中班记录	值班机房空调：　□主机　□消防广播　□联动控制台 环境卫生：　□工具　□电梯　UPS　□钥匙 值班情况和交接事项： 交班人：　接班人：　交接班时间：
晚班记录	值班机房空调：　□主机　□消防广播　□联动控制台 环境卫生：　□工具　□电梯　UPS　□钥匙 值班情况和交接事项： 交班人：　接班人：　交接班时间：
异常及处理结果： 签名：　日期：	
审核：　年　月　日	

（2）设备维修（大中修）记录卡。

表 4-15　设备维修（大中修）记录卡

维修日期	维修内容	维修负责人	填表人
设备名称：	运行编号：	安装地点：	

项目小结

本项目主要介绍了消防自动化系统中的火灾自动报警系统及火灾自动灭火系统的维护与管理以及常见故障及处理方法。通过本项目的学习，学生掌握了火灾自动报警系统的基本组成及灭火的工作原理和火灾报警系统的维护保养方法及标准，并对系统故障处理有了一定的认识，为今后的工作打下了基础。

实训练习

一、理论题

1. 火灾自动报警系统主要由哪几部分组成?
2. 自动喷水灭火系统主要包括哪些? 其中湿式自动喷水灭火的工作原理是什么?
3. 气体灭火系统的工作过程是怎样的?
4. 常用火灾探测器有哪些?
5. 火灾探测器如何进行维护?
6. 自动喷水灭火系统的维护应注意哪些问题?
7. 自动报警及消防联动控制系统常见故障及检测的方法都有哪些?

二、综合案例分析题

［自动灭火系统维护］ 工作任务页

学习小组		指导教师	
姓名		学号	
工作任务描述			
某物业服务企业要求小王完成自动灭火系统维护保养工作，他应该如何完成工作? 工作标准是什么? 并帮助小王填写完整消火栓系统维保检测记录。			
任务基本信息确认			
任务组长	任务是否清楚	工具准备	资料准备
工作流程			
流程	描述		资源/时间
流程 1			
流程 2			
流程 3			
流程 4			
⋮			

<table>
<tr><td colspan="7">资讯提供（资讯）</td></tr>
<tr><td colspan="7">1. 自动灭火系统的工作过程
2. 自动灭火系统的设备组成
3. 自动灭火系统日常养护要求
4. 自动灭火系统常见故障及检查</td></tr>
<tr><td colspan="7">分组讨论（计划、决策）</td></tr>
<tr><td colspan="7"></td></tr>
<tr><td colspan="7">实施记录</td></tr>
<tr><td colspan="7"></td></tr>
<tr><td colspan="7">检　查</td></tr>
<tr><td>检查项目</td><td>评价标准（企业标准）</td><td>分值</td><td colspan="2">自查</td><td>互查</td><td>备注</td></tr>
<tr><td>系统分析</td><td>正确、无误</td><td>30</td><td colspan="2"></td><td></td><td></td></tr>
<tr><td>设备列表</td><td>全面</td><td>20</td><td colspan="2"></td><td></td><td></td></tr>
<tr><td>养护计划</td><td>全面、系统</td><td>30</td><td colspan="2"></td><td></td><td></td></tr>
<tr><td>故障维修</td><td>故障分析、解决方法正确</td><td>20</td><td colspan="2"></td><td></td><td></td></tr>
<tr><td colspan="7">教师评价</td></tr>
<tr><td colspan="7">学生整体表现：　　□未达要求　　□已达要求</td></tr>
<tr><td rowspan="2">考核项目</td><td rowspan="2" colspan="2">表现要求
（列出完成指定任务/达到指定能力的表现要求）</td><td colspan="3">表现</td><td rowspan="2">备注</td></tr>
<tr><td colspan="2">√</td><td>×</td></tr>
<tr><td rowspan="3">专业能力</td><td colspan="2">资讯、计划/收集信息能力强，计划符合要求</td><td colspan="2"></td><td></td><td></td></tr>
<tr><td colspan="2">实施/巡视检查正确，表格填写完整</td><td colspan="2"></td><td></td><td></td></tr>
<tr><td colspan="2">过程/操行规范</td><td colspan="2"></td><td></td><td></td></tr>
<tr><td rowspan="3">社会能力</td><td colspan="2">团结协作/小组合作良好</td><td colspan="2"></td><td></td><td></td></tr>
<tr><td colspan="2">敬业精神/学习纪律好，爱岗敬业</td><td colspan="2"></td><td></td><td></td></tr>
<tr><td colspan="2">安全意识/安全意识强</td><td colspan="2"></td><td></td><td></td></tr>
<tr><td rowspan="2">方法能力</td><td colspan="2">计划能力/按计划步骤执行</td><td colspan="2"></td><td></td><td></td></tr>
<tr><td colspan="2">决策能力/判断能力强</td><td colspan="2"></td><td></td><td></td></tr>
</table>

<table>
<tr><td>指导教师评语：

指导教师签字：
年　　月　　日</td></tr>
<tr><td>实训体会：

学生签字：
年　　月　　日</td></tr>
</table>

智能建筑通信网络系统

项目描述

某新建小区的通信网络系统包括程控电话、公共广播、卫星电视和有线电视以及网络交换设备，物业管理员小刘负责该系统的维护工作，小刘要对系统进行巡视检查、管理，进行故障分析等，小刘如何做好这项工作？

任务导读

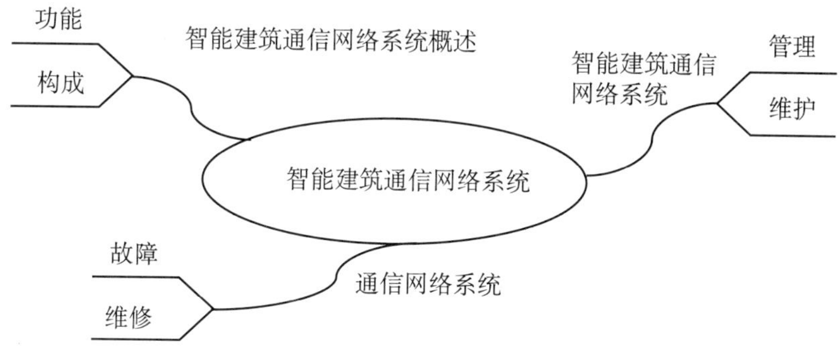

学习目标

知识目标： 1. 熟悉通信网络各子系统的组成。
2. 了解系统各设备的作用。
3. 掌握系统的维护管理。

能力目标： 1. 能够对系统进行日常管理。
2. 能够对系统的故障进行分析。

任务一　智能建筑通信网络系统概述

任务导入

某小区正在进行通信网络系统的改造，物业公司委派小刘进行工程跟踪。小区通信工程现在已经开始施工，他如何才能做好这项工作？

任务分析：

小刘需要熟悉通信网络系统的组成，并掌握各系统的设备组成。

知识探究

一、智能建筑通信网络系统

通信网络系统是智能大厦的“中枢神经”，具备对来自大厦内外的各种信息的收集、存储、显示、检索和提供决策支持的能力，以满足办公自动化及大厦内外通信的需要，提供最有效的信息服务。智能大厦的通信网络是以数字程控交换机为核心，以话音信号为主并兼有数据信号、传真、图像资料传输的综合网络。通常，应设置数字程控交换机系统、图文及传真系统、语音邮件系统、电缆电视系统、卫星通信系统、电视会议系统等。当然也包括与通信技术充分融合的计算机局域网、广域网在内，以便满足大厦内部和国内外互通信息、进行资料查询，实现信息资源共享的需要。

智能建筑通信网络系统的基本组成如图 5－1 所示。现代通信网络是由用户终端、服务器、调制解调器、复用路由交换设备、网络安全设备等部件组成。当这些部件中的一部分或全部连接在一起以交换信息和共享资源时，就构成了网络系统。

二、智能建筑的通信网络功能

总体上说，智能建筑的通信网络有两个功能：一是支持各种形式的通信业务；二是能够集成不同类型的办公自动化系统和楼宇管理自动化系统，形成统一的网络并进行统一的管理。智能建筑中的通信业务主要有下列一些形式。

（1）电话：包括内部直拨，通过 PBX（用户级交换机）与楼外公共交换网连接后通话。可发展成为以 PBX 为中心组网形成 2B＋D 话音和信令通道，使电话用户线具有综合功能。

（2）传真：包括利用电话线进行楼内传真以及与楼外的传真，还可以通过发展而成的楼内综合业务数字网（ISDN）的用户线进行楼内之间或与楼内外的传真。

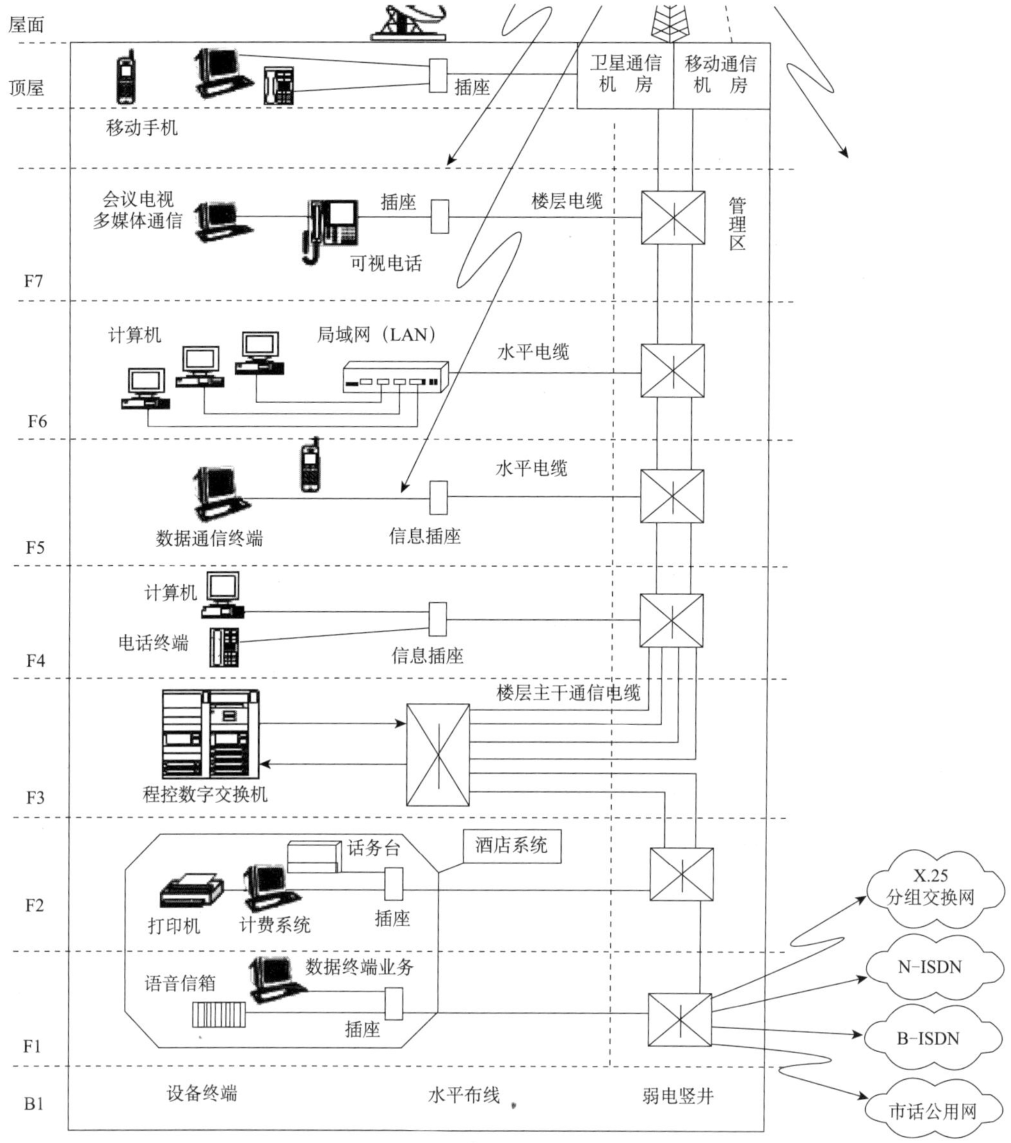

图 5-1　智能建筑通信网络系统

（3）电子邮件、语音邮件、电子信箱、语音信箱：这是通过计算机网络及其交换系统实现点对点（计算机）的文字或语音通信的一种方式。即通过对计算机屏幕的“书写”或直接通过计算机的音响系统实现双方的通信或对话。与之相应的电子信箱、语音信箱则是利用计算机的存储功能实现“留信”或“留言”。

（4）可视电话：可视电话是一种小型图像通信终端，利用电话线路同时传递图像与语音信息。这种系统使用简单，无需特殊线路，每秒可传送 10 帧彩色图像，并且价格相对低廉，同时，还可通过大楼 PBX，进入公用电话网同外部进行通信。

（5）可视电话数据系统：可视电话数据系统是利用公用电话线路的会话型图像进行通信。利用这种通信系统，键入所需信息代码后传送至数据库计算机，主机收到该代码后，即在数据库中查找所需的信息，并将信息回送屏幕显示出来。

（6）会议电视：会议电视系统可以满足大楼中各单位或各部门之间通信的要求，通过通信手段把相隔两地或几个地点的会议室连接在一起，传递图像和伴音信号，使与会者产生身临其境的感觉。

（7）桌面会议系统：将计算机引入图像通信，使得通信各方不仅可以面对面进行交谈，还可以根据要求随时交换资料和文档，真正实现通信的交互性。桌面会议系统设有电子黑板，使会议各方可在同一块电子黑板上完成信息交互，并可对电子黑板随时打印，还可以重播会议片段和收录会议过程。

（8）多媒体通信：多媒体通信是通过计算机网络系统实现同时获取、处理、编辑、存储和展示两个以上不同类型信息媒体（包括文字、语音、图形、图像）的传送，其最重要的基础就是必须是具备宽带的网络系统。

（9）公用数据库系统：与大楼业务有关的资料可通过大楼的数据库查询，也可通过WAN（广域网）查询，数据类型可以是数据、文字、静态或动态图像。

（10）资料查询与文档管理系统：楼内各种办公文件的编辑、制作、发送、存储与检索，规定了不同用户对各类文档的查询权限。

（11）学习培训系统：与网络联机的多媒体终端及各种声、像设备，提供了各类业务的学习与培训。

（12）触摸屏咨询及大屏幕显示系统：安装在大厅，多个触摸屏咨询系统安放在大厅不同位置，以声、像、图表等多种形式向用户介绍大厦业务及其他信息。

（13）人事、财务、情报、设备、资产等事务管理：将工作人员的素质、特长、单位、财务收支情况、文件、合同、通知、新技术、新业务、设备资源及其使用情况统统存入数据库，以便随时查询，实现事务管理科学化。

（14）访问 Internet 网络：Internet 正在发展成为把全球联系在一起的信息网络，所以对于用户来说，具有访问 Internet 的手段就显得十分重要。大楼的智能局域网的主干网具有访问 Internet 的信息通道，这就为大楼内的用户访问 Internet 提供了条件。

三、通信网络的构成

智能建筑中的通信系统包括以下几种。

（一）程控交换机

程控交换机系统如图 5-2 所示，其全称为存储程序控制交换机（与之对应的是布线逻辑控制交换机，简称布控交换机），也称为程控数字交换机或数字程控交换机。通常专指用于电话交换网的交换设备，它以计算机程序来控制电话的接续。程控交换机是利用现代计算机技术完成控制、接续等工作的电话交换机。

1970 年，法国开通了世界上第一部程控数字交换机，采用时分复用技术和大规模集成电路。随后世界各地都大力开发，进入 20 世纪 80 年代，程控和数字交换机开始在世界上普及。数字程控交换机分为长途交换机和本地交换机等。另外还有专门用于信令网和智能网的类型。

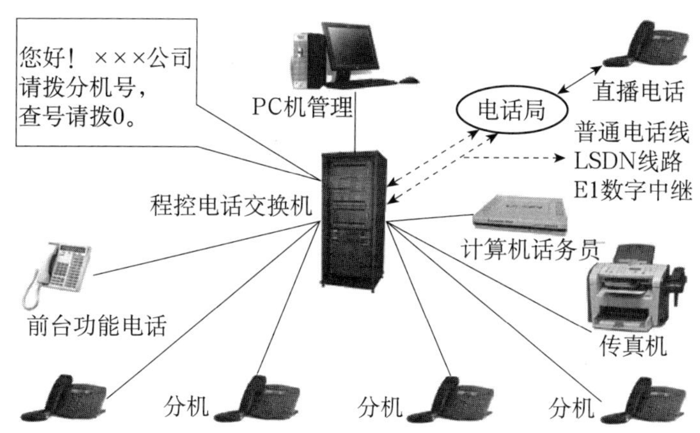

图 5-2 程控交换机系统图

1. 程控交换机的主机功能

（1）虚拟总机：代替总机转接来话。

自录语音：录制特殊语音（例如：您好！这里是上海远智网络信息科技有限公司，请拨分机号，查号请拨 0，传真请拨 101）。

（2）弹性编码：各分机可编制分机号码。

（3）等级限制：限制拨打国际、国内、市话等 7 级。

（4）中继热线：提机免拨 9 出外线。

（5）呼入选择：外线呼入直拨、转接、群呼选择。

（6）强插服务：在特殊情况下总机对正在通话的分机进行强插通话。

（7）代拨长途：总机可代低等级的分机拨打长途。

（8）区分振铃：能区别振铃来自外线还是内线。

（9）征询转接：外线转接实现征询和音乐等待。

（10）计费方式：反极计费方式或延时计费方式。

2. 程控交换机系统的基本构成

电话交换机的主要任务是实现用户间通话的接续，基本划分为话路设备和控制设备两大部分。控制设备在纵横制交换机中主要包括标志器与记发器，而在程控交换机中，控制设备则为电子计算机，包括中央处理器（CPU），存储器和输入/输出设备。

（二）ISPBX 交换设备

ISPBX 交换设备主要用来支持 ISDN 业务，提供基群速率和基础速率端口。ISDN 是以电话综合数字网（IDN）的概念为基础发展而成的网络系统，它可提供端到端的数字连接，实现对语音等业务的支持。用户能够通过一组标准的多用途的用户/网络接口接入 ISDN 网络。我国现用的是窄带 ISDN 网，提供 2×64 kbit/s（2B+D）电路交换和专线功能。ISDN 可以 138 kbit/s 的传送速率传递数据，其传输速率远远大于 Moden 方式，使得一条线路可以代替多条 POTS 线路，这种接入方式在智能建筑实践中普遍被接受，一类终端（TEI）符合 ISDN 标准，可直接通过 2B+D 接口接入模拟电话、4 类传真机等。二类终端需要通过终端适配器（TA），变成 ISDN 标准后再接入，如计算机等数据终端设备。

ISDN 用户交换机（ISPBX）是服务于一个特定机构，例如机关、企业、厂矿、学校和公司等并与公用交换机相连接的专用交换机，同时能够为用户提供各种 ISDN 业务。ISPBX 在专用网中使用较多，它不仅用于话音通信，而且多用于数据、传真、电文和图像等非话业务。

（三）卫星电视及有线电视系统

在智能建筑工程设计中，卫星电视和有线电视系统是适应人们使用功能需求而普遍设置的基本系统，该系统将随着人们对电视收看质量要求的提高和有线电视技术的发展，在应用和设计技术上不断提高。从目前我国智能化大楼的建设来看，此系统已经成为必不可少的部分。卫星电视及有线电视系统如图 5－3 所示。

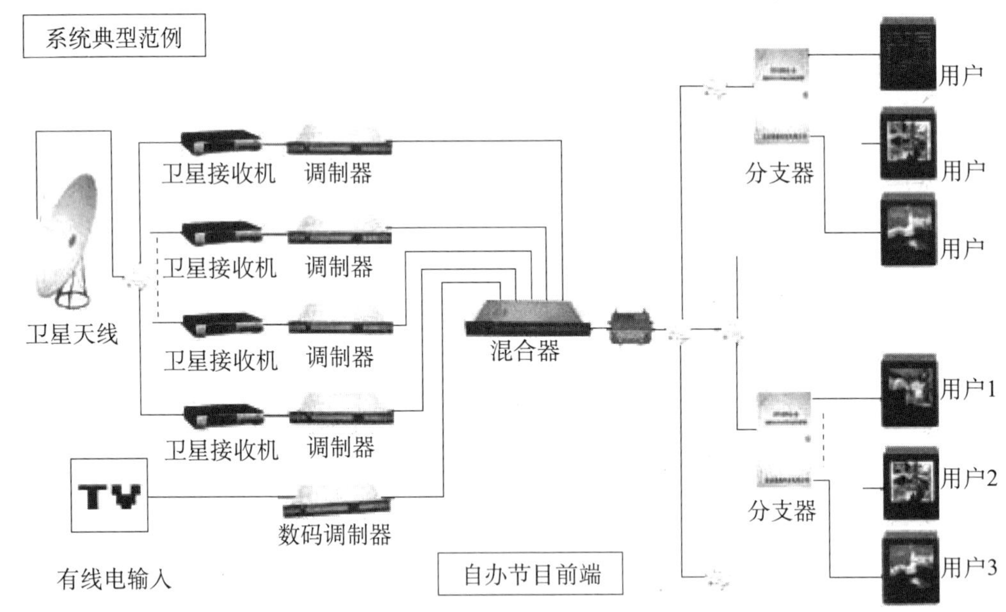

图 5－3　卫星电视及有线电视系统

1. 卫星广播电视系统

卫星广播电视系统是利用卫星来直接转发电视信号的系统，其作用相当于一个空间转发站。主发射站把需要广播的电视信号以 f_1 的上行频率发射给卫星，卫星收到该信号后经过放大和变换，以 f_2 的下行频率向地球上的预订服务区发射。主发射站也接收该信号作监视用。卫星电视覆盖面积大，即只用三颗同步卫星便能覆盖全球。使用卫星电视系统相对使用地面电视台的投资少。

2. 有线电视系统

有线电视系统采用一套专用接收设备，用来接收当地的电视广播节目，以有线方式（目前一般采用光缆）将电视信号传送到建筑或建筑群的各用户。这种系统克服了楼顶天线林立的状况，解决了在接收电视信号时由于反射而产生重影的影响，改善了由于高层建筑阻挡而形成电波阴影区处的接收效果。但是，在智能建筑中，人们并不满足于有线电视系统仅接收传送广播电视信号这种单一的功能，而还需要它能传送其他信号，例如用录像机和影碟机自行播放教育节目、文娱节目以及调频广播等。有线电视系统一般可分为天线、前端、干线及分支分配网络等三个部分。

（四）公共广播系统

公共广播系统是专为公共场所提供背景音乐、广播及消防报警的智能专业设备，广泛应用于工厂、商住小区、学校、广场、商业大厦、酒店等，如图 5－4 所示。目前，公共广播系统的最大特点是将数码技术应用到公共广播系统中，从而使公共广播系统安装更为方便、功能更为强大、应用更为广泛、操作更为简便。

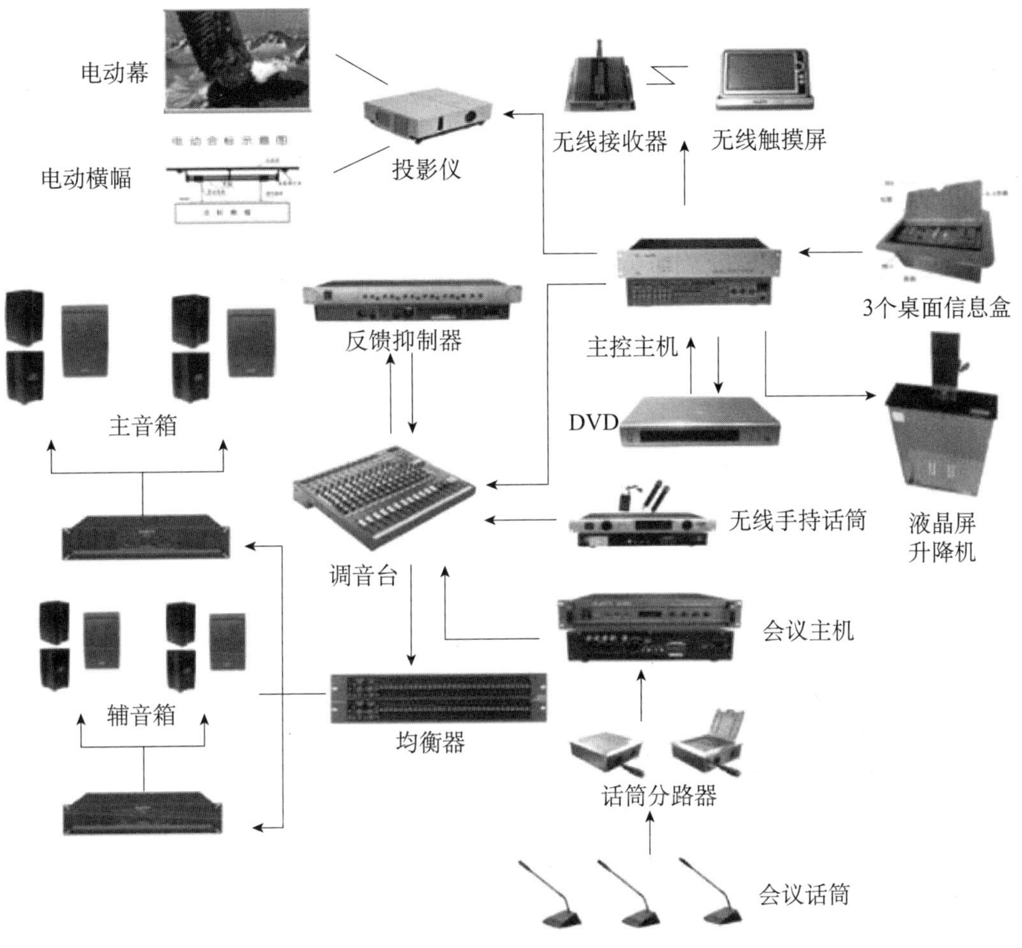

图 5－4　公共广播系统

公共广播具有的功能如下。

（1）独立广播。可对任意终端进行独立广播。

（2）矩阵分区。公共广播系统分区功能由程式控制，可自由设定，包括矩阵分区：每终端可重复分区、自由组合；独立广播；多区广播；全体广播。

（3）定时广播。具有定时、内置定时音乐，可对某个区或全体进行定时广播。

（4）直观显示。采用键盘操作，不仅操作方便，显示更为直观。

任务实施

1. 实施流程

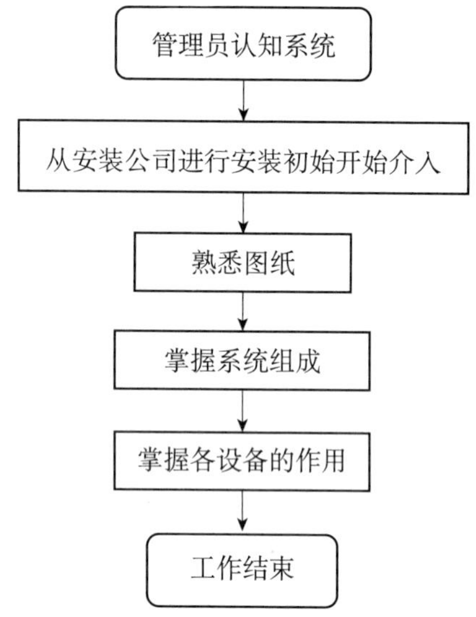

2. 实施步骤

（1）跟随安装公司全程施工，掌握安装过程中所有技术资料，掌握系统各隐蔽工程。

（2）查看图纸，将图纸与现场施工进行对比，掌握系统的布线。

（3）掌握通信系统各子系统的组成并进行详细记录。

（4）掌握各子系统的设备作用，熟悉各设备的操作流程。

任务二　智能建筑通信网络系统的管理和维护

任务导入

某物业公司接管了怡景花园小区，该小区为智能小区，通信系统包括电话交换系统、卫星电视及有线电视系统、公共广播系统，所有系统由物业公司弱电班进行维护，工程部小刘负责设备操作与管理。他应如何对通信网络系统进行管理与维护？

任务分析：

物业工程部小刘应掌握通信网络系统的管理与维护技能。在日常管理阶段，能够根据图纸进行系统的日常管理与维护。

知识探究

一、程控交换机的管理

（一）程控交换机主要设备

程控交换机主要由话路设备和控制设备组成，见表 5－1。

表 5－1　程控交换机系统组成

设备名称		设备作用
话路设备	接口设备	接口设备是数字程控交换机与外围环境的接口，其功能是完成外部信号与交换机内部信号的转换。数字程控交换机的接口设备主要有用户电路、中继电路和信令收发设备。 1. 用户电路 用户电路的作用是实现各种用户线与交换机之间的连接，通常又称为用户线接口电路 SLIC（Subscriber Line Interface Circuit）。根据交换机的制式和应用环境的不同，用户电路也有多种类型，对于程控数字交换机来说，主要有与模拟话机连接的模拟用户线电路（ALC）及与数字话机，数据终端（或终端适配器）连接的数字用户线电路（DLC）。 2. 出入中继器 出入中继器是中继线与交换网络间的接口电路，其功能是完成外部信号与交换机内部信号的转换，用于交换机中继线的连接。它的功能和电路与所用的交换系统的制式及局间中继线信号方式有密切的关系。模拟中继接口单元（ATU），通常作为实现模拟中继线与交换网络的接口，其基本功能如下。 （1）发送与接收表示中继线状态（如示闲、占用、应答、释放等）的线路信号。 （2）转发与接收代表被叫号码的记发器信号。 （3）供给通话电源和信号音。 （4）向控制设备提供所接收的线路信号。 出入中继器 3. 信令系统 信息系统（Signalling System） 在交换机内各部分之间，或者交换机与用户、交换机与交换机间，除传送话音、数据等业务信息外，还必须传送各种专用的附加控制信号（信令），以保证交换机协调动作，完成用户呼叫的处理、接续、控制与维护管理等功能。 按信令的作用区域可分为用户线信令与局间信令，前者在用户线上传送；后者在局间中继线上传送。如果按信令的功能划分，则可分为监视信令、地址信令与维护管理信令

续表

<table>
<tr><th>设备名称</th><th colspan="2">设备作用</th></tr>
<tr><td>话路设备</td><td>交换网络</td><td>交换网络的基本功能是根据用户的呼叫要求，通过控制部分的接续命令，建立主叫与被叫用户间的连接通路。在纵横制交换机中，它采用各种机电式接线器（如纵横接线器、编码接线器、笛簧接线器等），在程控交换机中主要采用由电子开关阵列构成的空分交换网络和由存储器等电路构成的时分接续网络</td></tr>
<tr><td>控制设备</td><td colspan="2">控制部分是程控交换机的核心，其主要任务是根据外部用户与内部用户对维护管理的要求，执行存储程序和各种命令，以控制相应硬件实现交换及管理功能。
程控交换机控制设备的主体是微处理器，通常按其配置与控制工作方式的不同，可分为集中控制和分散控制两类。为了更好地适应软硬件模块化的要求，提高处理能力及增强系统的灵活性与可靠性，程控交换系统的分散控制程度日趋提高，已广泛采用部分或完全分布式控制方式</td></tr>
</table>

（二）程控交换机的日常管理

1. 机房管理制度

（1）机房内保持整齐、清洁、有秩序，应做到：进门换鞋，地面清洁，勤扫勤擦，设备无尘，设备排列正规，布线整齐，仪表准确，工具就位，资料齐全，一切有序。

（2）机房内要做到“七不准”：不准吸烟；不准喧哗；不准闲谈；不准晒衣服；不准做与工作无关的事；不准将易燃易爆等物品带入机房；无关人员非经批准不得进入机房。

（3）话务员在话务室内值班时，必须严守岗位，做好各种记录登记工作，发现重大障碍或事故应及时处理上报。

（4）机房管理应由领导负责，人人执行定期检查。

2. 程控机管理制度

（1）机线员应进行日常程控机巡视工作，并填写《交换机日巡工作记录》。

（2）按照《交换机维修保养制度》进行交换机的定期维修保养工作。

（3）出现故障时，分析故障可能出现的原因，然后进行处理，如无法排除故障，及时与厂家技术人员联系，故障排除后填写《交换故障维修记录》。

（4）做好程控机的清洁工作，应做到：表面整洁，设备无尘，各部件运行正常。

（5）机线员要全面掌握程控机操作指令和程序，能够修改部分参数以满足用户的特殊服务要求。

（6）机线员要按照《机房管理制度》的要求，对程控室的各种设备、设施进行清洁，保证完整无损。

二、卫星电视与有线电视系统的管理

（一）卫星电视与有线电视系统的组成

卫星电视与有线电视系统由信号源接收设备、前端设备、传输干线和分配网络组成。

信号源接收部分：通过高增益、多单元定向天线接收 VHF、UHF 频段的电视信号。

其主要包括 VHF、UHF、FM 接收天线、卫星电视接收天线及接收设备。

前端设备：对送来的各种信号进行技术处理，将它们变成符合要求的高频电视信号，最后将各种电视信号混合成一路，馈送给系统的干线进行传输。主要包括天线放大器、衰减器、滤波器、功率放大器、混合器等。

传输干线：把前端经混合后输出的电视信号传送到用户分配系统，包括传输线路、干线放大器、均衡器等。

用户分配网络：把经干线传输过来的全总高频电视信号通过电缆分配到各用户终端，并保证每个用户终端得到的电平值符合系统的要求。主要包括：分配放大器、线路延长放大器、分配器、分支器、系统出线口及电缆线路等。

（二）卫星电视及有线电视系统的日常管理

（1）小区使用的有线电视系统统一由管理处组织相关单位负责调校、养护、维修。

（2）业户及无关人员不得转动、移动、损坏有线电视系统。

（3）如因台风、暴雨等客观原因造成电视收视效果不良，业户应立即通知管理处值班室，管理处应在两个小时内通知相关单位派人员检查、维修。

（4）业户应爱护公用天线，平时要锁好天台门以防天线或放大器被盗，发现有人在动用或盗窃天线时，应予以制止并及时通知管理处。

（5）禁止业户私自从顶楼安装电视天线，既影响房屋外观又不便于统一管理。

（6）业户应正确使用智能化设施，禁止对预埋或已安装的智能化网管线进行更改或破坏。

三、公共广播系统的管理

（一）公共广播系统的组成

公共广播系统采用全数位制式，由前端设备（前置放大器、电话接入装置、警报发生器、数码程控主机、程控键盘、调制器、节目电源定时器、音乐源、监听器等）中继、终端设备（音箱、喇叭、小区定压功放等）组成。

（1）信号接收和发生设备：用于提供广播音响的原始信号，由天线、收音机、录音机和话筒等组成。

（2）放大设备：包括扩音机、调音台等。扩音机的功能是将各种信号源提供的微弱音频信号进行放大，以推动扬声器发出声音；调音台不但能对信号进行选择和放大，还担负着音响效果的调控任务。

（3）传输线路：为了减少干扰，从声源设备到调音台或从扩音机、调音台到功放之间的连线都采用屏蔽线；为减少功率损失和电压损失，对于高电平信号传输方式，采用较小线径的电缆；对于调频信号传输方式，与公用天线电缆共用，采用射频电缆；扩音机至扬声器之间的边线可采用普通多股铜芯塑料软线。

（4）扬声器：将电能转换为声音，是广播音响系统的终端设备，是向用户直接传播音响信息的基本设备。

（二）公共广播系统日常养护管理

（1）按保养计划表进行系统保养。

（2）保养时先断开系统电源。

（3）清洁录音座的磁头、压带轮、主导轴。

（4）清洁 CD 机的激光头和机械部分。

（5）检查切换器背后的接线端子、插头和面板按钮。

（6）清洁扩音机散热器上的灰尘。

（7）保养结束后，选择部分楼层做测试并填写《消防中心设备检查表》。

（三）公共广播系统使用管理

（1）公共广播系统设备正常的工作温度一般在 18 ℃～45 ℃之间。温度太低会降低某些机器的灵敏度；太高则容易烧坏元器件，或使元器件提早老化。夏天要特别注意降温和保持空气流通。

（2）公共广播系统设备切忌阳光直射，也要避免靠近热源，如取暖器等。

（3）公共广播系统设备用完后，各功能键要复位。如果功能键长期不复位，其牵拉钮簧长时间处于受力状态就容易造成功能失常。

（4）开关设备电源之前，把功放的音量电位器旋至最小，这是对功放和音箱的一项最有效的保护手段。音量调至最小时的功放的功率放大几乎为零，至少在误操作时也不至于对音箱造成危害。

（5）开机时由前开至后，即先开 CD 机，再开前和后，开机时把功放的音量电位器旋至最小。关机时先关功放，让功放的放大功能彻底关闭，这时候再关掉前端设备时，不管产生多大的冲击电流也不会殃及功放和音箱了。

（6）机器要常用，常用反而能延长机器寿命。如一些带电机的部体（录音座、激光唱机、激光视盘机等），如果长期不转动，部分机件还会变形。

（7）要定期通电。在长期不使用的情况下，尤其是在潮湿、高温季节，最好每天通电半小时，这样可利用机内元器件工作时产生的热量来驱除潮气，避免内部线圈、扬声器音圈、变压器等受潮而霉断。

（8）每隔一段时间要用干净潮湿的软棉布擦拭机器表面；不用时，应用防尘罩或盖布把机器盖上，防止灰尘入内。

四、智能化通信系统养护管理

（1）控制计算机保持开启；严禁在控制计算机上运行自带软件及游戏；定时对系统相关数据进行备份。

（2）控制点定义、预定日程表等参数不可随意修改。

（3）保持设备表面清洁。

（4）新增被控设备要注意继电器触点容量。

（5）当有“危急告警”发生时，立即查明及检修；一切元器件、线路不得随意更改。

（6）网络控制器故障和控制计算机故障应于 4 小时内修复；现场控制器和扩展模块故障应于 8 小时内修复；中间继电器故障应于 2 小时内修复。

（7）定期对设备进行检查保养。

任务实施

1. 实施流程

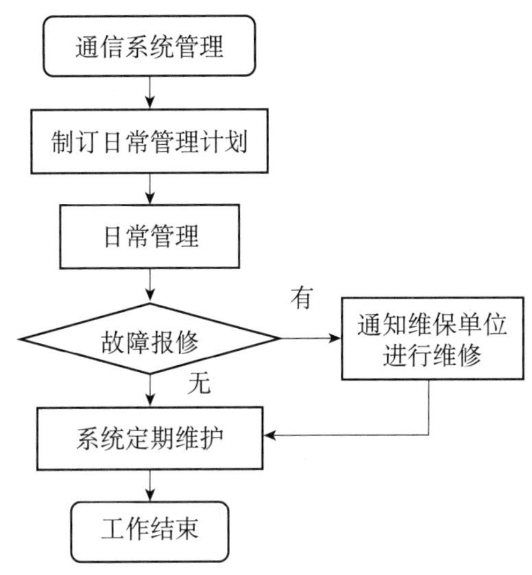

2. 实施步骤

（1）整理系统资料。详阅系统的各类图纸资料，熟悉系统设备。

（2）制订日常管理检查计划。

（3）建立《值班人员职责》《设施维护管理制度》等有关管理的规章制度。

（4）管理人员要求：应熟悉系统的工作原理及操作方法；了解系统主要设备的安装位置。

（5）系统日常维护管理。

（6）日常管理时，如发现异常，应及时通知维修人员进行处理，始终保持各系统正常运行，各设备完整好用。

（7）每次定期检查完毕，填写检查报告。

任务三　通信网络系统的常见故障及维修

任务导入

嘉园小区已经建成 10 年了，它的通信网络系统经常出现故障，公司派管理员小王对系统进行故障检修与系统维护。小王应如何做好这个工作呢？

任务分析：

物业弱电管理员小王需掌握通信网络系统的故障诊断方法。

知识探究

一、程控交换机常见故障与维修

（一）用户部分故障

在日常维护工作中，用户部分是最容易出现故障的环节，故障可分为外线故障和交换机相关功能部件故障。常见的外线故障有断线、短路、接地、话机故障等，可通过在配线架甩开外线的方法确定故障部位。用户部分故障处理方法见表 5－2。用户部分故障处理一般以最小配置运行，判断分析单板故障，或通过拔插的办法逐步排除和定位，找到影响其他单板工作的故障板。

表 5－2　用户部分故障

故障现象	维修方法
普通用户板的个别用户故障	可通过更换用户板来解决，也可通过应急方法处理，如更改用户对应的电路号码，并将外线改接到对应的用户电路上，再进行呼叫转移，将故障号码转移到已更改的号码上。另外，还可以检查单个用户的数据是否正确，或是重新做一次数据并存盘
连续 16 个或 24 个用户故障	更换损坏的普通用户板
整个用户模块故障	检查外围接口控制板及－48 V 馈电
所有用户都无法拨打某个号段	检查出局路由表有没有做此号段的数据，或者检查号码分析表里有没有此号段的数据

（二）中继部分故障

与中继部分相关的有中继板、中继线及软件中与中继线有关的表格的设置等。中继部分的故障处理方法见表 5－3。

表 5－3　中继部分故障

故障现象	维修方法
所有的用户都打不出外线	检查中继线、中继线指定、中继组指定、自动路由选择指定、路由指定、限制等级指定、数字更改指定等的设置
只有个别用户打不出外线	检查中继板及分机限制等级
只有部分用户组，如长途、市话等都打不出外线	检查中继线及自动路由选择指定表和路由指定表
拨打外线用户时经常听到“没有这个号码”，或刚接通时能听到对方讲话，而对方要经过延迟几秒钟才能听见主叫讲话	检查中继线的极性是否按左正右负的方式连接到配线架

二、卫星电视及有线电视常见故障

卫星电视及有线电视常见故障见表 5－4。

表 5－4　卫星电视及有线电视常见故障

故障现象	维修方法
无图像、无伴音且画面无雪花噪点	1. 电源部分。整机或部分电路的供电故障，原因可能有电源熔断器烧断、电源线或插头断线，以及电源变压器、调整管、滤波电容击穿损坏等。此外，机内电路某处短路或中频电缆短路都可能造成电源部分因自动保护而关断供电。 2. 基带信号处理电路。基带信号输入接线开路，造成信号中断或输入缓冲器工作异常，某些具有静像、静音功能的监视器或电视机，在视频处理电路出现故障时会自动切断监视器或电视机的伴音。 3. 中频部分。目前一些新型接收机虽采用可靠性较高的一体化调谐解调器，但在其内部过热或外部供电异常时，也会造成解调器损坏。 4. 微处理器控制电路。采用微处理器的接收机出现显示混乱、按键与遥控器不起作用等现象时，多为微处理器硬件损坏或软件出现“死机”。在这种情况下，由于内部电源打不开或控制失误，从而造成无图像、无伴音、无噪点等现象。 5. 对使用射频调制器输出信号的，可能是射频调制器损坏
无图像、无伴音但有雪花噪点	1. 频道调谐电压异常。对电压合成式调谐电路，可能是有源滤波电路异常，微处理器控制电路无脉宽调制信号输出；对频率合成式调谐电路，可能是频率合成器损坏、数据输入线开路或短路、微处理器工作异常或存储器损坏；对电位器调谐电路，则可能是电位器触点接触不良，或相关的运算放大器电路出现故障。 2. 输入调谐器电路出现故障。此时，虽输入调谐电压，但由于调谐器内部故障，比如 VCO 不能调谐或停振，以及前置中放管、混频管损坏等，均会造成这种现象。 3. AGC 电路工作异常。AGC 电路工作异常会使 AGC 失控，使中频放大器出现饱和或输出幅度过大，从而影响中频解调电路的正常工作。 4. 鉴频器失锁。由于锁相环鉴频器的 VCO 振荡回路参数改变，使 VCO 的振荡频率超过环路的跟踪范围，造成环路失锁，因而无法解调出图像和伴音信号。 5. 采用射频调制器输出的接收机，可能是调制器频率产生了较大的偏离
有图像、伴音，但噪点干扰大	一般情况下，这种故障可能是由室外部分故障引起，比如天线指向出现偏差使输入信号减弱；馈源偏离焦点或极化方向不对，从而造成天线增益下降；高频头维修网进水或性能下降，中频电缆进水或损耗变大，造成输入信号衰减加大等。在排除上述原因后，由接收机造成的故障原因有： 1. 调谐器输入端接触不良或前置放大器损坏，造成输入中频信号衰减，噪声系数增大，从而影响图像质量。 2. 中频放大器异常。比如 AGC 失控，造成送到鉴频器的中频信号幅度过大或过小，使鉴频器不能正常工作。 3. AFT 调节不当或微调电位器接触不良，在接通 AFT 后频率发生偏离，使机器不能对准接收频率，图像出现噪点干扰。 4. 采用射频调制器输出的接收机，则可能是调制器有故障或频率有较大偏移

续表

故障现象	维修方法
有图像、无伴音或伴音不正常	该故障通常在室内部分，检查并排除监视器或电视机及音频电缆故障后，由接收机造成的故障原因有： 1. 伴音副载波失谐。比如伴音副载波未调准或调谐器电路损坏，使伴音解调电路的工作频率不能与卫星电视伴音副载波频率一致，进而无法解调出伴音信号。 2. 伴音调谐电压失常。对电位器调谐电路，故障可能是电位器触点接触不良、调谐电压开路或相关运放电路异常；对电压合成式调谐电路，则可能是有源滤波电路异常或微处理器无脉宽调制信号输出；对频率合成式调谐电路，则可能是频率合成器故障、微处理器输出数据错误或存储器损坏等。 3. 鉴频器故障。鉴频器灵敏度下降，导致伴音失真、噪声增大；或自身不能正常工作，解调不出伴音信号。 4. 伴音中放电路或音频放大电路损坏，输出插座接触不良，造成增益下降，出现非线性失真，甚至信号中断。 5. 伴音去加重电路异常。伴音噪声增大或高音部分衰减过大，造成声音低沉。 6. 采用射频调制器输出的接收机，则可能是调制器的伴音副载波频率不准，或因磁芯松动而使副载波频率产生偏移
有伴音、无图像或图像异常	故障应在室内部分，检查并排除监视器或电视机视频电缆损坏后，由接收机造成的故障原因有： 1. 图像信号处理通道有断路、短路，视放管或集成电路损坏以及输出插座接触不良、极性转换开关接触不良等，均会出现完全无图像现象。 2. 视放管或视频集成电路性能下降，导致信号输出幅度下降，出现图像暗淡、对比度下降。 3. 钳位电路工作异常，比如钳位管被击穿、损坏，钳位电容损坏、漏电等，造成视频信号的同步头不能对齐，出现帧不同步或图像扭曲。 4. 去加重电路和视频滤波器工作异常，若造成高频分量衰减太大，则会出现严重的拖尾、色调失真、清晰度下降甚至无彩色等现象；若造成视频高端带外衰减不够，则会出现图像杂波干扰大、白色镶边、伴音干扰图像现象。 5. 通过模拟制式转换器输出时，如果制式转换器出现故障，会出现无图像、无彩色、对比度低、画面暗淡、不同步等现象。 6. 通过射频调制输出的，如果调制器出现故障，则可能出现无图像、无彩色、画面暗淡等现象，或过调制时产生画面亮度反转等现象

三、公共广播常见故障（见表 5-5）

表 5-5 公共广播常见故障

故障现象	维修方法
无电	检查电源线至保险管是否通，是否电源线断或保险管接触不良，保险管烧断→即检查功放整流电源的整流桥或电解等元器件是否坏，如整流二极管或桥堆坏，换上好的元件再检查其他线路，例如功率放大管等
信号电平指示灯闪烁正常，但无声音输出	先检查喇叭单元是否正常，如正常，再检查喇叭引线是否正常，检查接线端接触是否良好、正常，即开机箱目测或耳听有无听到或看到输出继电器是否吸合，如果吸合正常，再测量（如有万能表）继电器的前输入端与输出端是否直通，如不通即继电器内的触点氧化或打火造成积炭，换继电器正常即可

续表

故障现象	维修方法
电源灯指示正常，也能听到输出继电器的吸合声，但无声音输出	先用万用表测量功率放大器的供电电源是否正常，如正常，检查信号输入端的信号线端子处，如能听到很大的电流声则初步判别功率放大部分基本正常，再轻摇动信号引线是否不能接触或接触不良，如是接触不良，用万能表测量是哪根线有故障，处理即可
功率放大器输出时无声音输出	检查喇叭单元是否正常，如接线端子有无接触不良而造成烧焦，如果是接线端子烧黑，马上清理以保证接触正常，拧紧螺丝
开机保护灯亮	用万用表测量喇叭群是否有短路，电阻是否降低（一般正常为不小于 30 Ω）如机外线路阻值正常，则判别为功放机有故障，即要开机检查

任务实施

实施流程

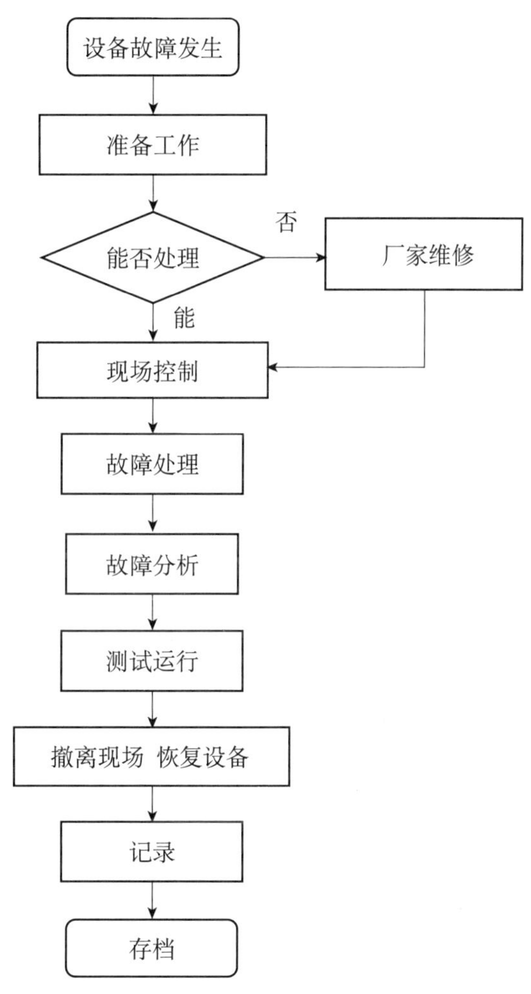

项目小结

本项目主要介绍了通信系统各子系统的组成和维护等，通过本项目的学习，学生掌握了通信系统的基本组成、管理方法及标准，并对系统故障处理有了一定的认识，为今后的工作打下了基础。

实训练习

一、理论题

1. 智能建筑通信网络系统包括哪些子系统？
2. 程控交换机系统由哪几部分组成？
3. 卫星电视与有线电视系统的组成是什么？
4. 公共广播系统由哪几部分组成？
5. 程控交换机房的维护有哪些要求？
6. 简述卫星电视与有线电视系统的日常管理。
7. 公共广播系统日常管理要求是什么？
8. 公共广播系统常见故障有哪些？

二、综合案例分析题

［智能建筑通信系统的维护］ 工作任务页

<table>
<tr><td>学习小组</td><td></td><td>指导教师</td><td></td></tr>
<tr><td>姓名</td><td></td><td>学号</td><td></td></tr>
<tr><td colspan="4">工作任务描述</td></tr>
<tr><td colspan="4">某大厦的公共广播系统突然出现故障，物业管理员小王负责进行维修，维修前需填写报修单，维修后需填写维修单。</td></tr>
<tr><td colspan="4">任务基本信息确认</td></tr>
<tr><td>任务组长</td><td>任务是否清楚</td><td>工具准备</td><td>资料准备</td></tr>
<tr><td></td><td></td><td></td><td></td></tr>
<tr><td colspan="4">工作流程</td></tr>
<tr><td>流程</td><td colspan="2">描述</td><td>资源/时间</td></tr>
<tr><td>流程 1</td><td colspan="2"></td><td></td></tr>
<tr><td>流程 2</td><td colspan="2"></td><td></td></tr>
<tr><td>流程 3</td><td colspan="2"></td><td></td></tr>
<tr><td>流程 4</td><td colspan="2"></td><td></td></tr>
<tr><td>⋮</td><td colspan="2"></td><td></td></tr>
</table>

<table>
<tr><td colspan="6">资讯提供（资讯）</td></tr>
<tr><td colspan="6">1. 通信系统包括哪些子系统？
2. 公共广播常见故障有哪些？
3. 如何进行故障维修？
4. 如何进行系统养护？</td></tr>
<tr><td colspan="6">分组讨论（计划、决策）</td></tr>
<tr><td colspan="6"></td></tr>
<tr><td colspan="6">实施记录</td></tr>
<tr><td colspan="6"></td></tr>
<tr><td colspan="6">检　查</td></tr>
<tr><td>检查项目</td><td>评价标准（企业标准）</td><td>分值</td><td>自查</td><td>互查</td><td>备注</td></tr>
<tr><td>报修记录表</td><td>内容翔实、准确</td><td>25</td><td></td><td></td><td></td></tr>
<tr><td>维修记录单</td><td>内容正确，签字齐全</td><td>25</td><td></td><td></td><td></td></tr>
<tr><td>常见故障分析</td><td>准确无误</td><td>30</td><td></td><td></td><td></td></tr>
<tr><td>日常管理计划</td><td>翔实、准确</td><td>20</td><td></td><td></td><td></td></tr>
</table>

<table>
<tr><td colspan="5">教师评价</td></tr>
<tr><td colspan="2">学生整体表现：</td><td colspan="2">□未达要求</td><td>□已达要求</td></tr>
<tr><td rowspan="2">考核项目</td><td rowspan="2">表现要求
（列出完成指定任务/达到指定能力的表现要求）</td><td colspan="2">表现</td><td rowspan="2">备注</td></tr>
<tr><td>√</td><td>×</td></tr>
<tr><td rowspan="3">专业能力</td><td>资讯、计划/收集信息能力强，计划符合要求</td><td></td><td></td><td></td></tr>
<tr><td>实施/巡视检查正确，表格填写完整</td><td></td><td></td><td></td></tr>
<tr><td>过程/操行规范</td><td></td><td></td><td></td></tr>
<tr><td rowspan="3">社会能力</td><td>团结协作/小组合作良好</td><td></td><td></td><td></td></tr>
<tr><td>敬业精神/学习纪律好，爱岗敬业</td><td></td><td></td><td></td></tr>
<tr><td>安全意识/安全意识强</td><td></td><td></td><td></td></tr>
<tr><td rowspan="2">方法能力</td><td>计划能力/按计划步骤执行</td><td></td><td></td><td></td></tr>
<tr><td>决策能力/判断能力强</td><td></td><td></td><td></td></tr>
</table>

<table>
<tr><td>指导教师评语：

指导教师签字：
年　　月　　日</td></tr>
<tr><td>实训体会：

学生签字：
年　　月　　日</td></tr>
</table>

综合布线系统

项目描述

某智能大厦要安装综合布线系统，物业公司派管理员小赵负责对系统进行检查和维护，小赵应该如何进行综合布线系统的管理？

任务导读

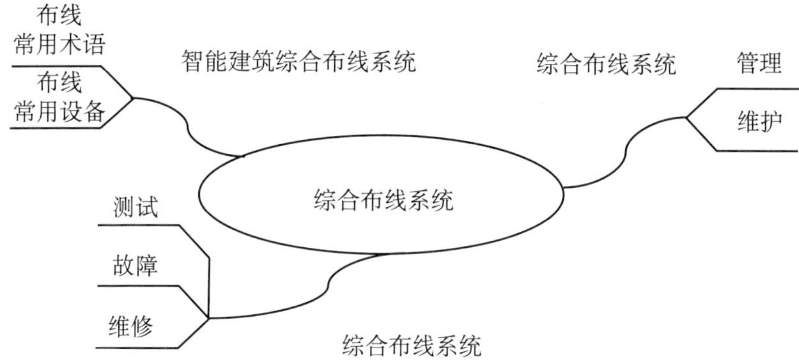

学习目标

知识目标： 1. 熟悉综合布线系统的组成。
2. 掌握综合布线的日常管理程序。
3. 掌握综合布线系统的故障诊断。

能力目标： 1. 能够进行综合布线系统的日常维护。
2. 能够对综合布线系统的常见故障进行诊断和维修。

任务一　智能建筑综合布线系统

任务导入

某智能大厦内要安装综合布线系统，公司派管理员小王对系统进行维护，由于综合布线系统线路复杂，小王担心自己不能很快地熟悉系统，请你告诉小王应该如何快速地熟悉系统。

任务分析：

物业弱电管理员小王要了解系统的组成，掌握综合布线系统的各子系统设备。

知识探究

一、综合布线系统

我们经常谈论的布线系统主要是指建筑物综合布线系统 PDS。建筑物综合布线系统 PDS 是其他布线系统的基础，它主要包括“语音和数据通信”的布线系统，简称“综合布线系统”。

（一）综合布线系统的含义

综合布线系统是指用数据和通信电缆、光缆、各种软电缆及有关连接硬件构成的通用布线系统，它能支持语音、数据、影像和其他信息技术的标准应用系统。

综合布线系统是建筑物或建筑群内的传输网络系统，是建筑物内的“信息快速干道”。它能将语音和数据通信设备、交换设备和其他信息管理系统彼此相连接，包括建筑物到外部网络的连接点与工作区的语音或数据终端之间的所有电缆及相关联的布线部件。综合布线是集成网络系统的基础，它能满足数据、语音及其图像等的传输要求，是计算机网络和通信系统的支撑环境。同时，作为开放系统，综合布线也为其他系统的接入提供了有力的保障。

（二）综合布线系统的特点

1. 综合性

在传统的布线方式中，语音、数据、监控等各个系统互不关联，需分别独立设计，不仅设计复杂，而且施工协调工作量大，工程交付使用后，用户难以统一管理。更重要的是各个系统没有统一的标准，没有统一的传输介质、配线插座和接头，所以彼此互不相容，若要改变终端的位置或更换、增加设备，就必须重新布线，不利于办公室空间的重新规划和网络扩充，无法满足当今时代对信息网络的要求。

综合布线系统最突出的优点就是它的综合性。它以一套标准的布线系统，综合了建筑物与建筑群中多种配线系统。这样不仅解决了目前建筑物中面临的语音、数据、视频与监控等设备不兼容的问题，而且与传统布线方式相比还具有很高的经济性。因为综合布线系统所综合的各个系统的全部硬件供应以及整个建筑物布线系统的设计、安装、调试与维护可一次完成，从而大大减少了重复费用。综合布线系统综合的系统个数越多，其性价比就越高。

由于建筑物综合布线系统（PDS）能够把各种独立系统的控制部分综合起来，因此在今后的建筑物综合布线系统（PDS）的控制部分可以使用相同的缆线（光纤与双绞线）与配线系统及相同的插头与插座，完成对各系统的控制，可不必顾虑各种设备的兼容性问题。

2. 模块化设计

综合布线系统采用星形拓扑结构的模块化设计，使系统很容易在配线上扩充和重新规划。这是由于标准化的设备、配线架、信息插座等易于配线上的扩充和重新组合（如同搭积木）。而且由于工作站是由节点向外增设的，所以每条线路与其他线路无关。若一条线路出现故障，并不影响其他线路的运行，为线路的运行维护及故障检修提供了方便，保证了系统的可靠性。另外在更改和重新布置设备时，只会影响与此相关那条线路，不会因此而更改整体配线系统。这样不仅可以保护先前在配线方面的投资，而且能将当前和未来的语音和数据设备、互联设备、网络管理产品方便地扩展进去，所以具有发展性。

3. 先进性

综合布线系统采用弹性布线方式，将光纤与双绞线混布。双绞线最大传输速率达155 Mbit/s 以上（超 5 类）。

干线光缆可设计为 1 000 M 带宽，对于重要部门可支持光纤到桌面（Fiber to the Desk），为将来的发展提供了足够的容量。另外所有布线均采用世界最新通信标准，信息通道均按 ISDN（综合数字业务网）标准，因而保证了系统的先进性。

（三）系统的组成

综合布线由工作区子系统、水平区子系统、干线区子系统、设备间子系统、管理间子系统、建筑群子系统 6 个子系统组成，如图 6－1 所示。

1. 工作区子系统

工作区子系统由终端设备连接到信息插座的连接线（一般为 3 m 左右）组成，如图 6－2 所示。其包括带多芯插头的连接电缆（装配软线）、连接器（如 Y 形连接器）和连接所需要的扩展缆线，并在终端设备和输入/输出设备之间连接。常用的终端设备包括计算机、电话机、传真机、报警探头、摄像机、监视器、各种传感器件、音响设备等。工作区的服务面积一般可按5～10 m^2 估算，工作区内信息点的数量根据相应的设计等级要求设置（1～5 个）。工作区的每个信息插座都应该支持电话机、数据终端、计算机及监视器等终端设备，同时，为了便于管理和识别，有些厂家的信息插座做成多种颜色（如黑、白、红、蓝、绿、黄），这些颜色的设置应符合 TIA/EIA 606 标准。

2. 水平区子系统

水平区子系统又称配线子系统，由信息插座、配线电缆、配线设备和跳线等组成，如图 6－3 所示。它将电线从楼层配线间连接到各用户工作区的信息插座上，一般采用星形

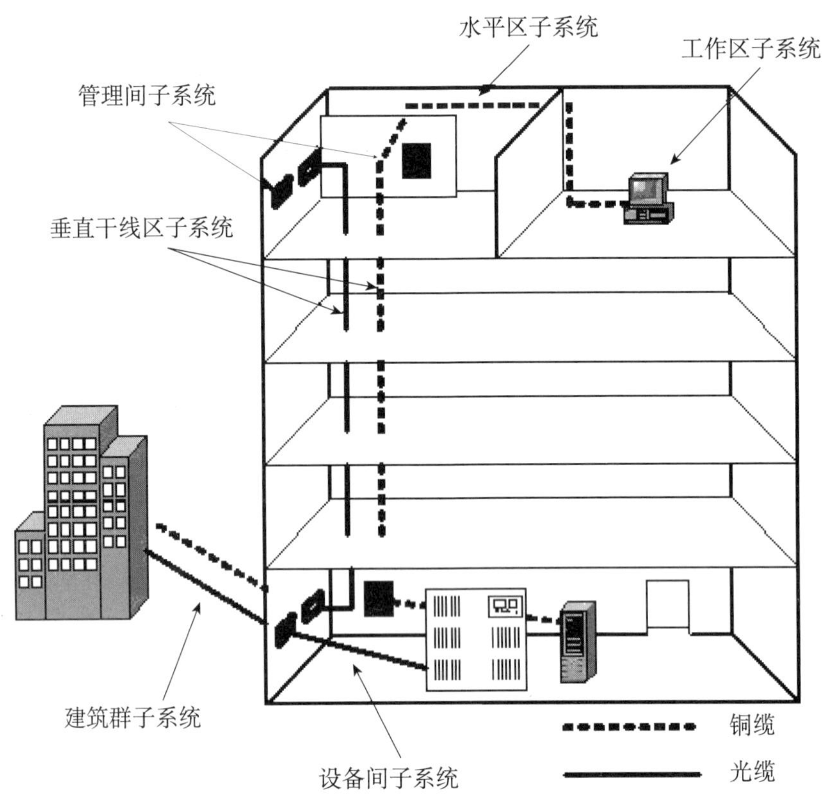

图 6－1　综合布线系统结构示意图

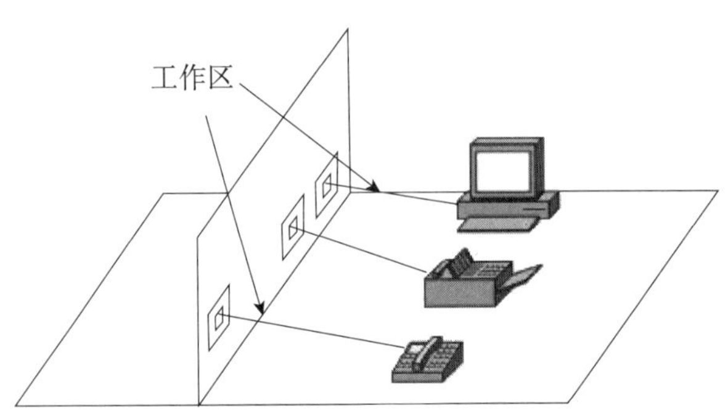

图 6－2　工作区子系统

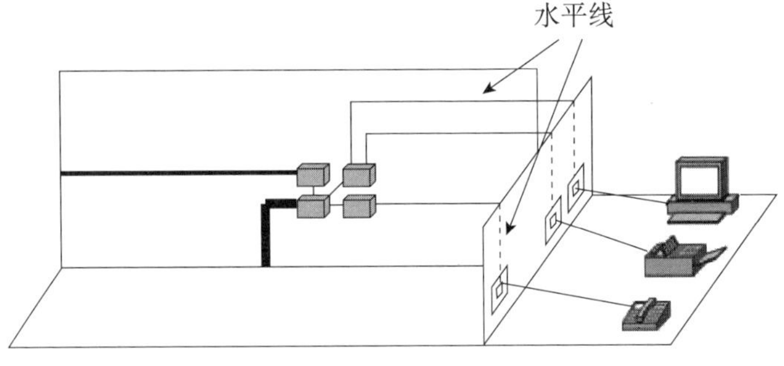

图 6－3　水平区子系统

结构。一般情况下，水平电缆应采用四对双绞线电缆。在水平区子系统有高速率应用的场合，应采用光缆，即光纤到桌面。水平区子系统根据整个综合布线系统的要求，应在二级交接间、交接间或设备间的配线设备上进行连接，以构成电话、数据、电视系统和监视系统，并可方便地进行管理。水平区子系统的电缆长度应小于 90 m，信息插座应在内部进行固定线连接。

水平区子系统与干线区子系统的区别是：水平区子系统总是处在同一楼层上，仅与信息插座、楼层管理间子系统连接。

3. 干线区子系统

干线区子系统也称垂直子系统，提供建筑物的干线电缆，负责管理间子系统到设备间子系统的连接，实现主配线架与中间配线架以及计算机、PBX、控制中心与各管理子系统间的连接，如图 6-4 所示。其主要由配线设备、干线电缆或光纤、跳线等组成。在设计干线区子系统时，预留一定的线缆冗余对布线系统的可扩展性和可靠性是十分必要的。在确定干线区子系统所需要的电缆总对数之前，必须确定电缆中话音和数据信号的共享原则。对于基本型，每个工作区可选定两对；对于增强型，每个工作区可选定三对双绞线；对于综合型，每个工作区可在基本型或增强型的基础上增设光缆系统。如果设备间与计算机房处于不同的地点，需要把语音电缆连接至设备间，把数据电缆连接至计算机机房。

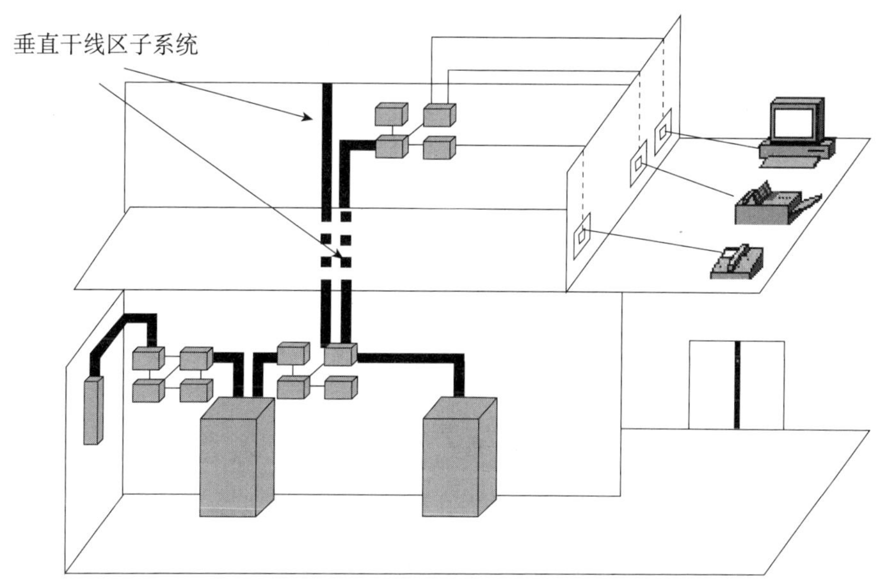

图 6-4　垂直干线区子系统

4. 设备间子系统

设备间是每幢建筑物在适当地点进行网络管理和信息交换的场地，是安装各种进出线设备、网络互联设备的房间。设备间子系统主要由设备间中的电缆、连接器和相关支撑件组成。设备间内的所有进线终端设备应采用色标以区别各类用途的配线区。设备间位置及大小应根据设备的数量、规模、最佳网络中心等内容综合考虑确定。

5. 管理间子系统

管理间子系统设置在楼层配线间内，由交连、互连和 I/O 设备等组成，它针对设备间、交接间、工作区的配线设备、线缆、信息插座等设施，按一定的模式进行表示和记录。在跨接线和接插线时，交叉连接允许用户将端接在单元一端电缆上的线路连接到端接在单元另一端的电缆上的线路。跨接线是一根很短的单根导线，可将交叉连接处的两条导线断点连接起来；接插线包括几根导线，而且每根导线末端均有一个连接器，插线是为重新排线路提供的一种简易方法，而且不需要使用在安装跨接线时所用的工具。

管理间子系统应采用单点管理双交接。交接场的结构取决于工作区、综合布线系统规模和所选用的硬件。在管理规模大、复杂、有二级交接间时，才设置双点管理双交接。在管理点，应根据应用环境用标记插入条来标出各个端接场。交接区应有良好的标记系统，如建筑物名称、建筑物位置、区号、起始点和功能等标志。交接间和二级交接间的配线设备应采用色标以区别各类用途的配线区。

6. 建筑群子系统

建筑群子系统又称为楼宇子系统，主要实现楼与楼之间的通信连接，如图 6－5 所示。它一般采用光缆并配置相应设备，支持楼宇之间通信所需的硬件，包括缆线、端接设备和电气保护装置。

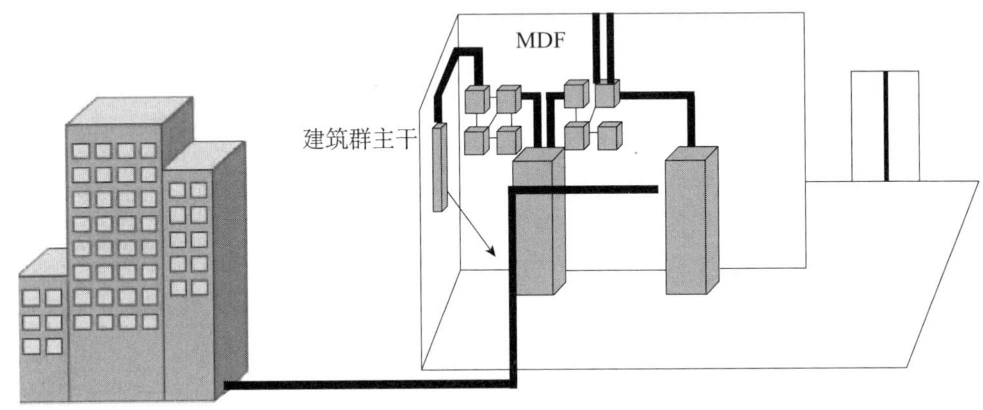

图 6－5　建筑群子系统

建筑群子系统是利用干线子系统把设备间的中继线和布线交叉连接点与建筑物间设备连接以组成建筑群子系统，提供建筑群与建筑群之间通信设备所需要的链路。系统应采用地下管道敷设方式，管道内敷设的铜缆或光缆应遵循电话管道和入孔的各项设计的规定。此外，安装时至少应预留一两个备用管孔以供扩充之用。建筑群子系统采用直埋沟内敷设时，如果在同一个沟内埋入了其他的图像和监控电缆，应设立明显的共用标志。当然也可架空安装，安装时应防止电缆浪涌电压进入建筑物的电气保护装置。

二、综合布线系统的常用术语

综合布线系统的常用术语见表 6－1。

表 6－1　综合布线系统的常用名词术语

序号	名称	含　义
1	布线	能够支持信息电子设备相连的各种缆线、跳线、接插软线和连接器件组成的系统

续表

序号	名称	含　义
2	建筑群子系统	由配线设备、建筑物之间的干线电缆或光缆、设备缆线、跳线等组成的系统
3	电信间	放置电信设备、电缆和光缆终端配线设备并进行缆线交接的专用空间
4	信道	连接两个应用设备的端到端的传输通道，信道包括设备电缆、设备光缆和工作区电缆、工作区光缆
5	CP 集合点	楼层配线设备与工作区信息点之间的水平缆线路由中的连接点
6	CP 链路	楼层配线设备与集合点（CP）之间，包括各端的连接器件在内的永久性的链路
7	链路	一个 CP 链路或是一个永久链路
8	永久链路	信息点与楼层配线设备之间的传输线路，它不包括工作区缆线和连接楼层配线设备的设备缆线、跳线，但可以包括一个 CP 链路
9	建筑物入口设施	提供符合相关规范机械与电气特性的连接器件，使得外部网络电缆和光缆引入建筑物内
10	建筑群主干电缆 建筑群主干光缆	用于在建筑群内连接建筑群配线架与建筑物配线架的电缆和光缆
11	水平缆线	楼层配线设备到信息点之间的连接缆线
12	永久水平缆线	楼层配线设备到 CP 的连接缆线，如果链路中不存在 CP 点，则为直接连至信息点的连接缆线
13	CP 缆线	连接集合点（CP）至工作区信息点的缆线
14	信息点 TO	各类电缆或光缆终接的信息插座模块
15	线对	一个平衡传输线路的两个导体，一般指一个对绞线对
16	交接	配线设备和信息通信设备之间采用接插软线或跳线上的连接器件相连的一种连接方式
17	互连	不用接插软线或跳线，而使用连接器件把一端的电缆、光缆与另一端的电缆、光缆直接相连的一种连接方式
18	建筑物主干缆线	建筑物配线设备至楼层配线设备及建筑物楼层配线设备之间相连接的缆线

三、综合布线各子系统的常用设备

（一）工作区子系统的常用设备

工作区子系统的常用设备包括信息插座、网络模块、跳线、光纤信息插座、连接器或适配器等，见表 6-2。

表 6-2　工作区子系统设备

组成部分	作　用	图　例
信息插座	信息插座一般是安装在墙面上的，主要是为了保持整个布线的美观，方便移动和连接工作站，主要有桌面型和地面型两种。网络模块安装在信息插座内	 信息插座
网络模块	与信息插座配套的是网络模块，这个模块就是安装在信息插座中的，一般是通过卡位来实现固定，通过它把从交换机出来的网线与接好水晶头的到工作站端的网线相连	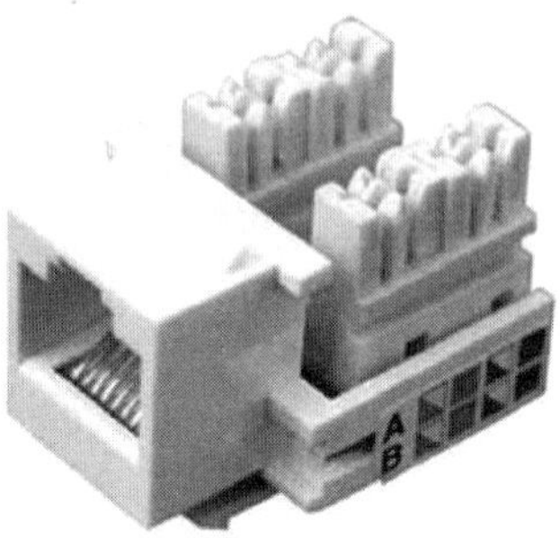 网络模块
跳线	跳线用在配线架上交接各种链路，可作为配线架或设备连接电缆使用。模块化跳线两头均为 RJ45 接头，采用 TIA/EIA-568A 针结构，并有灵活的插拔设计，防止松脱或卡死。在综合布线智能管理系统中，还用到了一种标识跳线，它实际上是一条复合的跳线或多功能的跳线，通常除了 4 对线外，还加了一根导线，这根导线由铜线或光纤组成，用来连接相应的检测设备以对布线系统实时检测和管理	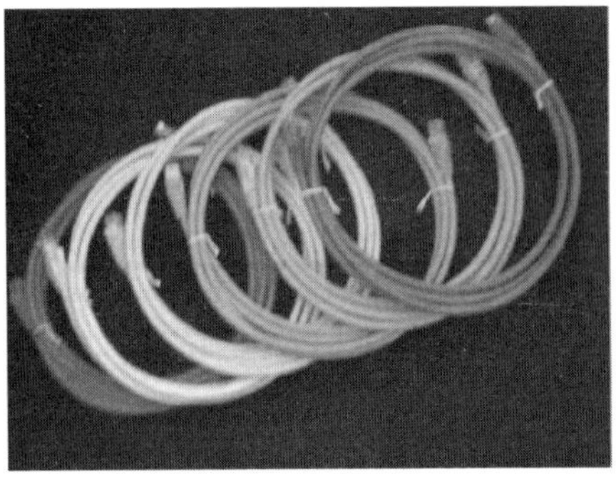 跳线
光纤信息插座	光纤信息插座可分成 ST；SC；LC；MT-RJ；根据连接的光纤类型和类别又分成多模、单模两种。信息插座的规格有单孔、二孔、四孔、多用户等	 光纤信息插座

续表

组成部分	作　用	图　例
光纤连接器	光纤连接器是光纤与光纤之间进行可拆卸（活动）连接的器件，将光纤的两个端面精密对接起来，以使发射光纤输出的光能量能最大限度地耦合到接收光纤中去，并使由于其介入光链路而对系统造成的影响减到最小，这是光纤连接器的基本要求。在一定程度上，光纤连接器影响了光传输系统的可靠性和各项性能。综合布线采用的光纤连接器配有单工和双工光纤软线	光纤连接器
光纤适配器	光纤适配器两端可插入不同接口类型的光纤连接器，实现 FC、SC、ST、LC、MTRJ、MPO、E2000 等不同接口间的转换	LC 光纤适配器

（二）水平区子系统的常用设备

双绞线是水平区子系统的重要组成部分，是综合布线系统中最常用的传输介质，主要应用于计算机网络、电话语音等通信系统。双绞线由按规则结构排列的两根、四根或八根绝缘导线组成，如图 6－6 所示。其一个线对可以作为一条通信线路，各线对螺旋排列的

图 6－6　双绞线

目的是使各线对发出的电磁波相互抵消，从而使相互之间的电磁干扰最小。

（三）干线区子系统的常用设备

干线区子系统的常用设备包括大对数双绞线、光纤光缆等，见表6-3。

表6-3 主干区子系统设备

组成部分	作用	图例
大对数双绞线	大对数双绞线是楼宇主干不可或缺的布线环节，与配线架等配线设备结合，可实现语音或数据交叉传输入配线	大对数双绞线
光纤光缆	光纤是一种通信电缆，由两个或多个玻璃或塑料光纤芯组成，这些光纤芯位于保护性的覆层内，由塑料PVC外部套管覆盖。沿内部光纤进行的信号传输一般使用红外线。光纤通信是现代信息传输的重要方式之一。它具有容量大、中继距离长、保密性好、不受电磁干扰和节省铜材等优点	 光纤光缆

（四）建筑群子系统的常用设备

建筑群子系统的常用设备包括大对数双绞线、光纤光缆、配线架、跳线、尾纤、适配器、理线器等，见表6-4。

表 6-4　建筑群子系统设备

组成部分	作　用	图　例
尾纤	又称为尾线，只有一端有连接头，而另一端是一根光缆纤芯的断头，通过熔接与其他光缆纤芯相连，常出现在光纤终端盒内，用于连接光缆与光纤收发器（之间还用到耦合器、跳线等）。尾纤分为多模尾纤和单模尾纤。多模尾纤为橙色，波长为 850 nm，传输距离为 5 km，用于短距离互连；单模尾纤为黄色，波长有两种，1 310 nm 和 1 550 nm，传输距离分别为 10 km 和 40 km	尾纤
理线器	理线器通常也称为理线架，用于规整配线架前端的跳线，跳线埋在线槽里，让前端跳线走线更规则整齐，机柜看上去更美观。由于理线器使水平双绞线有规律地、平行地进入模块，因此在今后线路扩充时，将不会因改变了一根电缆而引起大量电缆的更动，使整体可靠性得到保证，也提高了系统的可扩充性	理线器

（五）管理间子系统的常用设备

管理间子系统的常用设备包括配线架、网络模块、跳线、尾纤、适配器、理线器等。

其中配线架是管理子系统中最重要的组件，是实现垂直干线和水平布线两个子系统交叉连接的枢纽，是电缆或光缆进行端接和连接的装置，如图 6-7 所示。配线架通常安装在机柜或墙上。通过安装附件，配线架可以全线满足 UTP、STP、同轴电缆、光纤、音视频的需要。在网络工程中常用的配线架有双绞线配线架和光纤配线架。根据使用地点和用途的不同，分为总配线架和中间配线架两大类。

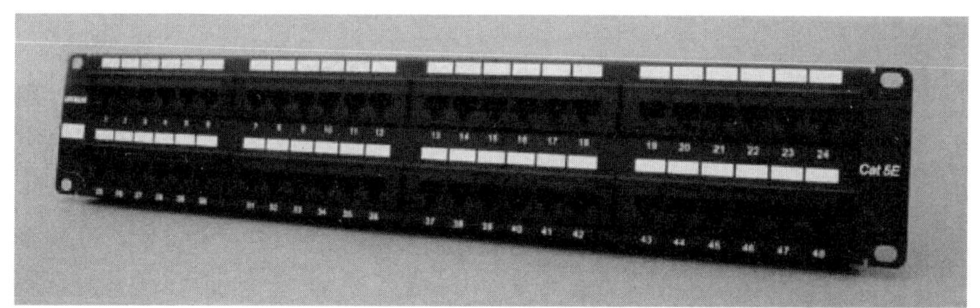

图 6-7　配线架

（六）设备间子系统的常用设备

设备间子系统的常用设备包括配线架、模块、跳线、适配器、尾纤、理线器等。

任务实施

1. 实施流程

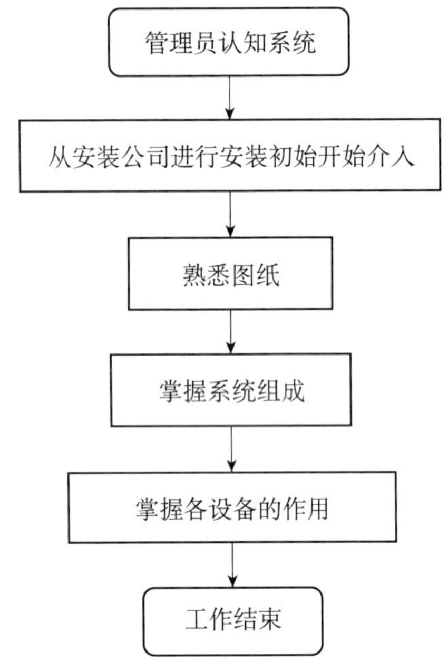

2. 实施步骤

(1) 跟随安装公司全程施工，掌握安装过程中所有技术资料，掌握系统各隐蔽工程。

(2) 查看图纸，将图纸与现场施工进行对比，掌握系统的布线。

(3) 掌握综合布线各子系统的组成并进行详细记录。

(4) 掌握各子系统的设备作用，熟悉各设备的操作流程。

任务二　综合布线系统的管理与维护

任务导入

随着智能小区的飞速发展，综合布线系统已融入智能化系统中，而如何进行系统的管理，是物业公司所面临的重要问题。某智能小区已按业主要求安装了综合布线系统，公司派管理员小王对系统进行维护，小王已熟悉了系统的组成及设备的作用，但他对综合布线系统的管理一无所知，如何进行系统的管理是他面临的重要问题。请你告诉小王综合布线系统的管理包括哪些内容?

任务分析:

物业弱电管理员小王需掌握综合布线系统的日常维护、巡视检查。

知识探究

一、综合布线系统日常管理与维护

综合布线系统的维护是一项确保在整个应用期间信息系统传输的品质和保持信息机房美观的工作。

(一) 综合布线系统的日常管理

综合布线系统的日常管理是指对综合布线跳线的位置调整和标签变更。

综合布线信息中心机房对所有的变更在实施前应填写变更单，经相关主管领导批准后方能实施。在实施过程中，先拔下需要更换的跳线，换上去的跳线应重新选用适当的长度，并粘贴两端标签后沿着跳线管理器敷设好，再将跳线两端插入对应的信息插座内，以免跳线散乱在机柜内。变更结束后应在变更单上填写变更后的状态，并将变更过程中出现的情况人工记录在变更单上。变更完成后将变更单及变更批复集中管理，纸质变更单则应按期装订成册。

(二) 综合布线系统的日常维护

(1) 清除机柜内外综合布线系统上的灰尘。

(2) 检查综合布线桥架的平整度，如果发生变形、支架螺丝脱落等与安装图纸不相符合的情况应立即修复，以免桥架断裂或脱落致使信息业务突然中断。

(3) 检查机房内双绞线上、面板上、配线架、跳线上的标签，将脱落的标签补全，将粘连不牢的标签固定好，更换有损伤的标签。

(4) 使用性能测试仪对铜缆信道和未使用的光纤信道进行抽检（由于光纤信道比较娇嫩，容易受磨损和灰尘的影响。所以对于正在使用的光纤信道不建议进行抽检，以免因测试而损坏光纤信道或网络设备的光纤模块），测试方法为永久链路测试和所用跳线的性能测试，并与原始记录进行核对。

(5) 电子配线架系统同样应进行抽样检查，可人为设置故障，检查实时报警的响应时间和报警音响；同理，综合布线管理软件（含电子配线架中的软件）应对电子记录进行人工检查，检查范围包含施工记录和上次维护日至今的日常记录。施工记录应检查其完整性，不应发生遗失或损坏。

(三) 综合布线系统的定期维护

(1) 对系统设备做定期保养，包括系统的诊断，必要的机械设备以及电子部件的调整和清洗（此项可以每季度进行一次）。

（2）检测硬件、软件的性能。

（3）对有潜在问题或已损备件的更换做详细的工作记录。

（4）每次巡检完毕填写记录单。

二、综合布线系统故障报修管理

在网络管理系统、电子配线架软件报警或接到故障投诉后，当班管理人员应立即进行故障确认并将故障对机房运行的影响降至最低。处理故障程序如下。

（1）确认故障现象，初步判定故障所发生的位置（精确至链路/信道），并将故障缩小至综合布线范围，通知相应的代维机构/部门来修理。

（2）在维护人员尚未到达前，根据预案使用备品备件进行线路应急修复，先保障信息传输畅通无阻，再交给维护人员予以完善的修复。

（3）对故障情况及时做记录，记录手段包括文字及故障位置的照片。记录需长期保存并定期进行统计和分析，确定综合布线系统的整改计划。

任务实施

1. 实施流程

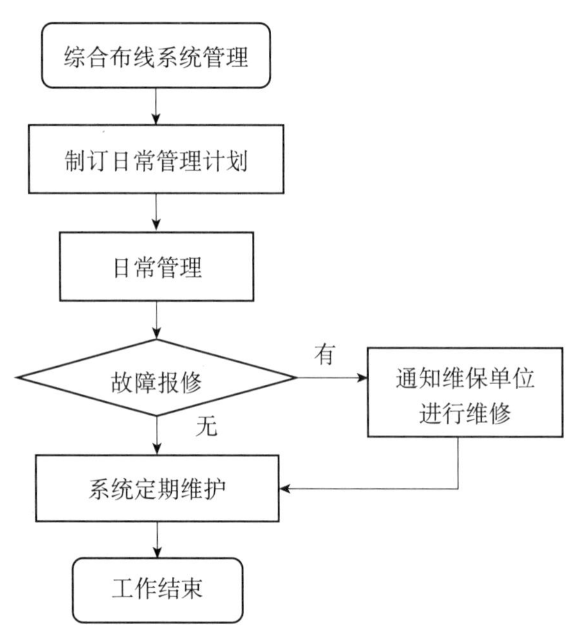

2. 实施步骤

（1）整理系统资料。详阅系统的各类图纸资料，熟悉系统设备。

（2）制订日常管理检查计划。

（3）建立《值班人员职责》《设施维护管理制度》等有关管理的规章制度。

（4）管理人员要求：应熟悉系统的工作原理及操作方法；了解系统主要设备的安装位置。

（5）系统日常维护管理。

（6）日常管理时，如发现异常应及时通知维护人员进行处理，始终保持各系统的正常运行，各设备完整好用。

（7）每次定期检查完毕，填写检查报告。

任务三　综合布线系统的测试和故障诊断

任务导入

现在，智能小区越来越多地出现在人们的生活中，与智能小区相关的一系列技术问题，比如，如何安装综合布线系统；如何对安装的智能系统进行验收和日常维护；综合布线系统出了故障该如何解决……都是当前物业管理人员需要面对和解决的问题。近期，公司派管理员小王对综合布线系统进行接管验收并进行日常维护，小王应如何做好综合布线系统的接管与验收呢？

任务分析：

物业弱电管理员小王需掌握综合布线系统的测试、验收及故障诊断方法。

知识探究

一、综合布线系统测试工具

（一）测试仪表功能

为了保证综合布线系统测试工作正常进行并得到预期结果，使用的测试仪表应有以下功能。

（1）必须具备测试三、四、五类主要布线部件的能力。

（2）能满足测试精度要求。

（3）如发现布线链路不能满足要求时，仪表应有查找故障和诊断性能。此外，从施工安装和工程验收等要求看，测试应有较快的速度。

（二）测试仪表的要求

（1）测试仪表需有输出端口，以便将所有测试数据存储并及时输出至计算机和打印机，以便存储查阅和方便维护处理。

（2）测试仪表（包括电缆或光缆所有系统）应经过有权威性的计量部门进行校验并取得合格证后才可在工程中使用。

（3）由于测试仪表在施工现场测试，环境差，因此要求测试仪表具有良好的抗恶劣环境的能力，如抗震和防潮等。此外在测试仪表外也能够有牢固的包装保护措施。

（三）线缆测试仪

线缆测试仪主要检测线缆、短路、线对交叉等接线的故障，其外形如图 6－8 所示。线缆测试仪具有如下功能。

（1）可检测的接线故障包括：开路、短路、错位。

（2）简单易用，接线图在 LCD 液晶上显示，测试结果一目了然。

（3）便于携带，电池寿命长（待机 50 h）。

（4）可选最大 8 个远端识别器，可进行电缆链路路由验证。

（5）单片机软件看门狗设计，运行可靠。

（6）低电池电压报警显示。

（7）语音报告测试结果功能，增加了测量的趣味性和方便性（仅限“Y”机型）。

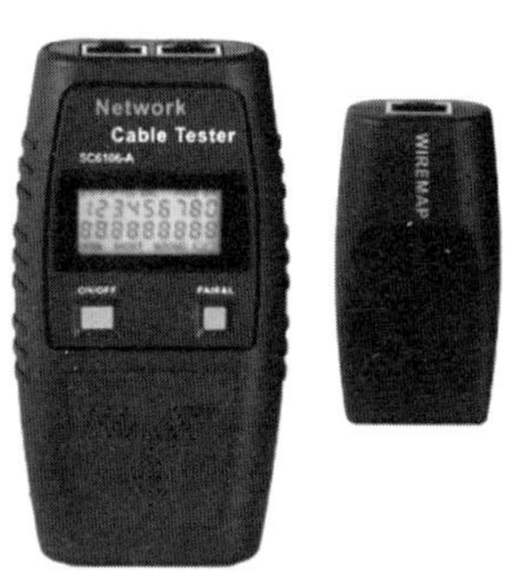

图 6－8　网络线缆测试仪

二、综合布线系统测试

综合布线系统的测试，从工程角度和日常维护来说可分为两种，即验收测试和验证测试。验收测试又称认证测试。

验证测试一般是在施工安装过程中分段测试，有施工人员对某一工艺操作完成后进行测试。这种测试属于边施工边测试的分段测试，保证完成的每一个连接的正确性。验证测试只注重布线部件的连接性能（包括连接是否准确无误），一般不考虑布线部件的电气特性。

验收测试是指对综合布线系统依照标准规定的电气性能和其他性能进行逐项测试，它是在综合布线系统安装完工后的全程系统测试，以确定综合布线系统的工程质量是否全部达到设计要求和符合有关标准的规定，这种测试包括连接性能测试和电气性能测试。

验收测试项目有繁有简，根据《建筑与建筑群综合布线系统工程施工及验收规范》

（CECS89：97）中规定，验收测试项目主要有测试长度、接线图、衰减和近端串音衰减 4 项内容。其他诸如：特性阻抗、衰减/串音比（ACR）、传播延时、回波损耗和环路直流电阻等电气性能测试项目，可以根据施工现场测试仪表的功能和施工现场的条件，选择测试项进行测试。各项测试项目均应有详细记录，以便作为竣工资料的一部分。

三、综合布线系统常见故障及分析

综合布线系统常见故障及分析见表 6-5。

表 6-5　综合布线系统常见故障及分析

故障现象	可能产生的原因
近端串音	电缆与连接硬件接插部分卡接不良； 电缆线对扭绞不良； 受外部噪声的影响； 连接硬件接插部分性能不良或没有达到五类产品技术指标
衰减不合格	布线系统水平电缆超过规定长度； 受现场环境温度过高的影响； 电缆与连接硬件接插部分卡接不良； 连接硬件接插部分性能不良，或没有达到五类产品技术指标
布线图不合格	线对交叉错接（有成对错连接）； 终端连接的线对非扭绞长度超过要求； 线对串对连接； 终端处或芯线断线； 终端处或芯线短路

综合布线系统信号故障及分析见表 6-6。

表 6-6　综合布线系统信号故障及分析

故障现象	可能产生的原因	改进方法
信号不通	1. 电缆 F 头插入串接头时，因用力过猛将串接头内的弹簧片压瘪错位，使电缆芯线与弹簧片接触不良。 2. 接头处电缆不留裕量，且接头位置任意留置，日久因电缆热胀冷缩或外力作用引起 F 头与电缆松脱。 3. 电缆裕量不够或裕量过多，绑扎不牢固。一种情况是只留少数裕量，使盘圈半径过小，特别是有的电缆，因其张力较大常出现 F 头卡圈被弹出的现象，使电缆屏蔽层脱离电缆头，致使低频段信号变劣；另一种情况则是裕量过多，十几圈电缆乱盘在一起，电缆头易随风摇动而被甩出。 4. 接头处未用防水胶带密封，进水氧化，信号电平衰减增大。	1. 电缆接头处一般应留在电杆旁或屋角等检修方便的位置，并留有足够裕量（视不同电缆规格不小于最小弯曲半径，一般能盘成三四圈即可）。 2. 做电缆 F 头必须仔细认真，将 F 头插入串接头时需对准弹簧芯片轻轻推入，确信插入正常后再用力旋紧 F 头。 3. 接头必须先用自黏性橡胶带做半搭式绕包进行防水密封，在其外层再绕一层 PVC 胶粘带做保护层，以防止接头处进水。 4. 将余缆盘成圈，使其弯度不小于电缆的最小弯曲半径，然后用铁扎线扎成捆绑扎，在距串接头两端约 5 cm 处一定要各绑扎一道，这样能使接头处的弧度与所盘余缆的弯度保持一体，F 头就不会因电缆张力而弹出，最后将圈扎好的余缆在电线杆架或墙体上固定好不致摇摆即可

续表

故障现象	可能产生的原因	改进方法
信号干扰大	线路屏蔽不好	1. 端接时应尽量减少屏蔽层中接地线的剥开长度，因为剥开长度越短，则引起的电感越少，接地效果越好。 2. 现场接地时，建议采用单点接地的方法，避免多点接地引起的电压回路。 3. 按照标准的要求，屏蔽布线系统的屏蔽层接地连接应该在电信间的配线架处进行，即电缆的屏蔽层通过配线架和机架的连接以及机架与接地端子的连接实现接地，同时还要保证电缆的屏蔽层在 360°的范围均与模块和配线架的屏蔽层有良好的连接，而不仅仅是在某些点上实现连接，在整个链路上需要保持屏蔽层的完整性，屏蔽层不能在链路中间出现断裂

任务实施

1. 实施流程

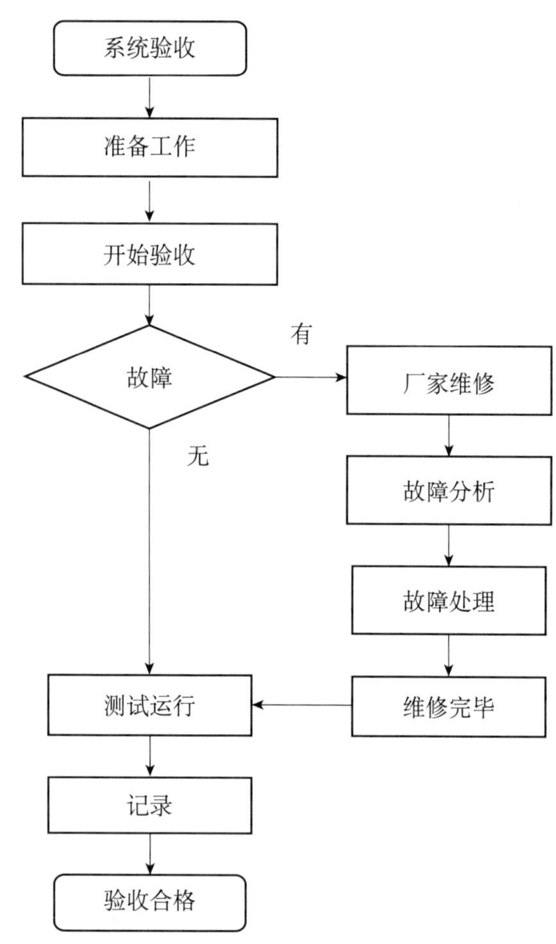

2. 工作中需要填写的表格

（1）综合布线工程电气性能测试记录，见表 6－7。

表 6－7　综合布线系统工程电气性能测试记录

<table>
<tr><td rowspan="3">序号</td><td colspan="3" rowspan="2">编号</td><td colspan="10">测试内容：</td></tr>
<tr><td colspan="7">对称电缆系统：</td><td colspan="3">光缆系统</td></tr>
<tr><td>地址号</td><td>缆线号</td><td>设备号</td><td>长度</td><td>接线图</td><td>衰减</td><td>近端串音衰减</td><td>屏蔽电缆层连接情况</td><td></td><td></td><td>衰减</td><td>回波损耗</td><td></td></tr>
<tr><td></td><td></td><td></td><td></td><td></td><td></td><td></td><td></td><td></td><td></td><td></td><td></td><td></td><td></td></tr>
<tr><td></td><td></td><td></td><td></td><td></td><td></td><td></td><td></td><td></td><td></td><td></td><td></td><td></td><td></td></tr>
<tr><td></td><td></td><td></td><td></td><td></td><td></td><td></td><td></td><td></td><td></td><td></td><td></td><td></td><td></td></tr>
<tr><td></td><td colspan="3">测试日期</td><td></td><td></td><td></td><td></td><td></td><td></td><td></td><td></td><td></td><td></td></tr>
<tr><td></td><td colspan="3">测试人员</td><td></td><td></td><td></td><td></td><td></td><td></td><td></td><td></td><td></td><td></td></tr>
<tr><td></td><td colspan="3">测试仪表型号</td><td></td><td></td><td></td><td></td><td></td><td></td><td></td><td></td><td></td><td></td></tr>
<tr><td></td><td colspan="3">处理情况</td><td></td><td></td><td></td><td></td><td></td><td></td><td></td><td></td><td></td><td></td></tr>
</table>

（2）故障报修维修记录表，见表 6－8。

表 6－8　故障报修维修记录表

序号	电话	保修时间	工位号	报修问题	处理情况	联系电话	处理人
1							
2							
3							
4							

项目小结

本项目主要介绍了综合布线系统的组成，各工作区的设备、系统维护等。通过本项目的学习，学生掌握了综合布线系统的基本组成、管理方法及标准，并对系统故障处理有了一定认识，为今后的工作打下了基础。

实训练习

一、理论题

1. 什么是综合布线系统？
2. 综合布线系统包括哪几个子系统？
3. 工作区子系统包括哪些设备？
4. 综合布线系统日常管理有哪些要求？
5. 综合布线系统测试哪些参数？
6. 信号有干扰应该如何解决？

7. 综合布线系统常见故障有哪些?

二、综合案例分析题

［综合布线系统维护］　工作任务页

学习小组		指导教师	
姓名		学号	
工作任务描述			
某大厦采用了网络综合布线系统，弱电管理员小吴负责系统的维护，在维护过程中，发现三楼的水平工作子系统的线路总发生信号中断现象，使得业主非常不满，小吴应如何进行系统的维护及故障的排查?			
任务基本信息确认			
任务组长	任务是否清楚	工具准备	资料准备
工作流程			
流程	描述		资源/时间
流程 1			
流程 2			
流程 3			
流程 4			
⋮			
资讯提供（资讯）			
1. 综合布线系统包括哪些子系统? 2. 综合布线系统可能引起信号中断的原因? 3. 如何进行故障维修? 4. 如何进行系统养护?			
分组讨论（计划、决策）			
实施记录			

<table>
<tr><td colspan="6">检　查</td></tr>
<tr><td>检查项目</td><td>评价标准（企业标准）</td><td>分值</td><td>自查</td><td>互查</td><td>备注</td></tr>
<tr><td>报修记录表</td><td>内容翔实、准确</td><td>25</td><td></td><td></td><td></td></tr>
<tr><td>维修记录单</td><td>内容正确，签字齐全</td><td>25</td><td></td><td></td><td></td></tr>
<tr><td>常见故障分析</td><td>准确无误</td><td>30</td><td></td><td></td><td></td></tr>
<tr><td>日常管理计划</td><td>翔实、准确</td><td>20</td><td></td><td></td><td></td></tr>
<tr><td colspan="6">教师评价</td></tr>
<tr><td colspan="2">学生整体表现：</td><td colspan="2">□未达要求</td><td colspan="2">□已达要求</td></tr>
<tr><td rowspan="2">考核项目</td><td rowspan="2" colspan="2">表现要求
（列出完成指定任务/达到指定能力的表现要求）</td><td colspan="2">表现</td><td rowspan="2">备注</td></tr>
<tr><td>√</td><td>×</td></tr>
<tr><td rowspan="3">专业能力</td><td colspan="2">资讯、计划/收集信息能力强，计划符合要求</td><td></td><td></td><td></td></tr>
<tr><td colspan="2">实施/巡视检查正确，表格填写完整</td><td></td><td></td><td></td></tr>
<tr><td colspan="2">过程/操行规范</td><td></td><td></td><td></td></tr>
<tr><td rowspan="3">社会能力</td><td colspan="2">团结协作/小组合作良好</td><td></td><td></td><td></td></tr>
<tr><td colspan="2">敬业精神/学习纪律好，爱岗敬业</td><td></td><td></td><td></td></tr>
<tr><td colspan="2">安全意识/安全意识强</td><td></td><td></td><td></td></tr>
<tr><td rowspan="2">方法能力</td><td colspan="2">计划能力/按计划步骤执行</td><td></td><td></td><td></td></tr>
<tr><td colspan="2">决策能力/判断能力强</td><td></td><td></td><td></td></tr>
<tr><td colspan="6">指导教师评语：

指导教师签字：
年　　月　　日</td></tr>
<tr><td colspan="6">实训体会：

学生签字：
年　　月　　日</td></tr>
</table>

参考文献

[1] 安全防范工程技术规范．北京：中国计划出版社，2004.

[2] 入侵报警系统工程设计规范．北京：中国计划出版社，2007.

[3] 视频安防监控系统工程设计规范．北京：中国计划出版社，2007.

[4] 出入口控制系统工程设计规范．北京：中国计划出版社，2007.

[5] 楼宇对讲系统及电控防盗门通用技术条件．北京：中国标准出版社，2005.

[6] 汪海燕．安防设备安装与系统调试．武汉：华中科技大学出版社，2012.

[7] 张小明．楼宇智能化系统与技能实训．北京：中国建筑出版社，2011.

[8] 李霞．建筑智能化工程施工实用便携手册．北京：机械工业出版社，2011.

[9] 瞿义勇．建筑设备安装——专业技能入门与精通．北京：机械工业出版社，2009.

[10] 西刹子．安防天下——智能网络视频监控技术详解与实践．北京：清华大学出版社，2010.

[11] 杨连武．火灾报警及联运控制系统施工．北京：电子工业出版社，2006.

[12] 王东伟．智能楼宇管理师．北京：中国劳动社会保障出版社，2009.

[13] 陈志新，等．建筑智能化技术综合实训教程．北京：机械工业出版社，2007.

[14] 董春得．安全防范工程技术．北京：中国电力出版社，2009.

[15] 陈虹．楼宇自动化技术与应用．北京：机械工业出版社，2010.

[16] 吕景泉．楼宇智能化系统安装与调试．北京：中国铁道出版社，2011.

[17] 王建玉．智能建筑安防系统施工．北京：中国电力出版社，2012.